东兰革命将领风范

黄　坚　编

人民日报出版社

图书在版编目（CIP）数据

东兰革命将领风范 / 黄坚　编 . -- 北京 : 人民日报出版社 , 2016.11

ISBN 978-7-5115-4236-6

Ⅰ . ①东… Ⅱ . ①黄… Ⅲ . ①军事人物－生平事迹－东兰县－现代

Ⅳ . ① K825.2

中国版本图书馆 CIP 数据核字 (2016) 第 254301 号

书　　名: 东兰革命将领风范
编　　者: 黄　坚

出 版 人: 董　伟
责任编辑: 林　薇　陈　佳
封面设计: 马　莲

出版发行: 人民日报出版社
社　　址: 北京金台西路 2 号
邮政编码: 100733
发行热线: (010)　65369527　65369512　65369509　65369510
邮购热线: (010)　65369530　65363527
编辑热线: (010)　65369526
网　　址: www.peopledailypress.com
经　　销: 新华书店
印　　刷: 三河市嵩川印刷有限公司

开　　本: 710mm×1000mm　1/16
字　　数: 225 千字
印　　张: 19
版　　次: 2016 年 12 月第 1 版　　2022年6月第2次印刷

书　　号: ISBN 978-7-5115-4236-6
定　　价: 52.00 元

《东兰革命将领风范》编纂委员会

此人是黄坚（代序）

●严风华

黄坚与其作品，先谈黄坚。

我在《广西文学》做编辑时，就编发过黄坚的小说。那时他先后寄来了两个中篇，令我印象极为深刻，当即予以采用，但题目都作了修改，一个改为《下雨天》，另一个改为《雪花满天》，作者满意，我也甚为得意。这个细节我至今记得。彼时我与黄坚还不认识。后来我就提出要到东兰走走。

记得那时是深秋，天已经很凉了。我是坐夜班车去的，半夜两点才到达东兰。下了车，便看见路灯下一名男子正东张西望。寒风凛冽，我打了个冷颤。

不用说，这位男士就是黄坚。

我很是感动。

黄坚定会出来迎接我的，因为我是第一次到东兰，人生地不熟。黄坚穿着单薄，我问他冷不冷？他回答出门时天气暖和，没想到突然起风了，但不是很冷，叫我别挂心。我知道，黄坚是担心错过了我到达的时间，所以没有回去添衣服。他对我的尊重由此可见一斑。此后一晃就是十几年。

人就是这么怪，通过一件事，彼此就认识，进而交往了，哪怕离得天远地远。

在这十几年里，我专程去过好几次东兰。到了东兰，那就是黄坚的地盘了。吃的住的，他都给你安排得妥妥贴贴。尤其是吃的，会带你去不同的地方，品尝不同的菜，还见不同的朋友。但在东兰，吃却不是一件容易的事。黄坚能喝，你能顶住他的敬酒，那已经是十分了得了。他还要猜码，不论输赢，能与他来来回回地坚持下来，那就是相当了得了。随后，他的朋友还要轮番给你敬酒，每人三杯，几番下来，你不醉也会脑热心跳。幸亏我酒量尚好，这些年赴东兰，未遭过重创，用黄坚的话讲，未受“粉碎”。有一次，我领受了他精心设计的一个饭局：七八个人，轮番向我敬啤酒。我不善饮啤酒，故一开始就拒绝。但那些敬酒的人盛情难却，不由你不喝。如此下来，我是一肚子的啤酒，菜不吃也饱了。

这是酒桌上的事。每次从东兰回来，黄坚总要坚持把我送上车。还会备上一些当地的土特产，比如墨米、白米、玉米、板栗等，虽不是稀罕之物，但礼轻情重，推脱不过，只得带走。

而他到南宁，就没有这么好的招待了。我们住在城里的人，总以为城里的事情多，对地方来的朋友，有时以忙为由，不大待见。对黄坚，我是不敢怠慢的，问题是，每次接待他，最后都是他争着抢着埋单，让我无法尽地主之谊。

此人是黄坚。

似乎谈的都是吃饭喝酒的事。但男人之间，彼此来往，一切情谊尽在酒杯中，从这些细节里，可以看到一个人的性情、胸怀、礼节。黄坚从来都是朴实地待人，大方地待人，热情地待人，周到地待人。正因为如此，我们十几年来没有中断过来往。

后来，我不做编辑了。没有了稿件的来往，我们很少谈文学，见面就是纯粹的朋友应酬。

谈黄坚的作品。

这似乎有些犯难。我很久没有读黄坚的文章了，仅留下当年的一些记忆。黄坚的小说大都取材于乡村，这与他的经历有关。他原是一个农村孩子，考学上了师专，毕业做老师，后调到县政府当秘书，而后才到县文联。这是他认知事物的环境和氛围，是他汲取民族文化营养的源泉。他的生活根源与文学素材自然来源于此。所以，他小说的人物，大多数也是基层的小人物，如教师、农民、普通职员、社会闲散人员等。他们为简单的生活奔波，为细碎的小事操心，为蝇头小利争执，也关注国家大事。因此，他的小说呈现出欢愉与苦恼参杂、幸福与困苦交替、愤懑与释怀同存的生活形态……正是这些简单而普通的人物群像，构成了黄坚小说的思想与艺术的骨架，反映了特定历史时期中小人物的精神面貌。这是我当初对黄坚作品的印象。

一个作家的作品风格，源于他的生活根基、文化基础以及性格、爱好。黄坚的写作走向，正好印证了他的为人。

可惜的是，黄坚后来小说写得少了。为了县里的中心工作，他转写报告文学、散文，为宣传东兰做了不少工作。东兰是个具有革命传统的地方，历代走出了不少惊天地、泣鬼神的英雄。最近，黄坚又执笔撰写、主编了“东兰革命先烈丛书”，分别用小说、散文的笔法，写成了《抗倭土司韦虎臣传奇》《东兰革命将领风范》《东兰革命先烈丰碑》，真实反映了从明朝正德年间，土司韦虎臣一家四代率兵在浙江沿海抗击倭寇，到韦拔群等革命将领率领农民进行土地革命的历史。这些英烈，在东兰这片红土地上，怀揣着各自理想，施展了不同情怀。但岁月流转，许多人和事，都已渐渐退出人们的视野。如今，黄坚重拾旧梦，还原历史，使后人又可以看到那刀光剑影的年代，记住了不该被忘却的历史。

这是黄坚角色转变的重大收获。

（作者系广西作家协会常务副主席）

目　录

中国早期农民运动领袖
韦拔群

●黄焕景

前言

美丽的东兰山城西面，翠绿色的九曲河支流环绕着一座山岭，山岭上高耸着东兰革命烈士公园，韦拔群广场就坐落在这里。园内青翠古柏簇簇似箭，直冲云天；苍翠古松团团如盖，枝干横出院墙，使公园庄严肃穆，充满浩然之气，气度不凡，让无数游人流连驻足。

韦拔群广场建有雄壮巍峨的韦拔群纪念馆，纪念馆犹如一部巨书，记载着韦拔群等革命前辈的光辉事迹，每一件文物都有血与火的故事，成为人们追思革命前辈英雄业绩，陶冶革命情操的神圣地方。这里是广西著名的爱国主义教育基地之一。

早期农民运动领袖韦拔群

纪念馆大门前的广场上，韦拔群的塑像巍然屹立着，在阳光的照耀下泛着金光。韦拔群塑像后面，耸立着他的战友陈洪涛、黄大权等革命烈士和跟随他参加红七军走出东兰的五位开国将军韦国清、韦杰、覃健、韦祖珍、覃士冕以及覃应机、陆秀轩、黄举平等革命前辈的塑像。韦拔群稳稳地站着，像虎头山一样厚重，神情安祥，目光深邃，像追寻往昔，又仿佛看着今天。人们相信，随着韦拔群的一声呐喊，就会有千万个扎着绑腿，手执长矛大刀的人，缓缓聚集而来，篝火点燃夜的地方，就有雄壮的歌声响起。

韦拔群稳稳地站着，站成一座永恒的丰碑，屹立在人民的心中。站在韦拔群的塑像前，我们领悟了一个道理：最被崇敬的必定是最坚定的灵魂；最被怀念的必定是最能启迪后人的人生。韦拔群用短暂而辉煌的一生，铸就了“对党忠诚，一心为民，追求真理，百折不挠，顾全大局，无私奉献”的拔群精神，激励着一代又一代壮家儿女开拓进取，至今仍然成为建设富裕文明和谐新老区的不竭动力。

没有英雄的民族，一定不是优秀的民族；不崇尚英雄的民族，一定是一个没有希望的民族。我们都是在韦拔群等革命烈士的长眠中清醒，共和国的山川河流，都涌动着烈士的鲜血。在共同追逐中国梦的今天，一切都可以淡泊，唯有信仰不能淡泊贬值；唯有韦拔群的精神，作为遗产，让我们世世代代永远铭记。

驻足在韦拔群广场，仰望韦拔群雄伟挺拔的塑像，一种崇高的礼赞情不自禁油然而生，令思绪随着怀古情思，飘向那个波澜壮阔的革命年代，韦拔群富有传奇色彩的英雄故事又在耳边回荡……

自古英雄出少年

韦拔群诞生地——东里村

从东兰县城往西行30公里就是武篆镇，再往西北行5公里便到了东里村。还未进东里村，雄伟挺拔的特牙山巅峰就映入眼帘。那连绵起伏的群峰好像一条腾起的飞龙，震慑群山。远山，峰峦重叠，山势峻险，山腰恰似一把座椅，韦拔群的故居就坐落在这山腰上。山脚下，被誉为武篆八景之一景“三潭映月”的银潭、皇潭、小龙潭，三口潭呈“品”字型分布，四季碧水斑斓，天气晴朗时波光闪闪，水天一色，而月朗星稀之夜，三口潭恰似三面大镜子，倒映着蓝天白云，银月金星，还有那翠竹簇拥的山村，景致清幽极了。

一方桑梓一方人，

一方热土一方英雄。

神奇雄伟的喀斯特地貌景观，千姿百态的山光水色赋予了东里秀美的山水。奇山异水自然藏龙卧虎，天造地灵必出英雄豪杰。东里这一方锦绣山河，孕育出了中国现代史上一位神奇的英雄人物——名扬华夏的农民运动领袖拔哥——韦拔群烈士。

韦拔群和毛泽东、彭湃一起被称为中国新民主主义革命时期的三大农民运动领袖，他是中国人民军队早期的杰出将领，是中国工农红军第七军和广西右江革命根据地的领导者和创始人之一，是中华苏维埃共和国临时中央政府执行委员，被评为为建立新中国做出突出贡献的百名英模之一，是中国共产党的模范党员和共产主义的卓越战士。

1894 年 2 月 6 日（清光绪二十年甲午正月初一）这天，东兰州武篆哨整休石（今东兰县武篆镇东里村）富裕壮族农民韦尔章家里，一片欢声笑语，喜气洋洋，妇女们忙着迎送登门拜年的亲朋好友，沉浸在大年初一热闹非凡的新年气氛中，各人脸上都挂着家中媳妇即将生产的紧张和喜悦……

突然，内屋传来“哇”的一声，洪亮的哭声惊天动地，非常响亮。只见接生婆跑到正屋，对韦尔章说：“恭贺阿公喜得贵孙，母子平安，大吉大吉。”韦尔章喜形于色，急忙在奉祀祖先神台，恭恭敬敬点上香叩首三拜，喃喃自语说：“谢谢祖宗保佑，甲午添丁，韦家又要发了。”在座的人也纷纷起身道喜。

这个新生的男婴，就是日后名扬神州的农民运动领袖韦拔群（拔哥）。因为他是头胎，还是男孩，又在大年初一出生，大家一致认为是吉庆的象征，便起名为秉吉。

这位壮族的优秀儿子来到人世，等待他的是黑暗不平等的世道。人可以改造桑梓故土，却不能选择出生地。历史的命运注定了他的人生选择，使他从小就有一种可贵的“反骨”精神。

8 岁韦秉吉入村里小学读书时，起学名为秉乾，似乎喻有家人寄托他今后能“扭转家族乾坤”之望。1917 年，他进贵州讲武堂学习时，改名为韦萃，字拔群，或许取自于“出乎其类，拔乎其萃”“投身革命，干一番超凡事业”之意。后以字“拔群”扬名于世。他很关心人民疾苦，密切联系群众，喜与壮瑶贫苦人按当地风俗打“老庚”（结拜兄弟），因此，东兰一带的壮、汉、瑶等各族人民群众对他十分敬仰和爱戴，亲昵地称他为“拔哥”。

少年时代的韦拔群，就具有仗义济贫的思想，经常送钱送物给周围的贫苦农民及受压迫剥削最深重的瑶族同胞。

韦拔群自幼聪颖，勤学好问，记忆超人。还在牙牙学语时，就在长辈的开导下，背颂了不少古诗警句。不久，他被送到武篆读书。武篆曾经是东兰土知州所在地，也是东兰比较大的农村圩场之一。韦拔群是一个早熟的孩子，掌握了许多文化知识。本来，富裕家庭的少爷和劳苦大众的思想感情，是格格不入、难以相通相融的。可韦拔群却不同，他从小没有嫌弃劳动群众，鄙视穷苦人民。相反的，随着年龄、阅历的增长，他对劳苦乡亲的困难更加关心和同情。这种反常现象，从表面上看来似乎难以理解，可是进一步探讨，就不难发现其必然的因素：少年的韦拔群富有同情心，较好的朋友都是村中贫苦人家的孩子，与他们一起玩耍，耳闻目睹农民的悲惨生活，渐渐对于贫苦人家少吃没穿，备受欺凌的生活寄以朴素的同情，并对于家庭的龌龊生活和种种束缚，逐渐感到厌恶。特别是当他听到乡邻父老经常讲起梁山聚义、太平天国等故事的时候，他幼小的心灵受到强烈的影响。他敬慕着、向往着那些仗义行侠、锄奸济民的英雄。因而养成好打抱不平，敢想敢做的品质和性格。他经常暗地接济贫苦家庭的儿童。一次，他趁祖父不在，把村里的穷人大半招，用烧红的铁钳捅了自家仓库的一个窟窿，让谷子流到穷孩子们的布袋里。韦拔群“偷米济贫”，人们暗暗称奇，说他小小年纪就做仗义大事，长大了一定是个人物。小伙伴们更是亲切地称他为“拔哥”。到武篆读书后，他利用读书的空余时间，初步考察农村圩场。他看到在武篆这样的圩场，农民卖的东西都要交重税，而农民要买的东西价钱很贵，农民卖东西不能赚钱。他更萌发了怜惜农民的同情心，立志要为东兰农民解倒悬。他还看到，在整个中国，军阀混战，尔虞我诈，锋火四起，每个农村都成了战场。军阀筹措军饷，你抢我夺，拉夫杀生，强拉壮丁，无恶不作；兵匪勾结，弱肉强食，抢掳掠夺，奸淫烧杀，为非作歹，鱼肉百姓，惨不忍睹。东兰各地，武篆、三石、凤凰、江平等地都成了悲惨世界，人间地狱。韦拔群萌生了救国救民的朦胧济世心，从此，他踌躇满志，决心为民请命，为国效力。

忧国忧民的学子

1911 年，辛亥革命爆发，推翻了中国的封建君主制度，建立了中华民国临时政府。消息传到东兰后，当地各族人民欢欣鼓舞，韦拔群十分崇敬伟大的民主主义革命家孙中山和他的民主革命思想，向往孙中山所从事的革命事业，韦拔群则成了这场伟大革命的热忱宣传者。他走村串户，逢人便说：“辛亥革命成功了，中国推翻封建统治了。”

1908 年，14 岁的韦拔群考入东兰县高等小学堂就读，开始受到民主革命思想的启蒙和濡染，萌发了忧国忧民的进步思想，立志要干一番大事业。1911 年，为了追求新的知识，18 岁的韦拔群离开家乡独自前往宜山县（今宜州市），考进省立庆远中学。在校期间，他除了认真完成所学功课外，还利用业余时间如饥似渴地阅读《革命军》《警世钟》《猛回头》等宣传资产阶级民主革命思想的书籍，尤其对邹容的名作《革命军》爱不释手，对书中歌颂天赋人权，歌颂自由平等，歌颂革命，歌颂民主的精彩段落皆能背诵。书中以通俗亦流畅的文字，透彻地阐明了民主革命的道理，对帝国主义侵略给中国人民带来的深重民族灾难做出了深刻的揭露，仿佛黑暗中的一盏明灯，照亮了韦拔群的心田。韦拔群常在同学中间发表不满当时政府的言论，甚至还喊出了反对黑暗政治的口号。

但庆远中学推崇封建礼教的现实，却让韦拔群感到十分不满。一天，正值校长生日，一名姓张的学监召集全校学生训话："今天是校长寿辰，你们每个人都要拿出五个东毫做寿礼。还要结队去给校长叩头拜寿。祝寿时，大家要齐声高喊'福如东海，寿比南山'。"韦拔群一听此言，无名火顿时高起万丈，用手指着张学监，理直气壮地说："我反对，现在是民国时代了，你们还抱着老黄历，送什么礼，叩什么头，我们不去！"

张学监听后恼羞成怒，大骂道："你扰乱校规，目无尊长，有违礼教，罚跪！罚跪！"韦拔群毫不惧怕，嗤之以鼻，昂首挺胸。张学监见状，气得火冒三丈，大声命令校警来抓韦拔群。但同学们谁也不愿"义捐寿钱"，闹哄起来，他们拉开校警，保护着韦拔群。就在这时，校长正好坐着轿子来到学校，只见韦拔群一个箭步冲上去，对着校长大声质问道："要求学生出钱是你的主意吗？现在是民国时代了，你为什么还要学生送礼祝寿？"

看见韦拔群仗义执言，同学们纷纷高声附和："我们没有钱！有钱也不捐！"

突如其来的质问和叫喊示威，弄得校长惊慌失措，狼狈不堪。他气急败坏地命令随从和校警将韦拔群抓起来送进县牢。同学们见状，纷纷上前保护韦拔群，顿时秩序大乱。这时，一名教员向校长献计道："校长，家丑不可外扬，干脆把韦拔群开除，不就万事大吉了？"

这一诡计正中校长下怀，又找到一个台阶下。"好吧，依你之见。"校长顺水推舟地回应道。

第二天，学校贴出布告，宣布韦拔群因"不尊重和侮辱师长"被开除学籍。

韦拔群若无其事地卷起行李离开了这所他读了一年多的学校。他没有回到家乡，而是动身到桂林，继续实现自已外出求学寻找革命真理的衷愿。经亲友介绍，他又考进桂林政法学堂特别科（即预备科）读书。希望学到知识，以造福社会。

桂林政法学堂主要培养法官，韦拔群家中的长辈十分重视这一次难得的机会，希望他从此步入仕途，光宗耀祖。这个学校的学生多为富家子弟，校长姓廖，在京城做过官，他常常向学生鼓吹做官享福的思想，还教学生将来如何逢迎上司，怎样压榨老百姓的办法，韦拔群十分讨厌这样的学校，经常在行动上对抗。学校规定，学生一律要穿长袍马褂，戴四方的法官式的平顶帽，以示高人一等。这对一向追求人人平等的韦拔群而言，无异是"紧箍帽"。他把四方顶卸去，只戴帽框；把长袍脱去，只穿马褂，或者干脆穿上从家里带来的农民服。韦拔群对成天想着当官的纨绔子弟毫无好感，很少与他们为伴，常常一个人跑到厨房帮工友洗菜洗碗，晚上去工友宿舍和工友们一道聊天一起睡觉。

不在随波逐流中安度此生，要在愤世嫉俗中让生命闪光，这是韦拔群的胸中大志，忍无可忍的韦拔群又开始爆发了。

一天，省学督来学校训视。校长令全校师生着装列队迎送。韦拔群面对督学大人脱下长马褂，取下大檐帽公开抗议。此举使督学和校长大为惊愕。事后，校长传韦拔群到主事厅严加训斥。韦拔群高声回敬：“我不想做官，我是来求学、求识、求真理的!”说完，立即脱掉帽子框掷在校长面前，以示抗议。

1914年，为了扩大视野，寻求改变现实的道路，韦拔群变卖家产，筹集路费，到广州、重庆、湖南、湖北、上海等地进行考察。

这样，校长愈加恼怒，当场命令韦拔群滚蛋。韦拔群毫不犹豫，背着行李，毅然离开这个学校。

离开学堂后，回到东兰。回乡不久，1914 年秋，韦拔群说服家人，变卖耕田，筹集路费，前往广州、上海和长江中下游一带游历，在广阔的祖国土地上，读一部无字“天书”。这次游历，迈出了改变他一生的重要一步，踏上了探求革命真理的漫漫长路。

整整两年的游历中，他读到了一部中国社会现实十分悲惨的“书”，同时也看到了许多为改变现实奋起抗争的铁骨铮铮的英雄好汉，这一切，都给他以极大的教育和鼓舞。他感到了孙中山民主革命的力量，群众正在觉醒。他开始信仰三民主义，崇拜孙中山，成为孙中山的忠实信徒。

韦拔群1920年离开黔军后赴上海、广州寻找孙中山先生，由其母亲变卖田产作旅资。这是其母的卖田契约

改造东兰同志会

1915年秋冬，韦拔群回到了家乡。他得到袁世凯改元称帝、西南各省纷纷起师讨袁的消息，便再次变卖家产，购买武器弹药，在武篆招募100多名有志青年，前往贵州，参加讨袁护国战争，编入黔军熊克诚旅，任新兵连副。期间他率部袭松坎、夺綦江，身先士卒，果断指挥，部属对他心悦诚服。后因反对兵痞出身的连长打骂虐待士兵的行为，被扣上“买动军心，图谋不轨”的罪名，遭到降职、撤职以致被捕入狱。由于广大士兵强烈抗争，一些正义的上层军官觉得他为人忠良，千里投军，报国志大，将他保释出狱，并保送进入贵州讲武堂学习。在那里，他不仅学到了不少军事理论和军事技能，而且和一些爱国青年军官争相传阅俄国十月革命传单、书报，并秘密开展讨论，很快接受了社会主义革命的思想。从讲武堂毕业后，韦拔群被分配到黔军驻重庆的张毅军部当参谋。

1919年，“五四”运动爆发后，韦拔群在四川张毅军中，接触到《新青年》等进步刊物，经常与一些进步的青年军官在军中秘密活动，并将革命书刊加盖“愤不平”印章，寄给东兰旧友。

1919年反帝反封建的“五四”爱国运动爆发，俄国十月革命的经验和马列主义传入中国。韦拔群与其他进步青年军官，秘密研读传播马克思的《新青年》等革命书刊，开始接受马列主义，写下宣传俄国十月革命和“五四”爱国运动的传单在军中散发。又以“愤不平”的化名，把《新青年》杂志寄赠东兰县高等小学和各区学校的师生传阅，使马克思主义开始在东兰传播。不久，韦拔群的革命活动遭到军方的追查，韦拔群毅然弃职离开了军队，到上海、广州考察，寻访仰慕多年的孙中山先生。1920 年 10 月，他在广州参加了孙中山、廖仲恺支持的以驱逐陆荣廷、建设新广西为宗旨的“改造广西同志会”，并担任该会政治组副组长，积极投入讨伐旧桂系军阀的革命活动。1921 年 8 月，他跟随被孙中山任命为广西省省长的马君武从广州回到南宁。马君武见韦拔群是一个刚直不阿，热血有为的青年，先后委任他为南丹、东兰县知事，但他看到当时广西的政权已被广东军阀陈炯明所篡夺，全省一片腐败混乱的局面，谢绝了马君武的任命，他决心回到家乡，按照“改造广西同志会”的宗旨，改造东兰。

1921年9月，韦拔群从外地回到东兰，联络进步青年陈伯民、黄大权、黄树林、韦介新等十多人，在家乡东里屯举行革命同盟，组织“改造东兰同志会”。

1921 年秋，韦拔群回到阔别 5 年多的家乡，看到社会比过去更加混乱黑暗，便联络陈伯民（新图）、黄大权（子衡）等有志青年，秘密组织了“改造东兰同志会”。

1921 年 9 月 16 日，外出多年的韦拔群返回家乡东兰县。当时，东兰和广西各地一样，政治非常混乱。逃散到东兰的陆荣廷部队的散兵游勇，任意鱼肉人民。就在韦拔群回到东兰的那天早上，东兰县城被土匪攻破，被蹂躏一个多月。人民遭抢劫、掳掠、杀害，生活在水深火热之中。残酷的现实使韦拔群深刻意识到:“广西不得了!”“东兰不得了!”面对人民的疾苦，韦拔群痛心疾首，他决心大干一番惊天动地的事业，先对东兰进行改造，继而改造广西。多年的经验告诉他，个人纵有天大的本事都难以成事，实施改造必须依靠群体的力量，而依靠旧军队或军阀政权显然行不通，只有依靠广大人民群众，建立自己的组织，领导农民运动，开辟新的道路，方能成就大业。

韦拔群首先联络了陈伯民、黄大权、牙苏民、黄榜巍、覃孔贤、韦介诚等一批进步青年，向他们陈述了外出多年的见闻和回乡闹革命的想法，得到大家的一致支持。是年秋天，韦拔群在武篆秘密组织了革命同盟“改造东兰同志会”,“同志会”的宗旨为“反对军阀，反对贪官污吏，反对土豪劣绅，改造东兰的旧政治、旧经济、旧文化”。韦拔群被大家一致推举为会长，开始了改造东兰和领导农民运动的生涯。

“改造东兰同志会”成立后，韦拔群很快就显出了他非凡的领导能力。他组织该会成员成立了演讲团，走上圩场，散发各种宣传革命的传单，进行演讲，号召各族群众起来“打抱不平，救家乡、救广西、救中国”“实行社会主义革命”“改造东兰”“改造广西”，积极开展了发动群众参加农民运动的活动。武篆圩场、江州圩场常常看到韦拔群扛着一面用红布做成的蜈蚣旗，上面写着“实行社会主义革命”几个大字，在圩亭和大树下演讲。赶圩群众一看到他，便纷纷围拢过来，静听他做革命宣传。在宣传革命的活动中，韦拔群充分发挥了自己的演讲天分和宣传鼓动能力。1921 年冬季的一天，正是武篆圩日，中午时分，赶圩的人很多，韦拔群在圩中心摆了一张八仙桌，在桌旁竖起一条“广西不得了”的大横幅。韦拔群登上八仙桌上开始演讲，他说:“乡亲们，你们一天到晚，一年到头，辛辛苦苦地劳动，还是吃不饱，穿不暖，这是为什么?是贪官污吏、土豪劣绅在剥削压榨你们。他们不做事，吃穿都好。如果不剥削农民，哪里有这种好处?我们农民要想吃饱穿暖，只有一条路可走，就是打倒贪官污吏、土豪劣绅。”

韦拔群拿起一根筷子，问群众：“谁能折断这根筷子?”群众听了哈哈大笑起来，说：“小娃仔都能折断，这有什么难?”

韦拔群把人群中的一个大汉叫上来，递给他一把筷子，说：“你能折断这个吗?”大汉接过筷子，使出吃奶的力气，却怎么也折不断。

“乡亲们，都看见了吧，一根筷子可以轻而易举地折断，但一把筷子就很难折断了。这就像把一个人团结成一群人，只要一群人抱成一个整体，就有了‘折不断’的力量，就能打倒贪官污吏、土豪劣绅。”韦拔群因势利导地说着。这个比喻生动的宣传，打动了群众的心，让他们明白了团结就是力量的道理。

又一个圩日，韦拔群讲到“我们农民在土豪劣绅的压迫下，是毫无自由平等可言的”这话时，群众弄不清“自由平等”是什么意思，有人发问：“什么是‘自由平等’?韦拔群知道，这个问题用语言解释，群众不会听明白的，他灵机一动，叫两个后生上来，先叫一人用绳子把另一人绑了，被绑者手脚动弹不得。韦拔群对大家说：“这个人有手有脚，本来可以自由地活动，可是他被人家绑住了手脚，失去了自由，想走想动都不得。土豪劣绅奴役我们，使我们毫无自由，就是同样的道理。大家明白了吗?”

群众异口同声回答：“明白了!”

接着，韦拔群又叫一个后生骑在另一个后生的背上，然后对大家说：“这两个原来是同样的人，应该同样平等才对，可是却一个骑人，一个被骑，这叫作不平等。土豪劣绅剥削我们，他们不做工，却穿的是绫罗绸缎，吃的是酒肉，住的是洋楼；我们农民一天从早到晚做苦工，累死累活，却穿的是烂衣服，吃的是草根，住的是茅棚。他们骑在我们的背脊上，叫我们做牛做马，这就是不平等。大家明白了吗?”

群众纷纷喊道：“明白了！明白了!”大家弄清楚了“自由平等”的

意思，纷纷说：“我们要把绳子挣脱，要把他们从背脊上打下来!”

韦拔群通俗明快的语言，激昂有力的声音，在劳苦大众的心中点燃仇恨的怒火，使偏远的山区开始沸腾，终于掀起了一场翻天覆地的风暴。

当东兰的广大人民群众在韦拔群与“改造东兰同志会”全体同仁的革命宣传影响下被发动起来后，韦拔群见时机成熟，便领导“改造东兰同志会”的成员和提高了觉悟的农民，开始向贪官污吏和土豪劣绅展开斗争。

韦拔群经过深思熟虑，和“改造东兰同志会”的主要成员陈伯民、黄大权、牙苏民等人协商后，决定了最初的斗争目标，将斗争的矛头直接指向了称霸一方的老桂系刘日福旅部。

刘日福原是老桂系军阀陆荣廷属下的一个旅长，陆荣廷被孙中山出兵打出广西后，刘日福盘踞右江地区，自称为“自治军”司令，派其部下邓祖贻率军驻扎东兰，滥收苛捐杂税，什么“刘旅开拔费”呀，“邓款”呀，每户征收 5 至 12 元不等。群众称它为“刘邓捐”。“刘邓捐”是当地 30 多项苛捐杂税中最重的一项，而且交款的时间短，规定 10 天交清，过期罚款，轻则抄家，重则枪杀，贫苦百姓怨声载道，怒不可遏。韦拔群和“改造东兰同志会”决定领导人民开展反对“刘邓捐”的斗争。

1921 年 12 月，韦拔群和“改造东兰同志会”在武篆召开国民大会，闻讯赶来参加会议的各乡群众达上千人之多。会上，韦拔群揭穿了“刘邓捐”的不合理性，号召大家团结一致，抵制强加在人民头上的苛捐杂税。会上大家一致推举韦拔群和陈伯民为代表，赴百色和田南道清乡总办，与刘日福交涉。

会议结束后，韦拔群和陈伯民以东兰人民代表的身份，星夜兼程，两天时间走完 5 天路程，到达百色，会见“自卫军”司令刘日福，陈述东兰人民的痛苦状况，要求停止征收这笔苛捐杂税。刘日福知道韦拔群与广西省长马君武有密切联系，怕事情闹大不好收场，被迫同意停止征收这项捐税，还写了“停止征收开拔费”的手令给韦拔群、陈伯民带回东兰张贴。

拿到刘日福的手令后，韦拔群、陈伯民又星夜兼程回到武篆。当天，正值圩日，韦拔群当众宣读了刘日福的免征“刘旅开拔费”的手令，顿时群情沸腾，众人欢呼，奔走相告，拍手称快。韦拔群、陈伯民赤手空拳，以一身正气智斗刘日福的壮举传遍了东兰全境，越来越多的农民团结到了韦拔群和“改造东兰同志会”的周围。

反“刘邓捐”斗争胜利后，韦拔群和“改造东兰同志会”决定乘胜追击，领导人民展开清算武篆大土豪杜瑶甫的斗争。

杜瑶甫，原名杜琨选，因在杜家兄弟姐妹中排行第八，又称杜八。他的父亲杜文明曾长期当武篆哨团局保董，称霸一方。杜文明死后，杜八继承了他父亲的职位。杜八素有“小霸王”恶名，其兄杜珠选（（杜七）也是武篆大恶霸，二人凭仗着权势，共同横行乡里，欺压人民，无恶不作，令人愤恨。如当地人民捐出800元来兴建东兰县第二所高等小学——武篆育才高等小学（现更名为武篆小学），可是杜瑶甫从中贪污了300多元，群众对他恨之入骨。

1922年2月，韦拔群带领黄大权、陈伯民、黄榜巍、黄榜呈等改造东兰同志会成员、学生代表韦介城、白汉云以及各村群众代表数百人，到杜八家找杜家兄弟进行面对面的斗争。

起初，杜瑶甫试图依势压人，仗着杜家有权有势，态度十分蛮横。他拉出手枪，放大口气说：“你们来干什么？快滚开！要不就叫你们的人回娘家！”

这时韦拔群还没出面。陈伯民上前一步指着他说：“育才小学建校余下的三百大洋，哪里去了，今天要与你清算”。

杜八说：“建校的钱不是公布清楚了吗？老爷我还稀罕你们那几个臭钱，简直是胡闹！”

韦拔群一听就气得两眼迸怒，冲进门口喝道；“杜八，你别装腔作势，吓唬不了谁，快把你贪污的三百大洋吐出来！”杜八见韦拔群正气凛然，数百村民代表群情气愤，大声怒吼、摩拳擦掌的场面，他害怕少年时狠揍过自己的韦拔群一怒之下又当众对他暴打一顿，凶横的态度软了下来，但依然百般抵赖地说道：“除了建设费的开支之外，余下的钱都用于伙食费了。”

这时，知情的群众站出来揭发说：“当初建校时规定不能在学校开饭，建校费用不能用于伙食，而且建校工人从头到尾都是自带伙食，何来伙食费开支?”

杜八见真相暴露，无以为辩，只好承认事实、乖乖地退出了赃款。

清算杜瑶甫的斗争胜利了！

韦拔群和“改造东兰同志会”的同志们乘胜前进，又领导群众勒令武篆的两个土豪陈继虞、黄若金交出公共枪支。这两个家伙，看到大土豪杜瑶甫还斗不过群众，自己更没有办法与群众作对了，于是，胆战心惊地把藏在家里的枪支全部交了出来。革命群众缴获了几条枪支，为建立农民革命武装打下了物质基础。

三打东兰擂战鼓

1922年3月30日，是农历三月初三，这是壮族传统中最为隆重的歌节。这四里八乡的群众都身穿节日的盛装赶歌节。几百人甚至上万人聚集在一起对唱山歌，以歌传情，好不热闹。韦拔群是当地有名的歌手，但是这一天他却没有赶歌圩，而是和陈伯民、牙苏民、韦命周、黄树林、黄大权等11名同志会会员，聚集在武篆区善学乡北帝岩（1930年改称列宁岩）举行革命同盟会，因为这天是农历三月初三，所以这个同盟又叫“三三同盟”。会议讨论通过了韦拔群起草的东兰初期农民运动的纲领性文件——《敬告同胞》，以“中国国民党广西特别支部”的名义，印发广西各地，号召工农商学兵团结起来，组织起来，打倒侵略我国的洋鬼子，铲除祸国殃民的大军阀，实行国民革命。

为了壮大农民运动队伍，同年 10 月 28 日（农历九月初九），韦拔群又以重阳节登高游览为名，在武篆东里村的银海州，召集有东兰、凤山、百色等地的革命青年共 180 多人参加同盟会议。会上，韦拔群在《敬告同胞》文件的基础上，进一步明确地提出了同盟会的任务：联合劳苦大众，团结广大人民，彻底推翻反动政府，打倒军阀，铲除土豪劣绅，反对帝国主义侵略，拥护俄国共产党，实行社会革命，建立新国家。会议还决定秘密成立公民会和农民自卫军。同年冬天，韦拔群前往南宁联络旧时同学开展救国救民革命活动，由于大土豪杜瑶甫向驻南宁“自治军”黄琦告密被捕入狱。1923 年春，他获释回到东兰后，在武篆北帝岩召开“改造东兰同志会”成员会议，积极发展会员，扩大组织，同时组建农民自卫军。

1922年农历9月9日，韦拔群又召集东兰、凤山、百色等革命志士一百多人，在武篆的银海洲举行革命同盟，这次会议团结了更多的骨干，发动了群众、建立了组织。

会后韦拔群和公民会的骨干还分头深入各乡村，组织讲演团、山歌队，开展更大规模的宣传活动，发动先进群众收集枪支，打造大刀、长矛、土弹，以壮大农民武装。经过努力，全县许多区、乡纷纷建立了国民自卫队，县成立了农民自卫军，兵员达千余人，韦拔群任总指挥，下设东、南、西、北四路军，分别由覃孔贤、黄榜巍、黄大权、牙苏民指挥。“三三同盟”后，韦拔群还带领东兰农民开展了“不交租、不还债、不纳税”和“抗粮抗税”的斗争活动，声势浩大。杜八对此无可奈何地哀叹：“韦拔群在弄京一带带领壮瑶农民抗粮抗税真厉害，搞得我们收租收税越来越难。”

1923年6月26日，韦拔群根据贫苦农民的控告和要求，带领公民会员和农民自卫军100多人，到东兰城清算当时东兰最大的恶霸，时任东兰县六哨团总韦龙甫的罪行。由于县知事蒙元良勾结驻军营长罗颂刚出兵镇压，不仅解救了罪恶屡屡的韦龙甫，而且把7名农友投入监狱，清算斗争失利。

清算韦龙甫斗争失利，韦拔群召集各区“公民会”和国民自卫军的负责人到武篆开会。到会的有陈伯民、黄榜巍、牙苏民、覃孔贤等人。他们首先认真分析这次斗争失利的原因，总结经验教训。韦拔群认为：只有拿起枪杆子，才能打倒军阀、打倒贪官污吏、打倒土豪劣绅。韦拔群这一见解，获得与会同志的一致赞许。有了统一思想，才会有统一的运动，会上决定举行武装起义，攻打东兰县城，并对起义的军事行动做了具体部署。会后，韦拔群卖掉了家里9头耕牛，筹款购买枪支弹药，同时又亲自深入西山弄京峒召开500多人的群众大会，用瑶语分析了瑶族人民世世代代穷困的原因，号召他们和壮、汉族贫苦农民团结起来，打倒豪绅地主，砸碎旧世界。瑶族群众提高了觉悟，有几百人报名参加“农民会”和“农民自卫军”，拿出100多支粉枪和许多大刀、长矛，决心跟随韦拔群为争取翻身解放而斗争。

与此同时，黄榜巍、牙苏民、覃孔贤等人也分别在武篆、兰泗、长江、都邑各区联络组织了一大批武装力量，农民自卫军很快发展到1000多人，有各种枪支200多支和许多长矛大刀。

7月1日（农历五月十八）凌晨，韦拔群率领农民自卫军400多人，兵分四路攻打东兰县城，韦拔群为总指挥。各路农军按照事先计划，按时到达东兰城郊指定地点待命。天刚破晓，一颗信号弹腾空而起，农民自卫军闻讯分东、西、南、北四路同时向东兰县城发动进攻，枪炮声、喊杀声震天动地，声势十分浩大，使敌人胆战心惊。

县衙门警卫队和韦龙甫民团武装共有150多人枪，凭借三座炮台顽抗，易守难攻，加上天下大雨，城南的九曲河河水暴涨，农民军带来的粉枪被雨水淋湿而哑火，南路农军过不了河，指挥员黄榜巍在强攻中牺牲，各路农军发起多次进攻，终因兵力不足，武器低劣，强攻不下，为了保存实力，韦拔群果断下令撤退，一打东兰失利。

黄榜巍等5名农军战士的牺牲，激起了大家对敌人的满腔怒火，大家纷纷要求再次攻打县城，为牺牲的兄弟报仇。各路农军迅速扩充队伍，增购枪支弹药，从7月初到下旬的20多天时间里，农军由400多人增加到800多人。同年7月31日（农历六月十八日），韦拔群又率领农民自卫军800多人，兵分四路第二次攻打东兰县城。当时，防守县城的敌人，除了警卫队和民团外，还有驻军一个营（罗颂刚营）。由于农民自卫军缺乏作战经验，火力不集中，行动不协调，加上时间仓促，准备不充分，兵力不足，农民自卫军虽猛烈进攻，攻城未克，二打东兰县城又失败了。

两次攻城，虽然没有成攻，但给予敌人的打击是沉重的，农民自卫军也得到了很好的锻炼。

两次攻城失利后，韦拔群和各路农军领导人冷静下来，他们不仅看到了敌人的强大，也看到了自己力量分散薄弱等缺点。他们在总结经验教训后，决定大力扩充人员，增加武器，制定有效的攻城办法，加强各路军的协同作战，同时，韦拔群还指示各区农军加紧监视土豪劣绅，斩断他们与县城的来往，封锁一切消息，断绝县城的粮食供应，彻底孤立县城。并命令各区农民自卫军加紧做好攻城的准备工作。

10月20日，韦拔群趁东兰驻军罗颂刚营撤回百色，知县蒙元良和大恶霸韦龙甫纠合全县地主豪绅聚集县城毫无设防之际，率东兰、凤山、凌云、百色、都安、巴暮（现属天峨县）等地农军1500多人枪仍分四路第三次攻打东兰县城。经过一昼夜的激战，于次日拂晓终于攻占了县城。蒙元良和韦龙甫看大势已去，趁夜翻墙往凤山方向逃窜，余下的敌军纷纷缴械投降。

第三次攻打东兰县城取得了胜利。农军入城后，打开牢门释放了被关押的无辜群众，没收韦龙甫的财产分发给贫苦群众。接着，韦拔群在县城召开了2000人的群众大会，欢庆人民武装斗争的初次胜利，追悼牺牲的战友，并宣布取消苛捐杂税，废除各种封建压迫剥削的契约，提倡民族平等，男女平权等，贫苦农民欢天喜地，无不拍手称快。

农军三打东兰县城，是韦拔群开展农民运动早期最重要、最著名的一次武装斗争，轰动了广西各地，沉重地打击了桂系军阀在东兰的反动统治，冲击了几千年来农村封建势力的根基，充分显示了人民武装的强大力量，从而揭开了广西农民武装斗争的序幕。这次斗争的胜利，标志着韦拔群领导的东兰农民运动从合法说理斗争走上武装斗争的开端，使韦拔群成为右江农民家喻户晓的领袖。跟着拔哥闹革命，农民穷苦会有头。

东兰农民革命武装斗争的发展，特别是三打县城，使得广西军阀政府惊恐万状。广西军阀政府为了消灭韦拔群这个心腹大患，策划了许多阴谋诡计，省政府督令当时控制右江区域的旅长刘日福为缓和东兰局面，撤销了东兰县知事蒙元良的职务，委派黄瑶琼接任县知事，还假惺惺地同意筹办成立东兰县参议会，邀韦拔群等人共商县政，看似支持韦拔群，实际的意图却是先缓和农民斗争的情绪，然后伺机绞杀。

黄瑶琼秉承其主子的旨意，走马上任后，一方面伪装民主，假惺惺地成立参议会和议事会，邀请以韦拔群为首的公民会成员参与筹备，伺机分化革命阵营，弱化东兰公民会的作用和职能，进而瓦解农民自卫军；另一方面则暗中勾结土豪劣绅，到处造谣诬蔑，甚至伺机加害韦拔群。

1924年初，黄瑶琼与一帮土豪劣绅联名向吴佩浮派来的广西省长张其锽诬告韦拔群在东兰搞“劳农党”，预谋造反。2 月，张其锽据此颁布通缉令，命令罗颂康部重返东兰，缉捕韦拔群、陈伯民、牙苏民等人，镇压农民公民会。这时韦龙甫跑到百色，用重金请刘日福出兵。刘日福拿到大把的光洋，立即命令罗颂康部扑向东兰，四处张贴布告捉拿韦拔群等人，在敌强我弱的情况下，在占领东兰县城 28 天后，韦拔群率领的农军被迫撤退至西山，东兰农民运动转入低潮。

在领导农民运动中，特别是经过三打东兰县衙门的斗争实践，韦拔群深刻地体会到：要推翻旧世界，光靠东突西拼不行，非有革命理论指导不可。正当他犯难之际，获悉孙中山与中国共产党合作开展反帝反封建的革命斗争，并在广州开展一系列重大活动。这给苦苦求索中的韦拔群以巨大的鼓舞和力量。他决心再度到全国革命的中心广州，去找孙中山，去找共产党。

为了寻找正确的革命道路，1924年8月，韦拔群和他的战友陈伯民冲破艰难险阻，绕道贵州、云南、经越南、香港，1925年初到达广州，进入中国共产党人主办的广州农民运动讲习所学习。

1924 年秋，韦拔群到广州寻找革命真理。

1924 年 8 月，韦拔群偕同战友陈伯民，化装成商人，摆脱敌人的追踪，闯过沿途重重关卡，绕道贵州、云南，经安南（越南）、香港，于 1925 年 1 月到达广州，成为第三届广州农民运动讲习所的学员。

通过一段时间的学习和讨论，韦拔群的思想有了一个新的飞跃，心中豁然开朗，深刻认识到东兰农民运动开创的武装斗争的路线和方向没有错，关键是缺乏明确的政治目标、缺少革命理论的指导，没有建立广泛的农民各级基层群众组织，打倒了土豪劣绅田地没有分给农民，打下县城建立了东兰革命委员会，却没有创建强大的农民自卫军来保卫新政权。他终于找到了组织群众起来斗争的正确方向，树立了指导东兰农民运动走向辉煌的坚定信心。世界观的转变，促使他毅然迈出了从旧民主主义者逐步向共产主义者转变的决定性一步，他坚信孙中山、中国共产党能够救中国，穷人抬头之日不会太远了。

1925 年 3 月，因斗争需要，广州农民讲习所的领导根据韦拔群、陈伯民的学习情况，准予他们提前结业，国民党中央农民部部长廖中皑委任韦拔群为国民党中央农民部运动特派员，担起领导广西农民运动的重任。

韦拔群在广州农讲所学习结业后，被国民党中央农民部委任为农民特派员，回广西开展农民运动。图为广州农民运动讲习所旧址

韦拔群、陈伯民满怀革命豪情从广州回到南宁，原想在南宁等待已经接受广东革命政府领导的广西省政府安排工作，但是，当时正值滇桂军阀混战，广西政局动荡，南宁的局势混乱，韦拔群觉得在这种情况下，待在南宁是没有多大作为的。同时，他又听到东兰方面传来的消息说，自从他离开东兰去广州后，东兰的反动势力更为嚣张，东兰“公民会”已被打散，农民运动骨干受到残酷迫害，形势非常需要他回到东兰，把农民运动恢复和发展起来。于是，韦拔群和陈伯民商量，决计返回东兰，重整旗鼓。

1925 年 5 月，韦拔群回到了久别的家乡，无限感概。乡亲们的热情接待，让他感到十分温暖。但军阀、官僚、土豪劣绅对农民进行残酷剥削和压迫的情况，又使他感到十分愤怒。回到武篆不久，韦拔群便召集东兰公民会骨干开会，向他们介绍了在广州农讲所学习情况和革命的大好形势，谈了如何组织农会和尽快打开农民运动新局面的设想。听了韦拔群介绍后，同志们无不欢欣鼓舞，“快干吧！拔哥，我们活不下去了！你快领导大家再干一场，把这些害人精消灭干净。”

韦拔群见大家斗志昂扬，高兴地说：“干！这回要大干一场！但不能像过去那样蛮干了。”“那怎么干?”大家着急地问道，“你给大家交个底吧!”

“办农会!”韦拔群接着说，“不过，要办农会，还得有干部。我们也照广州办法，组织农民协会，成立农民自卫军，开办农讲所。”

列宁岩办农讲所

会后，大家迅速分头行动，深入宣传，发动群众。为了在家乡宣传孙中山、共产党思想，韦拔群在离东里屯不远的小龙潭的暗洞里建立秘密印刷厂，翻印了从广州农民运动讲习所带来的一些教材为农讲所做了一些必要的准备。但是，要真正把农讲所办起来，困难还是很多的：一没有校舍；二没有经费；三没有教员；四没有学员，真是困难重重。韦拔群和黄大权、陈伯民等同志商量，决定采用自力更生，就地取材的办法，把农讲所办起来。

没有经费，韦拔群说服家人，变卖家里一部分田地。充作经费，又发动乡亲捐助一些，如牙苏民一次就捐献出了100元东毫。但主要还是靠韦拔群变卖家里的田产来维持。

没有校舍，韦拔群号召同志集思广益。最后综合大家的计策，韦拔群作了通盘考虑，最后决定校址选在武篆区善学乡拉甲山半山腰一个天然岩洞——北帝岩（1930年张云逸来视察时，改为列宁岩）。韦拔群选定校址在北帝岩原因有三：一是北帝岩内有曲径通山后，敌人来袭时有利于疏散学员，这对学员们的安全极为有利；二是北帝岩内面积大，洞内干燥，阳光充足，可同时设置教室、办公室、学员宿舍；三是农讲所有军训，这里便于上军事课。

没有教员，韦拔群就地开发，聘请能者为师。

没有学员，韦拔群就号召各区、乡农会和学生联合会广为推荐，保送。

经过短期的筹备，1925年11月1日（农历九月十五日），东兰农民运动讲习所正式建成并开学了。韦拔群担任讲习所主任，陈伯民任管理员，韦命周任总务，黄大权、陈守和、黄树林、黄孟儒、黄焕章、韦钟璠、黄榜成、黄绍文等人为教员，邓恒若（邓无畏）、黄汉英为军事教员。学员来自东兰、凤山、凌云、奉议（今田阳）、恩隆（今田东）、思林（今田东县属）、果德（今平果）、都安、河池、南丹等10多个县的壮、瑶、汉农民积极分子和有志于农运的进步青年共276人，最大的不过三十出头，最小十一二岁，没有女学员。其中有的学员如黄治峰、覃道平、韦汉超、黄文通、黄伯尧、廖由宾等，是各县农民运动的领导人。

韦拔群组织创办第一届广西农民运动讲习所旧址——北帝岩（现列宁岩外景）

开学那天，岩内石壁上韦拔群亲笔写了“劳动、互助、奋斗、牺牲”的校训和“快乐事业，莫如革命”的标语，在洞口用石头砌成的拱门两边贴上了“要革命的站拢来，不革命的走开去”的对联，还制定了“思想革命化，行动纪律化，生活工农化”的学员学习、生活准则。在开学典礼上，韦拔群做了长篇演讲，他从太平天国运动讲到孙中山领导的辛亥革命和国共合作的大好形势，从广东彭湃领导的农民运动讲到东兰、右江的农民运动，分析了当前的形势，指明了今后的任务，要求学员要潜心学习理论，坚信孙中山和共产党的领导，学习苏俄，改造右江。

东兰农讲所是一所军政合一的革命学校，学员们不仅要在这里学习农民运动和马列主义的理论知识，还要学会拿枪打仗。韦拔群根据以学为主的原则，安排了每天“三讲、两操、一劳动”的教学活动，即每天上午上三节理论课，下午上两节军事课、一节劳动课。东兰农讲所基本上是参照广州农讲所来设置课程和进行教学的。一部分教材是直接翻印广州农讲所的，另一部分是由韦拔群、陈伯民等同志根据广州讲习所使用的教材，结合本地实际而编成。开设的课程有《各国革命史》《苏俄概况》《经济学常识》《中国史概要》《三民主义》

《法律常识》《农民协会组织章程》等。

不过，韦拔群从发动群众的任务出发，更重视培训学员的表达能力和组织能力，他要求教员平时教学要注重理论结合实际，要注重语言的通俗化，比喻形象化，内容生动化，而且要求教员带领学员深入实际生活。韦拔群经常组织教员和学员们利用晚上到群众家中访贫问苦，调查农民生活，进行革命宣传活动，并把所得的材料，结合政治课进行学习讨论，既提高了学员们对理论的感性认识，又提高了他们的政治觉悟。

农讲所附近有武篆圩、江平圩、凤凰圩、三石圩等几个圩市。带领学员到圩市演讲，培养他们宣传革命的语言表达能力，同样是农讲所教学员的一项重要内容。每逢圩日，韦拔群就组织农讲所学员分成几个小分队，每人手执一面彩色小纸旗，上书“打倒土豪!”打倒列强!”等口号，到圩场利用讲演、唱山歌、贴标语、发传单等形式进行革命宣传。学员们列队出发，一路上敲锣打鼓、吹号、唱革命民歌，挥动小彩旗，振臂高呼口号，阵容整齐，意气风发，场面热烈。一到圩场，赶圩的群众见到演讲队伍，就围拢过来听学员演讲。学员们演讲的内容多为反对地主收租放债、雇长工、反对衙门的苛捐杂税、打倒军阀、打倒土豪劣绅和贪官污吏、打倒帝国主义、实行民族平等、男女平等等。学员们讲受苦人的苦难，讲地主老财压榨穷人的罪恶，讲到痛心处，学员们捶胸顿足，语调凄惨，群众也是一片痛哭流涕；讲穷苦人要翻身，要解放，只有团结一心，组织武装，走革命的道路，群众无不欢欣鼓舞。群众十分欢迎这样的演讲，地主们则十分仇恨。一次，杜八听到圩市上的歌声和口号声时，怒气冲冲地要把农讲所学员和群众赶走，大家不但不走开，歌声、口号声反而更加响亮，并向他挥着拳头高呼“打倒土豪!”气得杜八脸色铁青，灰溜溜地逃走了。乡亲们亲眼看到团结斗争的力量，更加激发革命的热情。这以后，有更多的农民加入农军、农会、革命的影响日益扩大。

第一届广西农讲所筹办之时，面临着重重困难，而最大的困难是缺乏资金。

为了革命事业，韦拔群说服家人变卖部分田产和妻子陪嫁的部分首饰，所得钱款全部作为开办农讲所的经费。虽然乡亲和学员也捐款了一部分，但农讲所的主要运筹还是靠韦拔群变卖家里的田产来维持的。韦拔群变卖了大半家产，还不够用，于是他又委托妻子四处借。由于办学经费紧张，农讲所的生活是艰苦的。但师生们保持着革命乐观主义的精神，韦拔群始终与学员们亲密无间，心贴心，共甘苦。他身穿土布唐装衣服，脚穿草鞋，白天讲课，出操，从不迟到。劳动、跑步、爬山、游泳，样样带头。晚上编写教材，看书报，常常工作到深夜。入秋后天气变冷，大多数学员没有棉被，韦拔群发动学员收集稻草编织厚草席御寒，还给这种草席起了一个响亮的名字叫“革命被”。韦拔群严格要求自己，就是在隆冬腊月，寒风刺骨，他从不烤火，还带头到河边洗澡；夏日雨天，烈日高照，大雨倾盆，外出不戴雨帽，不撑雨伞。有的学员见他这样，担心他的健康，劝告说：“拔哥，要注意身体才行呀!”

“冬天不冷就不像冬天，夏天不热就不是夏天，革命人怕苦就不能革命!

打仗的时候，哪容你夏天撑把伞，冬天带火笼呢？敌人更不会选定晴日天暖来捣乱的。”韦拔群这样一说，大家便无话可说了。

韦拔群还教育学员说：“革命人要锻炼出三个习惯：第一个，立场坚定，意志坚强，不怕难，不怕死，坚持为党和人民的利益牺牲自己；第二个，要有结实的身体，能跑能跳，能吃苦耐劳；第三个，对敌斗争要灵活勇敢，大胆心细，变化无穷。只有这样的人，才能经得起风吹雨打，死难临头也昂然无畏，敢为革命奋斗到底。”

以上这些语言和行动，充分说明了韦拔群以高度的革命责任感严格要求自己，每时每刻都注意锻炼自己和改造自己，每时每刻所想的都是人民的解放事业，一举一动都是为了革命，这种高贵的品质，深深地影响着每一个学员。

广西农讲所的开办，是广西各族人民的开心之日，也是敌人的惊恐之时。广西省当局黄绍竑气急败坏，先后命令地方狗腿子黄守先和国民党军阀刘日福，对韦拔群软硬兼施，派反动军队和民团血洗东兰，进攻农讲所。

1925 年 11 月 6 日，东兰县知事黄守先率领匪兵一百多人，勾结龙显云等土豪武装，从武篆、江平两路偷袭农讲所。一路上不见阻击，以为得逞，便指挥匪兵包围农讲所，拼命攻打。韦拔群除留下 20 多名学员以石块为武器在洞口阻击牵制敌人，率领大部分学员从后洞通道转移。这条秘密通道敌人是不知道的，他们只在外面猛攻猛打，在洞口牵制敌人的学员猛然阻击了一下后也从通道转移了，黄守先见农讲所里完全失去还击能力，以为计就功成，令匪兵破门而入。匪兵进了农讲所，不见人影，黄守先开始有些惶恐，后来自作判断，认为农讲所学员突然被袭击，毫无准备，只有逃躲洞内。这太好了，可以把他们做一锅煮，作一窑烧了。他叫匪兵搬来柴草，堆满农讲所烧了起来。接着又捣毁了农讲所的各种设备。然后，黄守先和龙显云带队到武篆那论村的李卜结家驻扎（全村只有这一家是砖瓦房），把李家老小全部赶出门外，把抢劫得来的牲口宰杀了，大吃大喝一顿，得意忘形地庆祝“胜利”。

这天晚上 11 点左右，趁敌人还在喝酒吃肉划拳猜码的韦拔群按照原来的计划，率农讲所的 300 名学生、教员和农军，连同前来助威的数百名群众，把那论村围得水泄不通。待敌人酩酊大醉后，韦拔群一声命令：“进攻!”顷刻，四野枪声鼎沸，喊声雷动，农军一阵猛打，从梦中惊醒的敌人来不及抵抗，晕头转向，纷纷抱头乱窜。土豪龙显云受重伤，令匪兵背他经鸾坡逃到江平的山林里。黄守先知道中计，见匪兵死伤太大，无心恋战，叫残兵死战夺路，从兰木逃回县城。农军一战大捷，缴获许多武器，而自己无一伤亡，有力地打击了黄守先及其同伙的嚣张气焰，鼓舞了农军的斗志，农讲所学员经受了严峻的考验和实战锻炼。

参加农讲所学习的每一届学员，学习两三个月，如同猛虎添翼，结业回到各地，大多数变成了农民协会的主要骨干。

列宁岩，正像它的名字一样，永远铭刻在东巴凤和左右江各族人民的心里，永远闪烁绚丽的光芒。

围绕“惨案”作斗争

1926 年 2 月，广西当局派百色驻军刘日福部龚寿仪率一个团的兵力到东兰，勾结县知事黄守先和大土豪杜瑶甫，对韦拔群领导的农民进动进行镇压，“进剿”农军。2 月 5 日龚寿仪突然出动部队，先后在韦拔群的家乡东里村及其附近的几个屯，共 12 个村庄，大肆烧杀劫掳，官兵所经之处，穷凶极恶之行尤为土匪所不及，他们把人民群众的财物、家畜家禽掳掠一空，将禾苗拔光，将一些平时视为眼中钉的村民捆绑起来投入火堆活活烧死，将抓到的小孩当场摔死或放进火堆烧死，把来不及逃走的群众抓了起来，然后把 12 个村庄的房子全部烧毁。韦拔群、黄大权等农运领导人的家自然不能幸免。随后又派兵到江平、兰木、西山、太平、泗孟、长江、隘洞、都邑、凤山等地，以抓捕跟韦拔群闹革命的“拔党”之名，更大规模的实施烧杀，制造了震惊全国的东兰“农民惨案”。

据东兰惨案事后统计：全县民房被烧毁 7500 间、被掳去牛马 2500 头（皮），被勒索款项达 8 万多元，被杀害的农运骨干和革命群众达 700 人。这次惨案历时数月之久，在 150 个村垌犯下了罄竹难书的罪行。

面对敌人惨无人道的屠杀和镇压，韦拔群沉着应战，就在龚寿仪部突袭武篆的当天，韦拔群等农运领导人带领农军主力进入西山，开始创建西山革命根据地。韦拔群之所以选择西山，主要是西山位于东兰、凤山、百色三县的交界处（现在是东兰、凤山、巴马三县交界处），方圆数十里山高林密，岩洞多，道路崎岖，地势险要，易守难攻，有利于游击战。生活在这里的主要是瑶族同胞，他们长期遭受更为残酷的剥削、压迫，革命立场十分坚定，群众基础雄厚。西山革命根据地的建立，可以说是韦拔群革命生涯中的又一个创举。

进入西山后，为了更有效地组织农军和团结群众抗敌，1926 年 2 月 16 日韦拔群召集农民骨干在西山弄京附近的一个岩洞里召开一次紧急会议，会上恢复成立了三打东兰时成立的东兰县革命委员会这一革命组织。韦拔群当选为革委会主任兼军事部长，指挥西山游击斗争，决定将农民自卫军缩编为锄奸团，总人数约 200 人，韦拔群亲自任总指挥。锄奸团分成若干小分队，一方面与敌周旋，展开游击战；一方面潜入敌占区，展开镇压恶霸及其帮凶的斗争。两个月内，当初与韦拔群等人共同签名发表《敬告同胞》的陈毓藻因带领匪军烧掳西山被处决，武篆土豪韦文周勒索群众被镇压，替黄守先充当眼线的武篆保统陈继恩和长江区劣绅韦龙翔被抓获。半年内，锄奸团在各区相继实施了 20 多起锄奸行动，处死 8 人，极大地打击了敌人的嚣张气焰，大长了革命群众的威风，广大群众知道韦拔群仍然和他们战斗在一起，勇气倍增，纷纷加入锄奸团，锄奸队伍很快就发展到 500 多人。

东兰惨案发生不久，北伐战争开始，1926 年 5 月，韦拔群领导东兰革命委员会，决定一方面，采取军事上继续相继打击敌人，另一方面，又利用当时国共合作的有利时机，在政治上有力声讨敌人的双管齐下抗敌的对策。以东兰县农民协会的名义，向广州国民党政府、国民党中央党部及广西党、政、军和社会各界发出《请看军阀官僚劣绅土豪烧杀东兰农民之惨状》的《快邮代电》，控诉军阀和官僚豪绅互相勾结镇压东兰农运的罪行，要求“惩办其惨杀农民烧掳农村之罪犯官僚”“恢复农民运动讲习所”等。同时，派陈伯民、陈守和两人到南宁先后向省党部的农民部、青年部和省党部执委、监委联席会议报告东兰农民被焚烧事件。9月，由于广西当局对省农民部陈协武经实地调查形成的《广西东兰农民之惨案》不予采信，对东兰农民惨案迟迟不做正确处理。为了摆脱困境，韦拔群率领四路农军1000多人攻下东兰县城，把勾结土豪劣绅与农军对抗的县知事黄祖瑜驱逐出东兰县境，东兰农运再度掀起高潮，农军迅速壮大。

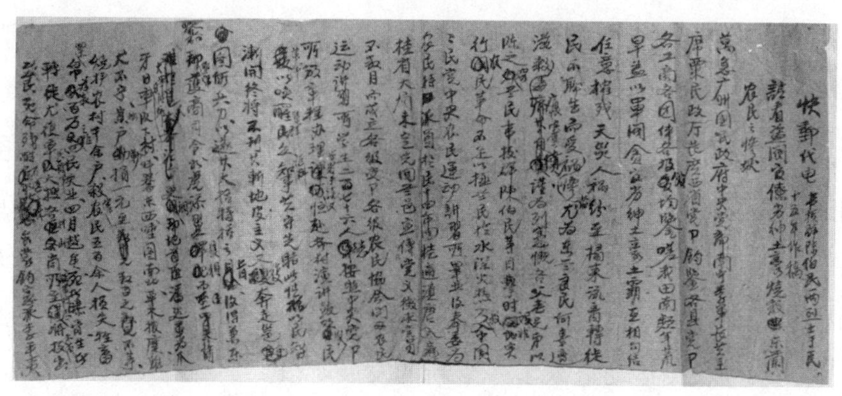

韦拔群与陈伯民为东兰县农民协会起草的《快邮代电》文稿

占领县城后，韦拔群第二次向广州总司令部和国民党中央党部电告实情。又派陈伯民、黄大业赴南宁向各界报告东兰农运实情。这时，陈协武写的调查报告《广西东兰农民之惨案》在广州由共产党人主编的《农民运动》月刊上刊登，在社会上引起强烈的反响，中共广西地方党组织也发动各方面力量声援东兰农民的斗争，黄绍竑在各方压力下，为了安定后方，免受北伐前线指责，只好派广西省党部青年部长陈勉恕（中共党员）等党政军人员组成调查委员会，再次前往东兰调查。并由陈勉恕代理东兰县知事。在铁的事实面前和社会各界的压力下，广西省政府被迫承认东兰农民运动的合法地位，表示将黄守先“交法庭讯办”、龚寿仪“由第七军司令部核查办理”，通缉杜瑶甫等五人并没收他们的财产。至此，韦拔群领导下的东兰惨案斗争，历时近一年，最终取得全面胜利。

“成海陆丰之彭湃”

东兰惨案斗争又是韦拔群政治生涯的一个转折点。陈勉恕在东兰惨案中旗帜鲜明地支持东兰农运和完全站在农民立场上的言行表现，树立了一个共产党员的楷模形象，让韦拔群更直观、更深入地了解共产党人。陈勉恕经常向韦拔群介绍共产党组织的性质、任务和目标，进一步加深了韦拔群对共产党的了解，萌生了强烈的入党愿望。在广西当局派调查善后委员会到东兰调查的同时，中共党组织利用中共党员陈勉恕任调查善后委员会主任并代理东兰县知事的有利条件，派严敏、陈洪涛两位共产党员来东兰协助陈勉恕领导农民运动，发展农军，建立党团组织。从此，在党的直接领导下，东兰农民运动进入了一个新的发展阶段。

1926 年 11 月，成立了中共东兰支部，陈洪涛任书记。经严敏、陈勉恕介绍，韦拔群加入了中国共产党。韦拔群的入党申请书言简意赅：“吾拔群，愿把五尺之躯交给党，跟党铲除天下不平，建立一个平等的新社会。热烈而生，热烈而死。”全文加标点符号共 44 个字，没有套话空话，字字真，句句切，看得见，摸得着。一个农民领袖的心在字里行间跃动。

光荣地加入中国共产党，从此，韦拔群由一个爱国爱民的民主主义者，变成了共产主义者，成为为党的事业而自觉奋斗的无产阶级先锋战士。

1926 年 11 月，韦拔群在县城召开农民代表大会，决定恢复县农民协会。陈伯民任会长，韦拔群任军事部长。此时国共两党合作期，全省工农运动掀起高潮。在我党的推动下，在南宁开办了广西农民运动讲习所，成立苍梧（辖梧州一带）、镇南（辖左江一带））、田南（辖右江一带）三个农民办事处，韦拔群先后担任田南道农运办副主任、主任、推动右江地区农民运动的发展进入了一个新的阶段。右江各县农会、农军纷纷建立，实行“一切权力归农会”，各地宣布废除封建政权，免除苛捐杂税，没收土豪劣绅的土地财产，收缴烧毁剥削契约，整个右江成了农会的天下。在韦拔群的领导下，到1926年年底，东兰县建立了11个区农会，134个乡农会，拥有会员8.7万人，农民自卫军1000余人，位居广西各县之首。1926年12月5日，中共中央局在给共产国际的报告中称韦拔群“在东兰已成海陆丰之彭湃，极得农民信仰”。

1926年11月，韦拔群又在武篆育才高等小学开办了第二届农讲所，因为开展农讲所需要做大量的妇女工作，第二届农讲所分为男、女两个班，男班学员80多人，妇女班学员40多人。这届农讲所男班课程与第一届相同，女班还专门设置了“妇女解放”“婚姻自由”“男女平权”等课程。1927年7月，韦拔群又在武篆育才高等小学开办了第三届农讲所，学员来自东兰、凤山、都安、河池等4个县220多人。这届农民运动讲习所是用田南道农民运动办事处的名义开办的，因此，它又有“田南联县农民运动讲习所”之称。这一届农讲所的教学方法和教学原则，基本上与前两届相同。学员们每天早上出操，上午、下午听课或讨论，晚上自学、写稿出墙报。每到圩日，农讲所的老师组织和带领学员到武篆、江平、兰木、泗孟、三石等圩场进行宣传，既是宣传发动群众，又是培养锻炼学员们的宣传鼓动能力。韦拔群举办了三届农讲所，共为右江、红水河地区各县培养学员600多名农民运动骨干，农民运动的星星之火燃遍右江。

粉碎军阀的镇压

1927 年 4 月，蒋介石和新桂系军阀共同发动“四·一二”反革命政变，桂系军阀的血手开始伸进广西左右江革命根据地。当时的李宗仁、黄绍竑根据蒋介石的旨意，向各地张开血口，叫嚷“石头也要过刀”，大肆捕杀共产党人和革命群众，封建地主、土豪劣绅也高喊“复仇”，纷纷反扑，到处悬赏光洋要活捉韦拔群，广西轰轰烈烈的大革命陷于失败。

在白色恐怖中，韦拔群的旗帜不但不倒，反而更加鲜艳。随着他加入中国共产党和斗争阅历的丰富，身上鸣不平的“基因细胞”不断裂变，充盈了他的全身，“基因细胞”滋养了他的身骨和意志，而钢铁意志铸造了他身上的钢筋铁骨。

他以大无畏的英雄气概，率领右江地区的农军坚持公开的武装斗争。6 月中共恩奉特支书记徐少杰与田南道农运办事处主任韦拔群在恩隆县七里区（今属巴马县）召开右江各县农运领导人会议，决定在没有和上级党组织取得联系之前，暂时成立“广西临时军政委员会”（亦称“三南总部”）统一领导田南道、镇南道和南宁道的武装斗争。会议选举余少杰、严敏、韦拔群等 5 人为委员会常委。7 月，余少杰在奉议县花茶村召开右江各县农军领导人会议，决定将右江地区农民自卫军整编为第一、第二、第三路军，韦拔群担任第一路军（东兰、凤山、凌云、百色农军）总指挥。右江农军以革命暴动反对敌人的屠杀。

1927 年 8 月，新桂系军阀命令第七军第五师师长刘日福出兵镇压东兰、凤山农运。韦拔群闻讯后，立即在东兰县兰木召开紧急军事会议，决定将第一路军整编为 3 个自卫团和 1 个独立大队，分别由牙苏民、黄大权、廖源芳、黄太尤担任各团指挥和大队长，准备迎击来犯敌人。敌军黄明远营首先进犯凤山，韦拔群亲自带领第三届农讲所100名学员到凤山社更乡迎击敌人，同时命令黄大权率领第二自卫团在凤山县城南面的平乐阻击敌人，命令特务连、驳壳枪队在二、三都（今巴马县所略、甲篆一带）扰敌后方，8月17日，又令黄大权率领第二自卫团在凌云消灭劣绅武装。右江第一路军及农讲所学员经过十余天的激战，拔除了敌军的外围据点，迫使黄明远营龟缩在凤山县城达一个月之久。

10月初，敌副师长兼田南"清乡"会办朱维珍，率龚寿仪团和第四师一个营等22000余人，在数县警团的配合下，从百色、田州等线路猛扑东兰、凤山，驰援凤山县城。韦拔群指挥右江第一路农军分别阻击敌人。各部农军屡创敌军，毙伤敌80多人。农军也受挫损失300余人枪。10月中旬，敌人占领东兰县城及各圩镇后，对农军实施"分区围剿"，韦拔群转移到西山平垌设立农军总部，指挥各部农军改变战略战术，组编了10多支精干的暗杀队，采取伏击战、夜袭战等游击战术，艰苦作战，机智英勇地打击敌人。

1928年春，中共恩奉特支委员严敏到东兰，向韦拔群传达了中央和广东省委关于加强对东凤农民武装队伍的领导，发展农村游击战争等指示后，韦拔群指挥农军攻占武篆、江平、太平等圩镇，6月又将龚寿仪团余部逐回百色，粉碎了桂系军阀对东凤地区的重点"围剿"，并趁势开辟了以东兰武篆为中心，包括东兰、凤山、凌云及百色边境地区的农军游击区。

东兰农运始终是广西乃是周边省"低音"中的"强音"。

1929年春，韦拔群又派干部到凤山、南丹、河池等地开展革命活动，组织第二次攻占南丹县吾隘、那地等圩镇，并组织了8个乡农会和农军。同年夏天，还在东兰县太平区巴纳村召开东兰、凤山1000多名农民武装的动员大会，宣传革命形势，号召两县的农民武装加强联系，壮大队伍，进一步开展反抗反动武装的斗争。从而为百色起义的举行和红七军、右江革命根据地的创建打下了牢固的基础。

百色起义奠基人

在韦拔群领导下，广大军民团结战斗，英勇反击敌人的“围剿”，用战斗来保卫右江革命根据地。

1929年7月，政局变动，广西进入俞作柏和李明瑞执政期。俞、李是国民党左派人士，表示愿意与中共合作，要求中共中央派人来广西工作。党利用这个时机，先后派邓小平（当时名邓斌）、张云逸、袁任远、叶季壮、李谦、袁也烈、李朴、何进昌、宛旦平通过各种渠道进入广西，与原在广西工作的雷经天、俞作豫、韦拔群、陈洪涛一道开展工作。由中共中央代表邓小平负责领导广西党的工作。

8月上旬，广西省第一届农民代表大会在南宁召开，韦拔群出席了会议，并被选为省农民协会筹备处副主任委员。会议期间，经党组织介绍，韦拔群会见了广西省主席俞作柏，经协商，俞作柏同意以成立“右江护商大队”的名义，拨给东兰、凤山农军一个营的武器装备，共计长短枪300多支，子弹2万多发，并调东兰农军300多人到南宁领枪、受训，对增强东凤农军的素质和战斗发挥了重要的作用。

同年初秋的一天早晨，在南宁望州岭韦拔群住处，经雷经天带路，一个陌生人登门拜见韦拔群。

陌生人圆圆的脸，学生平头装，个子不高但身子十分壮实；说话机智幽默，看问题尖锐深刻；年纪虽轻，却浑身上下灵气盈盈，具有大智大勇的非凡气度。

这个陌生人就是邓小平。

经互相认识之后，韦拔群一五一十地把东兰以及整个右江农运和武装斗争的始末向邓小平汇报。

从 1929 年秋至 1930 年 12 月，邓小平三到河池，四赴东兰，三过凤山（含巴马）。邓小平每一次到东兰都找韦拔群，共商大计。

1929年12月11日，韦拔群领导的农民武装，配合邓小平、张云逸等领导的广西警备第四大队和教导队，在百色宣布起义，成立了中国工农红军第七军。韦拔群领导的东凤农军主力编入红七军第三纵队，韦拔群任纵队司令。

1929 年 9 月中旬，在中共中央代表邓小平和广东省委代表贺昌的指导下，在南宁津头村召开的广西省第一次代表大会，提出了武装夺取政权，实行土地革命等政治任务。10 月，邓小平等又做出在百色举行武装起义的决策。为了做好武装起义的各项准备工作，韦拔群立即与中共广西特委委员严敏一起率领正在南宁接受训练的东凤农军于 10 月 11 日回到东兰。当月中旬，在武篆区那论村召开了东兰县第一次代表大会，成立了中共东兰县委员会，严敏当选为书记，韦拔群当选为县委委员。

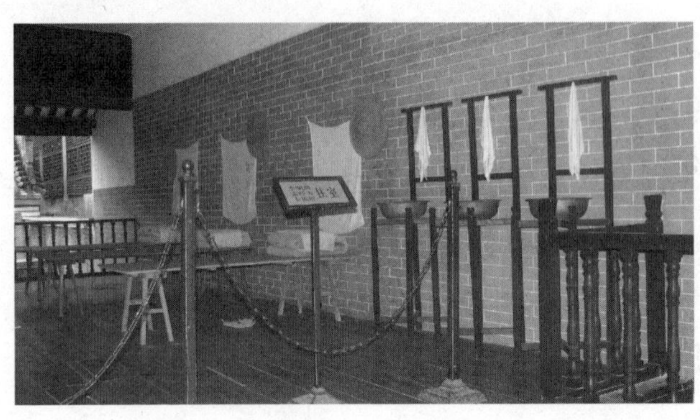

百色起义时李明瑞、雷经天、韦拔群的住宿处旧址粤——东会馆后房

县党代会以后，韦拔群以县革命委员会军事部主任的名义，指挥从南守领枪回来的农军攻克了东兰民团主要聚集地——太平、武篆和县城，解放了大部分农村。东兰县革命委员会颁布了《广西东兰县革命委员会最低政纲草案》，提出和实施“废除钱粮清赋”“没收地主、豪劣的土地，分给贫民”“废除包工制”“瑶民经济、政治、教育、工资上与其他人民一律平等”“官兵待遇平等”“男女教育、经济、政治、工资一律平等”“保护小商人”等政策、方针；号召各界各民族团结起来，储粮筹款，参军参战，用实际行动迎接武装起义和工农民主政权的成立。10月底，中共广西特委根据广东省委的通知，决定建立中共广西前敌委员会，统一领导左右江地区的党组织和军队，邓小平任书记，韦拔群等任委员。同时，张云逸派共产党员李朴到东兰协助严敏和韦拔群加快百色起义的准备工作，并将部分武器装备和修理设备运到东兰，建立了勉俄兵工厂。12月初，韦拔群与凤山县农协主任廖源芳等率领东、凤农民武装，配合新任凤山县长李植华（共产党员）带来的武装农军解放了凤山县城。

1929年12月11日，具有伟大历史意义的日子终于到来了。

在邓小平、张云逸、韦拔群的组织领导下，百色武装起义胜利举行，“中国农红军第七军”在百色宣告诞生，一面绣着黄色镰刀斧头图案、上面写着“中国工农红军第七军”的鲜红大旗在百色城上空迎风招展，在右江大地上飘扬。

中国工农红军第七军军长为张云逸，邓小平任政委。它下辖三个纵队和军部直属队。其中第三纵队司令员是韦拔群。

中国工农红军第七军成员的三分之二来自韦拔群率领的东巴凤农民自卫军。

百色起义成功的同一天，右江第一届工农兵代表大会在恩隆县（今田东县）平马镇召开，选举产生了右江苏维埃政府领导成员，雷经天为主席，韦拔群、陈洪涛等为委员。在成立右江工农民主政府的同时，正式建立了中共右江特委，在红七军前委的领导下，负责地方党的工作。同时，右江各县也陆续成立了县工农民主政府和县赤卫军。

百色武装起义的举行和右江苏区的建立，让土豪、残匪、地主民团等反动势力恐惧不安和极端仇视，1930 年初，他们拼凑 2000 多人两次袭击百色城。继而，恩隆县大土豪谭典章、谭典礼兄弟与土匪邓恩高、黄朝贵等结成一伙，到处袭击红军，破坏农会。溃逃到黔桂边河池、南丹一带的桂军营长韦锦成纠集土匪民团 1000 多人，直逼东兰、凤山；百色豪绅地主罗肇修、罗肇高兄弟，勾结东兰土豪民团，杀害革命群众，破坏新生政权。面对这种情况，韦拔群带领第三纵队，在红七军前委的领导下，投入肃清各地反动武装的斗争，先后消灭了土豪谭典章、谭典礼和土匪邓恩高、黄朝贵的反动武装，桂军营长韦锦成纠集的土匪民团，以及罗肇修、罗肇高土匪民团等。

1930 年 2 月，桂系集团趁红七军和新生政权诞生之初，突然出动三个团又一个营分两路袭击红七军在隆安的部队，当时我军在那里只有一个营。2 月 4 月下午 4 时战斗打响后，韦拔群率领第三纵队两个营从东兰火速赶到隆安增援，作为全军右翼。韦拔群指挥部队勇猛歼敌，让敌人遭受重大损失。由于敌众我寡，红七军血战四昼夜后被迫撤出战斗。当红七军转移到百色县驷亭（现属巴马县），又遭到4000多名敌军截击，形势非常严峻。韦拔群立即在第三纵队组织起一支敢死队，配合主力部队英勇杀敌，夺回了被敌人占领的制高点，打开了进入根据地的大门，部队顺利进入凤山县盘阳区赐福乡（今属巴马县）休整。随后，韦拔群又率领第三纵队在右江盆地、红水河周边地区歼灭、瓦解桂军及土匪民团数十股，帮助地方建立区、乡苏维埃政府，使红水河苏区与右江苏区连成一片。

东里办起“共耕社”

1930年4月初，邓小平到上海向党中央汇报工作后，返回韦拔群的家乡东兰武篆，与韦拔群在魁星楼会面，并在魁星楼办公和居住，领导右江根据地的土地革命。魁星楼是一座4层的六角形楼房，以前是人们祭祀文魁星的地方，这时是中共右江特委和右江苏维埃政府住地，成为右江革命根据地的指挥中心。

邓小平来武篆后近两个月的时间里，韦拔群随邓小平一起住进魁星楼里，朝夕相处，并亲自担负起邓小平的安全保卫职责。邓小平一回到武篆，就在魁星楼上召开右江革命根据地党政军干部会议，研究制定有关土地革命的方针、政策。鉴于桂系军阀入侵，根据地缩小的情况，会议决定土地革命试点先从东兰、凤山开始。土地革命基本上是按照“依靠贫雇农，团结中农，孤立富农，消灭地主阶级，保护中小工商业者”的路线进行的。在魁星楼上，邓小平编写了《土地革命政策和口号》《党的问题》《苏维埃的组织和任务》3本教材，主持起草了《土地法暂行条例》和《共耕条例》等指导性文件，指导右江地区土地革命的开展。

为了探索适应战争时期农村形势的土地革命新路子，韦拔群与邓小平深入到东里屯去考察，调查了解情况，决定在东里屯试办共耕社。韦拔群家的田地是东里屯较多的一家，他动员自己的家属和亲属带头入社，献出田地、耕牛和农具。这样，东里屯及附近的村庄出现了群众竞相报名入社的高潮。对于韦拔群带头入社，邓小平赞扬说：“做得对，给党员干部做出了好榜样！”

韦拔群和邓政委一起在东里屯办共耕社试点。

东里共耕社开办之初，缺乏耕牛和农具，韦拔群从一些乡借来几十头牛，又组织社员自制农具，解决了生产上的问题。接着又发现入社的贫雇农缺乏口粮，在韦拔群的号召下，家有余粮的社员拿出余粮集中在共耕社里，由乡苏维埃根据缺粮情况统一分配，又解决了生活上的难题。东兰当年气候不好，晚造插秧后不久就遇到天旱，韦拔群发挥了共耕社劳动力统一调配的优势，除组织第三纵队指战员帮助共耕社员挑水抗旱保苗外，还组织劳力修了一条 8 里长的水渠（现称共耕渠)，建成了一批保水田，保证了东里屯当年粮食的丰收。在当时生产水平低，加上旱灾影响的情况下，共耕社依靠大家的力量，晚造粮食产量却比 1929 年增加了三成。秋收时，全社统一核算一等（16 岁以上）每人口粮达到 800 斤，最少的四等（2 岁以下）每人口粮也有 200 斤。而且还留 1 万多斤作为公粮。社员们第一次分到了集体劳动的果实，家家够吃够用，原来的贫困生活有了明显的改善，社员们十分高兴，对共耕社和韦拔群充满感激。

韦拔群还具体指导东里共耕社开办了一个消费合作社，负责从外地购进食盐、烟酒、肉类、以及其他日用品，平价供应给社员，既方便了群众的生活，又为共耕社增加了收入，解决了东里屯农民由于交通不便造成的日用品缺乏（特别是盐）的困难，社员的生活得到了明显的改善。

在邓小平、韦拔群等人的正确领导下，东兰县率先右江地区完成了土地革命任务，实现了“耕者有其田”，第一次结束了大多数人无地或少地的历史，农业生产得到较大的发展。

河池整编别战友

1930 年 5 月中旬，韦拔群派红军干部牙美元率队护送邓小平第二次上河池与李明瑞、张云逸会合。下旬，邓小平、张云逸、李明瑞率第一、第二纵队回到东兰县，在武篆魁星楼召开红七军前委和右江特委负责干部会议，决定收复百色和右江沿岸各县，开展土地革命。会后，韦拔群率第三纵队主力参加了收复百色及右江各县的战斗。

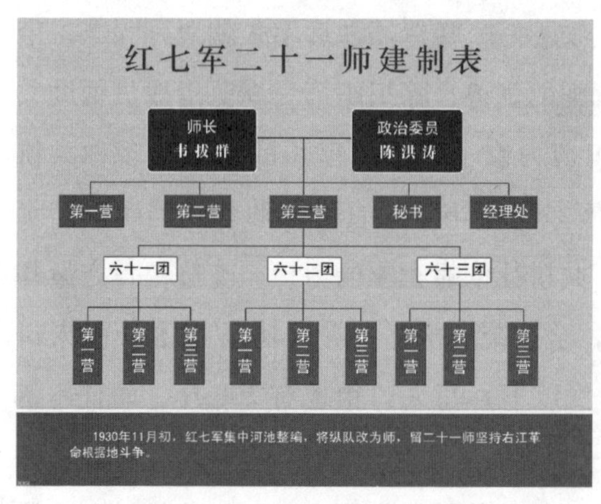

红二十一师建制

9 月，中共右江特委在平马镇召开扩大会议改组右江特委，选举陈洪涛为书记，韦拔群等为委员。

10 月 2 日，中共南方局代表邓拔奇（化名邓岗）到田东县平马镇召开红七军前委会议，传达了中央要红七军北上攻打柳州、桂林、然后夺取广州，进而“会师武汉，饮马长江”的指令。前委经过激烈争论，接受了中央的指令，决定集中全军到河池整编。不久，韦拔群与邓小平一起，率领分布在东凤地区的第三纵队抵达河池。

11 月 8 日，军前委根据中央指示精神和全国红军统一番号，宣布将红七军和红八军余部整编为红七军第十九、第二十、第二十一 3 个师，决定第十九师、第二十师共 7000 多人按中央指令北上攻打柳州、桂林、广州，韦拔群、陈洪涛分别担任待组建的第二十一师师长、政委，留守右江革命根据地。韦拔群深知红军主力北上后留守右江根据地将十分艰难，但他识大体，顾大局，坚决服从前委的决定，主动要求把自己从东兰、凤山带来的第三纵队 2000 多名精兵强将和好枪、好马拨给北上的十九师、二十师主力部队，自己只带七八十名伤病残弱战士及三十余支旧枪留守右江革命根据地开展斗争。

北上的战士要离开自己的家乡，思想上有些动荡，许多干部都舍不得离开和他们生死与共、并肩战斗多年的领导者和战友——韦拔群，有的坚决要求与韦拔群一同留下。韦拔群知道了这种情况，就在整编大会上做动员报告。他说："我们是工农红军，要无条件地为工农利益去战斗。革命者处处都是家乡，我们的目的就是解放全中国、全人类。希望你们出征后，在党的领导下，不畏艰难险阻，英勇杀敌，将来必定会胜利地打回家乡来！……"

韦拔群发自肺腑的话语，激励着出征的战士，成为巩固部队的一种强大力量。

在红七军主力从河池东进的前一天，韦拔群把整编剩下的七八十个老、弱、病、残战士，临时编为一个连，名为特务连。当天晚上，他率领这个连转回东兰。张云逸军长带着两个警卫员，特地赶来为他们送行。

张云逸和韦拔群肩挨着肩，一边走一边谈心。他们从右江农民起义谈到土地革命的开展，从右江和全国革命形势谈到今后艰巨的战斗任务。两个亲密战友，一个去远征，一个要留守革命根据地，他们就要分别了，回想过去，展望未来，有多少话要倾诉，有多少话要叮咛。张云逸说："红七军主力撤走以后，右江革命的斗争，今后将更加艰苦，更加残酷，但是在党中央领导下，只要我们善于使用干部，掌握武装，就一定会取得最后的胜利。”

张云逸嘱咐的话语，饱含阶级情、同志爱，韦拔群听了深受感动。为了表达对张云逸关怀的感谢，他挺起胸膛，昂起头，坚定地回答说：“我们一定坚持到底!”

后来，韦拔群恳请张云逸给他提出批评意见。张云逸沉思一下，然后语重心长地说：“拔群同志，我们相处不久，可是我知道你是个好同志。只是发现你有个弱点，太重私人感情。要知道，在阶级斗争中，只能依靠自己的同志，私交是靠不住的。”

这话说到韦拔群的心坎上。他紧紧地握住张云逸的手，激动地回答说：“是的，这是我的弱点，我一定好好克服!”

张云逸送了一程又一程，不觉走了好几里路。韦拔群劝张云逸到此止步，但张云逸还是难分难舍，韦拔群只好停下脚步，拦住去路，说：“军长，你已送行好几里路，不能再送了!”张云逸看时间已很晚，也就作罢了。韦拔群考虑到这一带是新开辟的游击区，张云逸身边只有两个警卫员，怕发生意外，执意倒送张云逸返回，直到离河池只有一二里路，经张云逸极力辞谢，最终双方才依依不舍地握手告别。不料，这竟然成了韦拔群和张云逸最后的生死诀别。

艰苦卓绝反“围剿”

带着中国红军第七军第二十一师的番号、军旗和特务连，韦拔群当夜赶回东兰，立即与政委陈洪涛、副师长黄松坚研究组建二十一师和巩固根据地工作，决定将东兰、凤山、都安、恩隆、奉议、果德等县的赤卫军常备营3000多人编到二十一师来，再由各县新建赤卫军常备营。经过短时间的紧张工作，1931年上旬在恩隆乙圩（今属大化县）召开二十一师成立大会。部队由原来留下的不足一个连扩大到四个团（即六十一团、六十二团、六十三团、独立团）和一个独立营，分布在东兰、凤山、恩隆、奉议、思林、果德、百色、南丹、都安一带准备坚持长期游击斗争。

红军主力北上后，东巴凤根据地的处境更加艰难和险恶。1931年3月中旬，桂系军阀第七军副军长（后为军长）廖磊，调集三个正规团，收编土匪四个连，纠集了东兰、凤山、庆远各县的民团共1万多人，兵分四路向东巴凤和右江革命根据地大举进攻。敌人采取步步为营，分进合击的战术，摆下大包围的阵势，扬言三个月内摧毁东巴凤和右江革命根据地。

面对数倍于己的敌人的强大攻势，韦拔群毫不畏惧，率领军民积极防御，避开敌人锋芒，巧妙利用“敌少我打，敌多我旋”的灵活机动战术，集中优势兵力，发挥土地雷的作用，抗击进犯之敌。同时要求各级苏维埃政府动员群众坚壁清野，配合红军打击敌人，并制定了惩处动摇、变节分子的十二条法令，使敌人失去“耳目”。敌人攻占东兰县城后，将指挥所移驻武篆，实行“分区围剿”，集中兵力重点向西山、中山和东山大举进犯，大肆烧杀掳掠，铲除庄稼，遇水投毒。韦拔群则动员军民进一步坚壁清野，在内线坚守挠敌，在外线游击歼敌，使敌人断粮断炊，处处扑空，时常受红军小分队的袭击，进退两难。还采取“离间计”，着力挑起桂军与黔军的矛盾，使黔军王海平率部哗变，向桂军反戈开火，桂军被迫调头对付黔军，韦拔群趁机率部四处出击，消灭敌人。韦拔群领导的东凤军民经过两个月艰苦卓绝的斗争，取得了第一次反“围剿”的胜利。

1931年8月初，中共广东省委派陈道生到东兰西山，传达中共中央关于纠正“左”倾冒险主义错误和整顿红军、改组地方革命政权等重要指示。接着，中共右江特委、红二十一师党委在东兰县泗孟乡丘拔屯召开会议，将二十一师改为中国工农红军独立第二师（亦称右江独立师），保留原来三个团的建制，韦拔群任师长，陈洪涛任政委兼党委书记。将右江苏维埃政府改为右江革命委员会（黄举平任主席），各县苏维埃政府也改为县革命委员会。会议确定了下一步的工作方针和任务：一是抓紧整顿、补充部队队伍，迅速跳出敌人的包围圈，同时做好地方政府和人民群众坚壁清野，疏散转移工作；二是派人到广东、香港找党组织联系，以求援助；三是把3个团整编为若干个灵活精悍的“杀奸团”，在根据地内对付敌人，把独立营编为外线作战部队，跳出包围圈，到外线打游击，筹粮款等，开辟新区；四是由独立师副师长黄松坚、中共东兰县委书记黄举平等，带领一部分干部到右江下游和黔桂边区发展党组织，创建新的革命根据地。在韦拔群、陈洪涛等人的领导下、右江军民加紧进行反“围剿”的准备。

1931年11月7日至20日，在江西瑞金召开的中华工农兵苏维埃第一次全国代表大会，选举产生了以毛泽东为主席的中华苏维埃共和国的临时中央政府执行委员会，由于敌人严密封锁和山川阻隔，韦拔群未能出席这次大会，但仍被选为中华苏维埃共和国临时中央政府执行委员，这说明韦拔群和右江革命根据地在全国革命斗争中有着重要的地位。

1931年，蒋介石集中大批军队向中央革命根据地发动了四次大规模的军事进攻，这年11月中旬，桂系军阀联合粤军张发奎调集正规军4个团和各县民团共7000多人配合蒋介石的军事行动，第二次大举进攻右江这块红色革命根据地，重点目标仍是西山、中山和东山。

由于敌人的蹂躏，加上天旱，右江一带赤地千里，满目疮痍。东巴凤一带，遭到敌人的四次血洗，更是颗粒无收，一片荒凉。山里的群众已处于无米下锅的境地。红军战士一天只能分到半斤红薯，放一锅水搀和着煮了吃。

疯狂的敌人为了困死、冻死红军，仗着人多势众，将根据地重重包围，层层封锁，所到之处，烧杀抢夺，鸡犬不留，给红军在山上坚持斗争造成了很大的困难。韦拔群和陈洪涛指挥红军采取避实就虚的游击战术，利用山区的有利地形，灵活机动地采取各种战术，相继袭击歼灭敌人，打掉敌人的嚣张气焰。而敌人进山后找不到红军主力，屡搜空回。年底，参加“围剿”的粤军两个团借故撤离，敌人摧毁东巴凤根据地的计划流产，但根据地仍遭敌人围困。

血洒西山留英名

西山根据地条件本来就比较艰苦，一年内又连续两次受到敌人的“围剿”，每次“围剿”敌人都采取烧光、杀光、抢光、铲光、卖光的“五光”政策对根据地进行破坏，西山大部分村屯都被烧光。1932 年初，敌人为了彻底切断群众与红军的联系，设立了集中营，勒令群众集中居住，违者烧杀，各峒的山泉水源全部放毒药。西山根据地军民的生活极度困苦。韦拔群面对红军武器装备和粮食供应团难，部队严重减员的情况，于 1932 年 1 月中旬在西山朝马峒召开右江特委和独立师党委扩大会议，决定整编队伍，化整为零，取消团、营、连编制，把多余枪支集中埋藏起来，把骨干分子组成 10 个杀奸团，每团 30 人左右，分散在各地杀奸肃特，袭击敌人。不久又建立巴暮独立营、都邑瑶族独立营、西山瑶族独立营和东山瑶族独立营，在保卫根据地的斗争中发挥了积极的作用。

1932 年 3 月中旬由于根据地进一步恶化，为摆脱困境，保存力量，挽救红军，右江特委和师党委在西山弄京果六峒召开紧急会议，讨论通过了韦拔群提出的向外发展的计划，决定抽调 30 名骨干组成两个向外发展组，分别由黄松坚、黄举平带领，分南北两个方向跳出敌人包围圈，到右江下游和黔桂边区恢复根据地及开辟游击新区，扩大游击区，壮大红军队伍，牵制敌人，减轻西山根据地的压力。

临行前的 4 月 5 日，韦拔群和陈洪涛又主持召开师党委紧急扩大会议：4 月 7 日工作组出发的当天下午，陈洪涛在师部主持召开了三位常委秘密会议，会上，韦拔群、陈洪涛、黄松坚三位常委约定：要革命就会有牺牲，谁活着谁就负担起领导右江革命的重任。

韦拔群和陈洪涛率领留下的 600 多人坚守西山，继续进行顽强的抵抗斗争。1932 年 4 月，韦拔群率师部转移到西山弄岩、弄统。敌人多次对西山进行“搜剿”，妄图捕杀韦拔群等领导人，均毫无结果。既然军事解决不了问题，那就用金钱。敌人到处张贴布告，悬赏 1 万元通缉韦拔群，5000 元通缉陈洪涛。韦拔群、陈洪涛将计就计，安排队员假装叛变，向敌佯称已将韦拔群擒获，诱敌拿钱要人，智取敌人赏钱 2000 元，并处决了叛徒陈守先。

1932 年 8 月，蒋桂军阀之间的矛盾日趋缓和，桂系军阀为解除其心腹之敌，又调集 1 万多兵力，由集团军副司令白崇禧亲自策划、督战，军长廖磊任前线总指挥，对东兰、凤山根据地发动第三次更大规模、更加残酷的“围剿”。敌人采取“缩网收魚”的狠毒策略，步步为营，节节搜索推进，并继续实行“杀光、烧光、抢光、掳光、铲光”的“血洗政策”，还把西山周围的群众驱赶到“集中营”强行管制切断群众与红军的联系，妄图将红军饿死、困死。

在残酷的斗争岁月里，韦拔群、陈洪涛始终坚守在西山，转战在大石山的丛林中，和战士、群众一起，以野菜充饥，以辣椒当盐，以岩洞栖身，以革命乐观主义精神，率领红军指战员与敌人进行英勇的斗争。当敌人进到东兰、凤山，尤其是开进武篆，不但十室九空，而且到处是地雷、陷井、危桥、毒水，“搜剿”还未开始，敌军已伤亡不少。每当夜幕降临，红军的“杀奸团”更是大显身手，他们悄悄地摸进敌营，放枪、投弹、散发传单，张贴标语，弄得敌人寝食难安，心惊肉跳，甚至常常互相残杀。有时，抓获敌人的便衣侦探经教育后，又放回营房假报军情，引得敌人误入红军的伏击圈；有时红军战士又化装成割草、砍菜的农民，身藏武器，接近敌人，出其不意地消灭敌人；有时，敌人刚端着碗吃饭或熄灯睡觉，韦拔群又组织红军在山上打枪放鞭炮，打乱敌人的生活秩序。敌人进驻武篆10多天，不但没抓到一个红军，反而一日数惊，伤亡不少。白崇禧急了，10月初亲自来到东兰，多次召开训示会，要官兵们“不惜牺牲，建立奇功”，但“搜剿”毫无进展。在武力不济的情况下，白崇禧只好决定，下大本钱收买叛徒暗杀韦拔群。

韦拔群牺牲地——香刷洞（外景）

由于白崇禧亲临东兰督战，敌人对西山根据地的“搜剿”格外卖力，加上敌我力量过于悬殊，西山和巴暮根据地外围许多据点相继失守，敌人包围圈越压越小，韦拔群意识到越来越危险，觉得坚守西山已不能扭转战局，便当机立断，带领他的瑶族警卫员罗日块冲破敌人的包围圈，秘密转移到了东西屯附近的一个山林里隐蔽，计划找陈洪涛研究，跳到新区开展工作。1932 年 10 月 17 日晚上，他和罗日块来到东里屯后山的香刷洞韦昂的家。

韦昂，东里屯人，是韦拔群的族侄，家里很穷，韦拔群家给予接济不少，还给他娶了老婆。在韦拔群的影响下，韦昂参加了革命。可他不是一心一意地干革命，而是为了升官发财。自从敌人对根据地大规模“围剿”开始后，他跟随韦拔群上山打游击。但经不起艰苦生活的考验和对革命前途悲观失望，他的革命立场动摇了，暗想出去投降敌人。正好有一天，他老婆陈庆兰受了敌人的拉拢，跑到西山来找他，哭哭啼啼地诉说山下的日子怎么苦，家里的人又怎么饿得快要死了，只要他拿下韦拔群的头，就可得到一万五千元的奖赏，还可以当上大官。利欲熏心的韦昂听了，认为时机已到，便起了对韦拔群下毒手的狠心。

1932 年 10 月 18 日下午，韦拔群带着警卫员罗日块来到东里村附近的香刷洞，准备跳出敌人的包围圈，到右江下游坚持革命斗争。当时，韦昂全家都住在洞里，韦拔群和他们吃了晚饭，因头痛疲劳需要休息，韦昂就把他的床铺让给韦拔群和罗日块睡，自己和家人就睡在洞里面。

第二天，韦昂以关心韦拔群为名，提出要下山去找米盐，韦拔群不同意，说：“现在敌人封锁这么严密，下山危险，有什么就吃什么，不必去了。”韦昂说不怕，他有办法。当时韦拔群还不知道他的歹心，见他坚持要去，也就不阻拦了。韦拔群叫罗日块到附近峒场找陈洪涛来开会，研究如何转移到右江下游坚持革命斗争问题。下午四点多钟，韦昂回来了，他背着一袋米，一包盐巴和一些连根拔起的黄豆。这时陈洪涛已经走了。当晚，韦拔群因连日来浑身发冷，感觉身体不舒服，吃完饭后把驳壳枪放在枕头底下，很快就躺下睡熟了。罗日块和他一人睡一头，同盖一床毛毡。10 月 19 日，这是一个黑色的日子，凌晨 3 点多钟，韦昂走到床边对韦拔群轻唤三声，确认韦拔群和罗日块已经睡熟了，就从韦拔群枕下抽出驳壳枪，对准韦拔群的头部连开三枪。罗日块被枪声惊醒了，他以为被敌人包围了，起来一看，原来是韦昂把韦拔群杀害了。

韦昂杀了韦拔群后，割下头颅，跑到中和区交给廖磊部报功请赏。国民党反动派把韦拔群的头颅放在一个玻璃鱼缸内，用防腐药水泡着，然后拿到东兰、百色、南宁、柳州、梧州等地“示众”，显示他们的“赫赫战功”，敌人为了消除韦拔群在人民群众中的影响，事后又派人到香刷洞用火烧化韦拔群的遗体。

中国共产党的模范党员、无产阶级和劳动人民的英雄、人民群众的领袖，壮族人民的优秀儿子、右江革命根据地领导人和工农红军的杰出将领韦拔群就这样为革命流尽了最后一滴血。年仅 39 岁。

群众知道韦拔群遇害的消息后，悲痛万分。东里屯的群众冒着生命危险到香刷洞将韦拔群未烧尽的遗骨背回来，秘密安葬在东里屯特牙山上，并在坟上面建了一座“红神庙”作祭奠掩护，以寄托对韦拔群的哀思。新中国成立后，为了纪念韦拔群烈士，人民政府将他的遗骸重新安葬于东兰革命烈士公园。

10 月 19 日，中共右江特委书记、红军独立师政委陈洪涛得知韦拔群遇害的噩耗，悲痛万分，在西山举行追悼会，赋词《悼拔群》一首，对引导自己走上革命道路的导师韦拔群表示深深的悼念。悼词这样写道：

踏破铁鞋，乘星光来，晨露沾衣不足惜，思友满怀。

晴空霹雳，天旋地转，消息如此惊骇！定情觉来，但见屋中起灵台。

忠哉！我师。多年的曲肠教诲，多年的与众同生涯，甘来甘来，如今只悼念你的灵台。

惜哉，我师。归念当年誓生死，我如今怎能独捐生？望灵圣复活来，瞥我一眼，悲泪已滋润你灵台。

一人死去，万众突地站起来。你瞧着吧，誓斩叛徒之首，一颗颗祭上你灵台。

安息吧！我的师表！

同月，中共黔桂边区特委书记兼边区革命委员会主席黄举平在凌云县平乐区赖亭游击山区召集党员和游击队员开会，痛悼韦拔群烈士，誓死要为师长报仇！

韦拔群牺牲不久，他的亲密战友、中共右江特委书记、红二十一师政委、中国工农红军独立第三师政委陈洪涛，因叛徒出卖于1932年12月22日被敌杀害于百色城郊，年仅27岁。

叛徒韦昂利欲熏心，丧心病狂地杀害韦拔群后，还割下韦拔群的头颅到武篆请赏。敌人借此大肆宣传，鼓噪一时。韦昂觉得自己在右江已无立足之地，稍后被廖磊带到柳州，在新桂系军阀的羽翼下苟且偷生。廖磊没有支付给他悬缉的一万五千元赏银，只准他按月取息过日子。抗日战争爆发后，廖磊自顾不暇，将他一脚踢开，他只好离开柳州跑到河池一带做生意。中共黔桂边委获悉韦昂的行踪后马上派人将他处死。这个卖身求荣的叛徒最终未能逃脱革命的惩罚。

韦拔群是好同志

韦拔群的牺牲，对中国革命，尤其是对广西的革命斗争是一个巨大的损失，毛泽东、邓小平等为之惋惜，并予以深切的怀念。

1934 年 1 月，中华苏维埃共和国第二次代表大会在红都瑞金召开，毛泽东主持大会并提议为韦拔群等牺牲的同志默哀致敬。

新中国成立后，毛泽东同志非常怀念韦拔群烈士，他几乎每次见到广西人，都会深情地谈起韦拔群。1955 年，覃应机与张云逸、谢扶民等到广州拜见主席，毛主席深情地对他们说："韦拔群是广州农讲所最好的学生！"次年 8 月，广西省民委副主任黄举平率广西少数民族参观团到北京参观，毛主席在怀人堂会见他们时说："东兰出了个韦拔群"，"群众对他很爱戴，可惜他牺牲了。"

一次，毛主席知道警卫战士蓝保华是与东兰山水相连的都安人，又对他说："东兰是个革命根据地，过去韦拔群在那里领导人民闹革命，后来为革命牺牲了。他是壮族人民的好儿子，农民的好领袖，党的好干部！"

1958 年 1 月，毛泽东在南宁主持召开中央工作会议期间，对韦国清说："韦拔群是个好同志，我过去搞农运，有些东西还是从韦拔群那里学来的。"后来，毛主席在接见广西籍文艺工作者时也说："韦拔群搞农运很出色，是个好同志。"

作为红七军和右江革命根据地卓越领导人的邓小平同志，对韦拔群更是亲切怀念。1962 年 12 月，他为纪念韦拔群牺牲 30 周年，挥笔写下了长达 205 字的题词：

韦拔群以他的一生献给了党和人民的解放事业，最后献出了他的生命。他在对敌斗争中，始终是英勇顽强，百折不挠的，他不愧是无产阶级和劳动人民的英雄。

他最善于联系群众，关心群众的疾苦，对人民解放事业，具有无限忠心的崇高感情。他不愧是名副其实的人民群众的领袖。

他一贯谨守党所分配给他的工作岗位，准确地执行党的方针和政策，严格地遵守党的纪律。他不愧是一个模范的共产党员。

韦拔群永远活在我们的心中，他永远是我们和我们的子孙后代学习的榜样，我们永远纪念他！

邓小平还说：“广西右江地区，是一个比较有群众基础的地区，这里有韦拔群同志那样优秀、很有威信的农民领袖，东兰、凤山地区是韦拔群同志长期工作的地区，是很好的革命根据地，这给红七军的建立与活动以极大的便利。”

1981 年 12 月 10 日，邓小平在纪念百色起义 52 周年的亲笔题词中又写道：

纪念李明瑞、韦拔群等同志，百色起义的革命先烈永垂不朽！

参考书目

1. 中国共产党东兰县党史研究室：《中国共产党东兰历史》，中央党史出版社，2006 年版。

2. 东兰县纪念韦拔群烈士诞辰 115 周年活动指挥部编：《韦拔群烈士传略》，2007 年。

3. 广西人民出版社：《回忆韦拔群》，1987 年版。

4. 黎国轴、严永通：《韦拔群传》，广西师范大学出版社，1989 年版。

5. 谢扶民：《韦拔群》，中国工人出版社，1965 年版。

6. 黄现璠、甘文杰、甘文豪：《韦拔群评传》，广西师范大学出版社，2008 年版。

7. 庚新顺、龙丕泽编：《东兰出了个韦拔群》，广西人民出版社，广西出版传媒集团，2011 年版。

8. 中共东兰县党史办公室编：《东兰农民运动》，广西民族出版社，1986 年版。

文武将星　风范长存

——开国上将韦国清传略

●韦俊生

故乡童年

在广西群山连绵的西北部，有个东兰县。从县城向南不到20公里，有个被四座石山和一座低矮土石山包围的小山谷，人们把这里的地形称为“虎爪”。在“虎爪”中间，当年只有两座农舍，住着韦国清的祖父韦庭繁兄弟3户人家。这里，从前称作东院哨劳石弄英屯（现三石镇弄英村弄英屯）。1913年9月2日，韦国清就诞生在这个小山谷的一个壮族贫苦农民家庭。取名“韦邦宽”。

韦国清的祖父韦庭繁读过古书，为人刚直，治家严谨。他中年得子，取名宗典。宗典自幼受父亲影响，为人正直、仗义，爱打抱不平，是个勤劳诚实有一定文化的农民。与邻村覃氏结婚，生下邦宽、邦宏、邦宁和女儿的花。日后，邦宽参加工农红军时，自己改名为韦国清。

韦国清未上学之前，祖父韦庭繁在家里教他读《三字经》《千字文》。幼年的韦国清聪明过人，颇受精通文墨的祖父宠爱。韦国清读书不仅背诵条文，还常向爷爷问它的含义是什么？

韦国清上将

读了两年古书，韦庭繁看韦国清能走山路了，就送他到离家六七里远的邻村弄往屯读私塾。1921 年母亲因长年劳累，积劳成疾，撇下 4 个未成年的子女便撒手人寰，韦家的日子更加窘迫。韦国清每天放学回家，领着大弟做家务，干点农活，以减轻家庭负担。

母亲去世没几年，祖母病逝。继母程氏生了四弟邦定和小弟邦伍。

1922 年，县内停办私塾。韦国清改到巴朋屯小学堂就读。从私塾的《幼学》《中庸》开始接触到《增广贤文》等。小学堂程义学老师是一位有新思想、崇尚民主的爱国青年，他的教育不仅为韦国清后来漫长的革命生涯铺垫了文化基础，也为他了解当时孙中山等革命志士推翻满清王朝和联俄、联共、扶助农工的三大政策，提供了民主革命思想的启蒙教育。

韦国清的父亲韦宗典曾跟随韦拔群闹革命，在三石乡参与发动群众，组织农民协会和农民自卫军的秘密行动。曾担任农民协会秘书。1923 年

10月，参加韦拔群领导的第三次攻打东兰县城战斗，是东兰第一期农民运动讲习所学员。1926年7月惨遭乡民团杀害。韦国清停学随全家上山避难。同年秋末，韦庭繁家半夜遭遇劣迹分子袭击，韦庭繁力推两个孙子（韦国清和大弟）从后窗跳出到山上躲藏。韦国清拉着弟弟刚跑上后山，枪声就在身后响了起来，再过一会儿，大火吞没了韦家新搭的茅草屋，也吞没了最受尊敬和令人景仰的爷爷。继母带着6个未成年的孩子无家可归，为生活所迫，带着正在吃奶的五弟改嫁，妹妹给人当童养媳。韦国清和大弟、二弟被姨妈收养。

1928年，韦拔群在武篆列宁岩继续开办农民运动讲习所，并建立农民自卫军常备队。韦国清去投奔农民自卫军时，由于年纪小，没有被接收。时隔两年，韦拔群派他的胞弟韦菁到板梅乡组织革命活动，农历六月初一，韦菁秘密召集弄英屯及其周围的6名积极分子到弄英屯附近的山坳开会。开完会，韦国清才知道农民自卫军常备队要扩大和补充人员。韦国清十分高兴，决心报名参加农军常备队随韦菁去打仗。六月初六离家那天晚上，他来到祖父和父亲的坟前跪着发誓：不报血海深仇，誓不还家。

韦国清在农民自卫军总部直属队当战士，在韦拔群指挥下，积极参加在武篆、兰木、泗孟等地打击土豪劣绅、反动团局的活动，有时也到外县执行战斗任务。1929年初，东兰农民自卫军改名为赤卫军，正式编为班、排、队，韦国清编在第三中队。这期间，广西的革命形势蓬勃发展，中共中央和广东省委利用俞作柏、李明瑞回桂主政的机会，派遣邓小平、张云逸等数十名党员干部到南宁，开展统战和兵运工作，迅速恢复发展了广西的革命运动。东兰农民自卫军在韦拔群率领下越战越勇，队伍越来越大。对革命形势的迅猛发展，韦国清受到极大鼓舞，对未来的斗争充满胜利信心。

1929年11月10日，韦国清参加攻打东兰县城的战斗。守城的民团、地主武装1000余人，仗着有利地形和坚固城墙进行抵抗。农民自卫军士气旺盛，攻击猛烈。国民党东兰县长邬尘曼见民团招架不住，遂率余部向城外逃窜。东兰城被农民自卫军占领，共歼敌700余人。韦国清参加了这次战斗，经受了血与火的洗礼。

11月中旬，经巴朋屯小学堂程义学老师的儿子程维德（与韦国清同一个班）介绍，韦国清加入中国共产主义青年团。

12月11日，韦国清随常备队参加百色起义，编入中国工农红军第七军第三纵队任战士。具有高小文化基础的韦国清是战士中难得的“秀才”，又经过两年残酷的农村游击战争锻炼，很快就被韦拔群“相中”，调他到三纵队宣传队当宣传员。当宣传员，不仅要有文化和口才，而且要懂得讲解红军的宗旨和党的政策。为完成任务，韦国清翻阅了大量的文件书报，并联系当时革命斗争事实进行演讲，生动具体地宣传党的土地革命纲领和红七军为人民打天下的宗旨，激起军民对国民党的憎恨和对共产党、红军的拥戴。通过完成各种宣传任务，逐渐锻炼了韦国清的政治工作才能和宣传发动能力。

1930年4月，调红七军第三纵队手枪队，担负军长张云逸、政治委员邓小平等领导人警卫任务。红七军领导平易近人、深入部队、深入群众、实事求是和以身作则的作风，给韦国清留下了深刻的印象。自然也成为他心目中学习的榜样。韦国清暗自下决心，一定要跟着他们干一辈子革命。

初航风帆

1930年5月初，韦国清所在的第三纵队手枪队，在护卫邓小平政委前往河池传达党中央指示途中，于东兰县与河池县交界处，击溃200多名土匪的阻拦，使邓小平安全到达河池。

这期间，红七军主力从黔桂边回师右江，收复了右江沿岸苏区根据地。韦国清17岁时，与第三纵队的40余名战友被选送到由张云逸军长举办的位于广西恩隆县（田东县）平马镇城隍庙的教导队学习（每期三个月）。在教导队，开设有政治课、纪律教育和军事课，是韦国清参加红军后最早接受较为系统和严格的军事教育。由于韦国清勤奋、刻苦和用心钻研，各科都取得优异成绩，军事素质有很大提高，为以后的成长发展打下良好的基础。

11月8日，红七军各纵队集结河池举行整编大会。军部将第一、第三纵队改为第十九师，第二、第四纵队和由左江地区转来的原红八军第一纵队400余人改为第二十师。每个师辖2个团。李明瑞任总指挥，张云逸任军长，邓小平任前委书记兼政治委员。韦国清所在的教导队随军部行动，继续完成原定的培训任务。

10日，邓小平、张云逸和李明瑞率红第十九、第二十师7000多名广西工农红军健儿离开河池，踏上执行党中央攻打柳州、桂林、广州等中心城市，配合中央红军完成中国革命的“左”倾战略任务征程。韦国清所在的教导队随主力部队一起行动。

红七军沿龙江南岸向柳州地区进发。途中几经改道。在途经融县（今融安县）长安镇时遇敌重兵设防，易守难攻，战斗从12月5日开始，激战5天，予敌以重大杀伤。毙伤敌600余名。但敌工事坚固，火力密集，未能攻克，撤出战斗。韦国清随教导队参加了这次战斗，经受了打硬仗的锻炼。

红七军教导队培训结束后，韦国清被分配到由章健任团长的五十六团团部警卫排任排长。韦国清在随军转战中，带领警卫排全力保卫团首长和团机关的安全，关心和爱护排里的战士，受到战士的尊重和爱戴。

12月下旬至次年2月，红七军从三江经贵州、广西边境进入湖南、全州、江华，再转入粤北乳源县的梅花村。在梅花村，遭到国民党军3个团和民团的夹击。章健团长在战斗中牺牲。在这次战斗中，韦国清表现出色，由共青团团员转为中共党员，升任一营三连副连长。

韦国清所在连队随主力在邓小平、李明瑞指挥下，在给粤军以打击后，过始兴、南雄，翻越大庾岭，进入江西地界。2 月 14 日进占崇义县城，后北上遂川，到达湘赣苏区，与当地中共党组织和红军部队取得联系，4 月，胜利会师。

4 月下旬，韦国清参加红七军在永新举行的第二次党员代表大会。会议传达中共六届三中全会精神，宣布到中央苏区与中央红军会合的任务已经完成，今后的任务是为保卫与扩大中央苏区而斗争。韦国清在这次会议期间，升任三连连长。

7 月 11 日，韦国清率连队随红七军东渡赣江进入中央苏区，13 日进占兴国，22 日到达于都县桥头镇与红一方面军会师。红七军编入红三军团的战斗序列，成为红一方面军的一支劲旅。

红七军与红一方面军会师后，协同兄弟部队，连续向兴国的连塘、永丰南部的良村、宁都北部的黄陂 3 地的国民党军发起猛烈攻击，三战皆捷。给国民军第四十七、第五十四、第八师以歼灭性打击。俘敌 1 万余人。9 月 15 日，红七军协同兄第部队，将北撤的国民党军第五十二师包围在兴国县东固区方石岭以南地区，发动猛攻，将其歼灭。俘敌 5000 余人。此战史称“东固大捷”。

10 月，中央军事政治学校第一期在瑞金正式集中并上课。韦国清作为红军优秀基层干部，被选送入第一期军事连学习。第一期训练内容有军事训练、政治教育和文化教育。韦国清认真学习，刻苦钻研，在考试时不仅门门成绩优秀，而且展现出良好的军人素质。出色的表现，引起教员及校领导重视。校领导向韦国清打招呼，让他留校任教，并继续学习 3 个月的特科。韦国清表示服从组织安排。

1932 年 2 月 1 日，第二期开学。校名改为“中国工农红军学校”。中共中央原长江局军委书记刘伯承任校长兼政治委员。韦国清在工兵连学习工兵专业，毕业后留校当教员。从“红校”第三期开学至第六期毕业一直任教员，职务从工兵连副连长升任为连长。

根据教学需要，“红校”依据初、中、高级培养体系，分编为红军大学、第一步兵学校、第二步兵学校和特科学校等 4 所学校。韦国清任教员的工兵营属特科学校。韦国清在 3 个月内，由工兵连长连升为工兵营副营长、代营长和营长，仍兼工兵教员。

1934 年 1 月底，韦国清被选调进中国红军大学第二期学习，学员 600 名，专职教员 12 人。韦国清是中革军委、总政治部以命令形式调来深造的，分配在上级政治科学习，并任该科的党支部书记。同年 5 月，韦国清在红军大学毕业，留校任专职党支部书记。

长征途中

1934 年 10 月 10 日，中共中央、中央军委率红军主力五个军团及中央、军委机关和直属部队共 8.6 万余人，分别自瑞金、雩都地区出发长征。韦国清率领中央红军干部团特科营全体指战员，随红一方面军军委纵队行动。

同月 15 日凌晨，韦国清率特科营工兵连学员 200 多人，携带架桥工具赶到于都架设浮桥。于都河宽水深浪高，架桥行动保密，均在夜间进行。韦国清组织架设于都桥，着重抓了三条：一是抓架桥材料的落实。指定干部负责检查架桥的船只、木板及绳索；二是掌握好桥轴线。鉴于夜间作业规定每条船上要挂一盏马灯，以保证桥面在一条主线上；三是要将每条船的锚下正、定好。浮桥靠一条条船连接起来的。船在水中的稳定靠锚来控制，船的锚下正、定好至关重要。就这样，工兵连克服重重困难，争分夺秒，终于按时按要求将桥架设起来。

15 日午夜时分，陈赓团长由韦国清陪同，带着工兵连黄朝天等连排干部，走过横跨在于都河的浮桥检查时，陈赓称赞工兵连的同志们干得好！

1935 年 1 月 1 日，韦国清带领特科营工兵连赶赴乌江塔建浮桥。在陈赓同志直接领导下，星夜急行军 60 里，赶到边界渡口，砍竹、伐木、扎竹排，架设浮桥。乌江水深流急，河底石头大而光滑，怎么也无法在湍急的水流里固定住桥桩，几次都被急流冲走。韦国清急了，冲着很有架桥经验的工兵教员谭希林、何涤宙将起军来："两位架桥大师，你们平时理论一大堆，讲的也不错，眼下有何妙计啊？"这一军真的将出妙计来了。妙！妙与锚同韵。两位工兵专家从"妙"联想出了用石头代锚来固定浮桥的办法。用大竹篓装满石块，两个大竹篓再上下扣住，中间用硬木架成十字，捆绑结实后沉入河底固定浮桥。韦国清指挥特科营经过 36 小时的奋战搏击，克服种种困难，终于把浮桥架到乌江对岸，为中央红军迅速跨越乌江，直下遵义创造了有利条件。

24 日，指挥特科营机枪连和迫击炮连参加土城战斗。红三、五军团在土城附近的枫村坝、青杠坡与占领有利地形的川军 6 个团进行战斗，战斗异常激烈。干部团奉命增援，陈赓令特科营用火力支援战斗。韦国清指挥机枪连和炮兵连分别占领有利地形，向敌开火。轻重机枪猛烈射击，杀伤敌人，掩护学员队冲锋。隐蔽在半山腰小庙里的一营敌军，被一阵炮弹解决了，陈赓团长称赞特科营打得好！

在陈赓团长、宋任穷政委带领下，2 月 8 日，韦国清带领特科营前往遵义城西南端老鸦山参加战斗。韦国清营长进入阵地后，指挥机关枪连，炮兵连在小山包上迅速占领阵地，支好机枪，架好炮，向正在运动的两个营的敌军猛烈射击，敌人顿时慌了手脚。两个学员队配合红三军团第十团乘胜追击攻占老鸦山，残敌一路逃窜，红军再占遵义城。这次战役，共歼敌2个师及8个团，俘敌3000余人，是长征以来战果最大的一次胜利。

韦国清率特科营由皎平渡乘船抢渡金沙江后，5月5日，便进入夺取通安州的战斗。韦国清在战前对火力掩护做了区分：重机枪分别在正面山头和敌右翼掩护，迫击炮先打敌前沿，后向敌纵深延伸。待其他营、连布置好，陈赓团长一声令下，冲锋号吹响，重机枪、迫击炮一齐开火，勇士们端着刺刀猛冲上去，敌军面对这突如其来的打击，顿时大乱，慌忙向会理城逃窜。干部团一鼓作气，直追到通安州。中革军委对干部团胜利完成抢渡金沙江、抢占皎平渡和占领通安州的任务很满意，予以通令嘉奖。韦国清带着特科营全营指战员，在通安州参加了干部团的庆功会。

为摆脱蒋军的围追堵截，粉碎蒋介石企图使中央红军成为“石达开第二”的阴谋。5月27日，韦国清带领特科营在陈赓、宋任穷领导下，干部团主力陆续渡过大渡河。接替了老铺子、老雅贤和小水溪等警戒任务，接收其监护警戒任务所在地附近的大渡河船只，掩护红一军团主力北进。韦国清率特科营于28日北渡大渡河。当时只有两条小船，水急浪高，船上坐满了人，忽而沉下去，岸上看不到以为沉没了很着急；忽而又浮到浪头上，十分惊险。干部团过河后，打跑了在岸上把守的敌人1个旅，有力地配合了主力抢渡大渡河的行动。

6月16日，韦国清率特科营随干部团翻越终年积雪、人迹罕至的夹金山。17日宿于达雅镇，18日到达懋功。实现了中央红军与红四方面军的胜利会师。为实现继续北上的方针，党中央对中革军委和红军部队的编组进行了调整。将红军干部团和红四方面军的红军大学合编为新的红军大学；干部团改为红军大学特科团，由韦国清任特科团代理团长，宋任穷任政治委员。

韦国清和宋任穷率特科团随右路军主力从毛尔盖出发，向班佑方向北进。8 月 23 日，进入数百公里的草地。过草地时，最困难的是缺粮。韦国清牵来他的马交代："把马杀了，给同志们充饥。"红军历尽艰难险阻，经 7 天 7 夜终于走出草地。

在张国焘企图分裂和危害中共中央的关健时刻，韦国清毅然率领特科团几十名干部跟随中共中央和毛泽东继续北上。宋任穷、韦国清明确地告诉大家；"北上是党中央的方针，南下不是党中央的方针。愿意北上的跟我走，不愿意北上的可以留下。"大家都表示不要南下。9 月 10 日，韦国清率特科团与中央部队一起继续北上，于 11 日到达俄界与红一军会合。

先头部队（红一军）于 18 日占领了甘肃南部宕昌县哈达铺，主力随后跟进，并在该地进行了短暂休整。在休整期间，改编红一方面军为工农红军陕甘支队；特科团与红一军团教导营编为随营学校，校长陈奇涵，政治委员宋任穷。下辖上级干部队 2 个军事连、1 个政治连和特科营。韦国清任特科营营长，政治委员陈仁麒，辖工兵连和重机枪连。

23 日，韦国清带领特科营随党中央率陕甘支队向东北方向进发。10 月 19 日到达陕西省西北部保安县吴起镇。至此，红一方面军历时 1 年的二万五千里长征胜利结束。

培养人才

到达陕北后，陕甘支队随营学校与陕北红军军事政治学校在安定县（子长县）永坪镇合并组成中国工农红军学校。周昆任校长，宋任穷任政治委员，下辖步兵营、特科营、游击队干部营和骑兵科，共 460 多人。韦国清任步兵营政治委员。

1936 年 6 月 21 日，国民党军高双成部一部及民团，乘红军主力西征之机，突然袭击中共中央所在地瓦窑堡。这时瓦窑堡除有一个警卫连外，武装力量只有红军大学第三科。周恩来紧急命令陈士榘、韦国清率队出城迎击敌人，掩护中央领导人和中央机关转移。陈士榘率先领连队出城，由于敌我力量悬殊，激战近 1 小时被迫撤至有利地形据守待援。韦国清带后续连队急赴解围，与敌展开激战。韦国清在激战中腰部中弹负伤。他坚持指挥战斗，直到中央领导机关安全转移。

韦国清进红军医院开刀治疗。9 月，伤势好转，要求工作。组织上安排他进抗日红军大学高级班学习。

11 月 29 日，红二、红四方面军的随营学校来到甘肃省环县木钵镇，与抗日红军大学第三科合并，组成抗日红军大学第二校，又称工农红军教导师，直属军委领导。下辖 2 个步兵团和 1 个特科团。步兵团培养连长、排长和连政治指导员。特科团由原红军学校特科营和原红二、红四方面军随营学校中的特种兵学员组成，培养特种兵基层干部。团长由在红军大学高级科刚学习 2 个月的韦国清担任，陈仁麒任政治委员。

12 月底，抗日红军大学第二校的校址奉命由环县移到庆阳，又称庆阳步校，对外仍称教导师。1937 年 3 月改称抗日步兵学校。庆阳是西北高原上一个古老的山城，分为老城和新城。校部和 2 个步兵团驻在新城，韦国清率领的特科团驻在庆阳老城。

8 月 18 日，红军主力改编为国民革命军第八路军。朱德、彭德怀为八路军正、副总指挥（8 月 22 日正式宣布）。红军主力改编谈判的成功，为红军主力部队出征参加抗日扫清了最后障碍。8 月下旬，设立随营学校（由庆阳步兵学校一部分改编组成），中央军委任命韦国清为八路军随营学校校长，陈明任政治委员。中央军委领导人十分了解韦国清。他在近 10 年血与火的洗礼中，政治坚定，身经百战，不怕牺牲，机智勇敢，成为一名优秀的军事指挥员和政治工作者，尤其近 7 年来，在中央军事政治学校、工农红军学校、特科学校、红军大学学习、工作和参加长征以来，他的政治理论、政策、文化、技术水平有长足的进步，积累了丰富的经验，称得上是一位德才兼备、军政兼优的年轻指挥员，韦国清担任随营学校校长，中央军委是信任的。

在韦国清校长、陈明政委主持下，8 月底，随营学校组建完成。9 月 6 日，韦国清、陈明率随营学校五六百人，从甘肃庆阳到陕西三原县云阳镇，参加八路军总部举行的出师抗日誓师大会。接下来两天，率领随营学校随八路军总部东渡黄河奔赴晋东北抗日前线。边开展战地宣传边做保护群众利益工作，激励群众抗日情绪。

太原沦陷，国民党军第二战区的部队向南撤退。11 月 8 日，韦国清率随营学校护卫邓小平和八路军政治部机关大部及直属单位，经过孟县越过同蒲铁路，渡过汾河，进入吕梁地区的汾阳、孝义一带。随营学校同八路军政治部同驻禅房头。在完成保卫八路军政治机关安全的同时，一面教学一面发动群众，积极开展吕梁山地区的工作。

随营学校在汾阳、孝义完成群众工作任务后，随八路军政治机关移至洪洞县白石村，执行八路军政治部警戒保卫和教学训练任务。

12 月，接到八路军政治部转来的重庆三联书店邹韬奋先生的订书来信后，韦国清组织并安排军事教员陶汉章编写开展敌后游击战术教科书《游击战术纲要》。1939 年出版发行。有力扩大了共产党和八路军的影响。

1938 年 1 月，韦国清在白石村接收第一一五师教导营和投奔革命的一大批中学生及牺盟会几个学员队，随营学校扩编至 7 个学员队。

3 月，韦国清率随营学校返回延安受到毛泽东主席的接见。毛泽东做了长篇报告，对从前方归来的同志们表示欢迎和慰问，并对随营学校提出了要求和希望。

韦国清率随营学校在延安停留 10 多天。根据中央军委命令，除第四队全部留在延安进到抗大总校继续学习外，其余各队作为抗大第四期进至洛川继续办学。洛川位于陕西省中部，是国共双方的边缘地带。随营学校进驻洛川，对内改称抗大第六大队，韦国清任大队长。归抗日军政大学总校统一领导；对外仍称八路军总部随营学校，便于同当地国民党政府和部队交往。

4月，经人介绍，韦国清与广西籍女青年、中共党员、抗大学员梁政相识并结婚。婚后育有二女一男（长女患肺炎夭折）。韦国清把革命事业看得高于天，对妻儿少有时间去关心和照顾。妻子梁政干练泼辣，但毕竟是女人，渴望得到丈夫的呵护和关心。尤其长女夭折后，韦国清少有安慰，梁政郁结于心。两人矛盾为此日益加深。最后终因性格差异太大，于1946年离婚。

1938年，八路军随营学校校长韦国清（左）、政委陈明（中）、教育长闫捷三（右）在行军途中。

1938年12月1日，中央和军委决定在晋东南成立抗日军政大学第一分校。韦国清任教育长。韦国清、黄欧东（第一分校政治部主任）率第六大队从洛川到达延安以南的甘泉，按照抗大总校颁发的编制，迅速完成组建任务。至此，韦国清先后与陈明、黄欧东率领八路军随营学校圆满完成了它的历史使命。

1939年2月下旬，抗大一分校在故县镇举行第一期开学典礼。韦国清负责拟订教学和训练计划。10 月，分校第二期在太行山上开学，新接收学员 1000 多人。韦国清针对这批学员有实战经验的特点，组织制订了教习计划。根据教学环境，对学员编组作调整，撤销了支队和营，从而使学校减少了层次，加强了领导，机关更为精干。

11 月，中共中央军委决定，第一分校东迁山东。要求一分校将第二期大部分学员编入留守大队，由何长工率领留在晋东南，归总校建制；第一分校其余的学员和待分配给第一一五师及新四军的干部，以“八路军挺进纵队”为代号，迁往山东。韦国清任第一分校副校长兼训练部部长。韦国清率队 11 月初出发，历时一个多月的长途跋涉，历尽艰辛，于次年 1 月 12 日，终于到达山东省沂南县孙祖一带，结束这次东进入鲁的艰苦征程。

淮北抗战（上）

1940 年 3 月，韦国清调任八路军陇海南进支队政治委员。并从抗大一分校选调 10 名干部到部队工作。

4 月，韦国清率南进支队开赴邳（县）睢（宁）铜（山）地区，参加开辟发展和巩固皖东北抗日根据地的斗争。在金锁镇、孟集战场，同顽军展开近战、肉搏，经一夜激战，毙伤俘顽军 300 余人，收复失地。与此同时，胡田大队、新四军第六支队第四总队等部也取得了胜利。经各部协同配合，激战 13 天，毙伤俘顽军 1000 余人，取得安河沿线自卫反击战的胜利，初步巩固了皖东北抗日根据地。

6 月 15 日，韦国清率领“南支”部队在归仁集迎战和重创进犯日军，掩护中原局书记刘少奇和八路军苏皖纵队领导机关安全转移。同月，八路军总部调整苏皖边地区的指挥机关。“南支”司令员钟辉调回山东，并参加第一纵队代表大会。会后，进延安抗大学习。“南支”由韦国清任司令员兼政治委员。继续在安河沿岸一线反击顽军的斗争。

根据淮北抗日形势需要，中共淮北地委领导的三支游击队即八路军第五纵队司令员黄克诚、南进支队和新四军第六支队第四总队合编组成八路军第五纵队第三支队。司令员张爱萍，政治委员韦国清，辖第七、第八、第九团。

9月，韦国清带领第五纵队第三支队东进淮海地区，开展反“扫荡”斗争。

参加曹甸战役。11月26日，韦国清政委率第三支队主力第八、第九团南下盐阜地区，控制风谷村至车桥、泾口。12月13日，部队发起总攻。韦国清为拖住车桥霍守义部，使其无法南援韩德勤，保障主力歼灭曹甸顽军，令第八团攻击霍守义部的侧翼泾口，第九团在凤谷村阻击霍部南援。经第八、第九两个团的努力，完成了阻击东北军第一一二师霍守义部南援曹甸的任务。战役历时18天，虽未攻克，但歼灭韩德勤部8000余人，打击了其反共气焰，削弱了其反共势力，缩小了其反共阵地。

1941年1月，第三支队改编为新四军第三师第九旅（辖第二十五、第二十六、第二十七团），韦国清任旅政治委员。

在这期间，韦国清率领第二十六团转战六塘河两岸，打击伪军、顽军，消灭反动刀会。攻占运河附近的仰化集，歼顽宿迁县长李凤如以下600余人，进一步打通了淮海区与皖东北的联系。

6月，韦国清指挥第二十六团，第二十七团第二营和旅部骑兵连，先后消灭土山镇、陈庙之顽敌，击毙其支队长刘尚志，俘副支队长以下600余人，缴获机枪12挺，长短枪300支和大量弹药。同月，韦国清带领第二十六团奔袭白塔集，歼铜山县大队大部，活捉县大队的大队长马连兴。7月31日晚，韦国清率部和当地游击第三大队，攻歼顽睢宁县长兼常备旅旅长刘天展部，俘顽军400余人，缴获大批武器弹药。8月，韦国清指挥第二十七团向铜山东南山区发展，在地方武装的配合下，完成了歼灭兰柏华残部的任务。9月3日，韦国清率第二十六团对欧庙和袁圩子发起攻击，当夜解决战斗。歼伪军300余人，缴获机枪3挺，长短枪200余支，拔除了皖东北通往邳睢铜地区的钉子，使抗日根据地南北来往畅通无阻。

11月，张爱萍旅长调任三师副师长，韦国清任九旅旅长。

1942年3月7日，韦国清率领二十五团、二十七团、二十六团第三营和骑兵第五大队重创张小圩子据点顽军，全歼顽军500余人，俘顽军一十七纵队司令许志远、灵璧县长赵觉民以下370余人，缴获迫击炮1门，轻机枪5挺，长短枪300余支，电台一部。张小圩子战役是韦国清独立筹谋运计，采用奇袭战术的杰出代表，是他军事生涯的一个标志。3月10日，陈毅、刘少奇和赖传珠等领导致电祝贺。

根据中共中央实行党的一元化的原则，10月，中共淮北区委成立4个地委，韦国清兼任第一地委书记和第一军分区司令员。

11月16日，韦国清率部在风登张歼灭日伪军100余人，虽是小战役，但为反“扫荡”开了一个好头。韦旅长亲自指挥并带领骑兵进行战斗，对九旅在外线作战积极牵制敌人起到很大的鼓励推动作用。12月10日，韦国清指挥第二十六团在朱家岗进行防御战斗，激战14个小时，重创击毙日军280余人。这次战役，是淮北抗日战争的一次大战，对粉碎日军1942年淮北冬季“扫荡”起了重要作用。

淮北抗战（下）

1943年2月24日，韦国清率领第二十六团强袭著名酒镇洋河镇。经过战前侦察，洋河长街中部有一个以坚固碉堡作依托的大院，敌人在院内拼命抵抗，部队几次攻击未果。严光团长决定用火攻。凌晨5时，煤油、黍杆、破旧棉花等可燃材料准备就绪，在火力掩护下，部队猛烈投弹，向房屋和碉堡连续投掷火种。至6时许，敌军10余人投降，其余包括伪军团长70余人均被烧死。战斗中，该旅纪律严明，部队入镇不准进民房，严禁拿吃拿喝，购买煤油和可燃材料按价付钱。为此，陈毅代军长还给予特别表扬。

参加山子头战役。3月18日零时，韦国清带领第二十五团、第二十六团对进犯淮北抗日根据地中心区的顽军实施反击。击毙顽抗的第三纵队司令王光夏，活捉鲁苏战区副总司令兼江苏省主席韩德勤及韩总部参谋长吕汉以下官兵1000余人，缴获大批战斗物资。山子头地区的顽军被全部歼灭，蒋介石炮制的东西夹击新四军第四师的阴谋被彻底粉碎。

韦国清从1940年3月就任八路军陇海南进支队政委起，至此历时3年多的时间，参与了韩顽反摩擦的全过程，见证了韩德勤衰败的这段历史。

1944年2月至3月，韦国清连续三次指挥第二十五团拔除泗县城北的屏山日伪据点，历史上称之为“三打屏山”。共俘伪军300余人。此次战斗，虽未能收到全歼屏山敌人的效果，却打破了日伪军企图打通泗县至睢宁公路，隔断淮北抗日根据地中心区与泗（县）灵（璧）睢（宁）地区的妄想。

率部在侍卫圩子伏击日军。4月15日，韦国清率领二十六团大部、二十五团一部和旅部骑兵连在侍卫圩子及其以南地区设伏，歼灭从归仁集北撤的日伪军。此役，击毙日军36名，伪军一个班，缴获2辆汽车等大批武器弹药。

指挥张楼攻坚战。6月上旬至7月上旬，韦国清率部在安徽泗县攻打前后张楼，先强袭后张楼，后围困前张楼。拔除盘踞在淮北抗日根据地达

6 年之久的前后张楼伪据点。共毙伤日伪军 290 余人，俘伪大队长以下 530 人，缴获轻重机枪 34 挺。获新四军代军长陈毅、代政委饶漱石等军首长贺电嘉奖。

彭雪枫（原第四师师长）同志牺牲后，9 月，中央意见调张爱萍为第四师师长，韦国清同志为副师长。

10 月 7 日夜，韦国清率第二十五团、第二十六团，在骑兵团配合下，对盘踞在砀（南）制集、关帝庙等地的胡式如部杨昆山支队实行围剿。骑兵团由北向南围拢，第二十五团、第二十六团由南向北合围，在陈楼、杨楼和李楼一带，将该股顽军歼灭。俘顽第三纵队司令胡式如、支队长杨昆山以下 698 人，毙副支队长以下 118 人。这次清剿顽军的胜利，打开了砀南的新局面，建立了政权，打通了与陇海路北八路军的联系。

10 月 13 日，新四军决定成立路西战役野战司令部，以统一指挥路西部队作战，任韦国清为司令员。

指挥追歼逃顽战役。10 月 21 日，韦国清率领新四军路西部队在保安山以守待攻战术奏效后，顽军向南溃退，韦国清命令各部队全线出击。至 24 日，共歼暂十四师四分之三、骑八师三分之一、暂三十师八十九团全部、八十八团一部、刘子仁纵队及胡开祥支队一部，共 3600 余人。缴获众多战斗武器及财物，获新四军副军长张云逸、代政委饶漱石等军首长致电嘉奖。

1945 年 2 月，韦国清参加追悼彭雪枫师长活动，并在《拂晓报》上发表《怀念雪枫同志》纪念文章。

为配合部队的大反攻作战，韦国清和张爱萍、邓子恢一起，组织九旅和三分区 9 个地方团发起睢宁战役。6 月 27 日，先扫清外围，再以里应外合的方式攻入睢宁城内。经过激烈战斗，迫使伪县长缴械投降。俘伪县长夏硕武、伪团长王学阶以下官兵 2000 余人，攻克县城和外围 17 个伪顽据点，缴获长短枪2800余支，经重机枪69挺，迫击炮3门。使淮北一、三军分区完全连成一片。此战役，获新四军首长嘉奖令。

纵队司令

1945年10月10日，韦国清带领第九旅指战员，赴鲁南执行阻击顽军沿津浦路北上任务。10月底，第九旅与第二师的第四、第五旅合编为新四军第二纵队（归津浦前线野战军指挥）。韦国清任副司令员。

参加界河伏击战。11月2日，获悉吴化文部率其总部由滕县到达界河，与在界河的日、伪军会合。韦国清与罗炳辉司令员商量后，要求五旅、九旅按预定计划进入伏击阵地。当吴部完全进入伏击地域时，埋伏在界河西面山上的第八师同东面山上的第九旅像猛虎下山从公路两边山上冲下来，对吴部进行分割围歼。仅两个多小时便结束战斗，歼吴化文总部及第一军4000余人，击毙师长贾芳，俘第一军军长于怀安、师长许树声等官佐数百名。界河伏击战，是新四军入鲁部队打的第一仗，实现了韦国清和广大指战员首战告捷的愿望。

1946年2月中旬至6月中旬，国共和平谈判停战期间，韦国清任军事调处执行部徐州执行小组中共代表。他坚定执行中共中央的有关方针政策，同美帝国主义、国民党反动派破坏停战协定，蓄意挑起事端的阴谋进行针锋相对的和有理、有利、有节的斗争。新四军军长陈毅对他担任军调徐州第四执行小组中共代表的工作给予了充分的肯定。

4月，原二纵司令员罗炳辉于4月被党中央任命为新四军第二副军长兼山东军区第二副司令员，由韦国清任山东野战军第二纵队司令员。6月，兼任政治委员。

率部首战朝阳集。7月27日至28日，韦国清率领二纵在朝阳集歼敌

92旅全部和60旅一部，共5000余人，俘92旅少将副旅长洗盛楷、少将参谋长刘立身。这次战役，是内战全面爆发后的战略防御阶段，第二纵队在兄弟部队配合下，在陈毅司令员领导、韦国清直接指挥下取得的胜利，首创了在敌重兵集团中央分割出一部、速决全歼的战例。

参加宿北战役。12月18日，韦国清根据敌阵的摆布，决定从敌四路进攻中选打宿北一路。19日2时，九旅在九纵部队配合下，将敌六十九师师部及直属队、二七六团和军事团、野炮营等全部歼灭。敌六十九师中将师长戴之奇自杀身亡，俘少将副师长饶少伟、少将参谋长张东彝等以下官兵3000余人。缴获野炮12门，山炮2门和大批武器弹药。这次战役是解放战争时期战略防御阶段一次较大规模的歼灭战，开创了一次战役全歼敌1个整编师的战例。中央军委发来贺电，嘉奖宿北战役中有功将士。

解放战争时期，韦国清（左三）和华东野战军司令员兼政治委员陈毅（中）、副司令员粟裕（右三）等在一起。

1947 年 1 月，华东地区的新四军、八路军部队列入人民解放军序列。山东野战军和华中野战军为华东野战军。原山东野战军第二纵队第四、第九和原华中野战军第九纵队主力合编为华东野战军第二纵队，韦国清任司令员兼政治委员。

指挥白塔埠战役。2 月 6 日，韦国清奉命率二纵越过陇海铁路，至白塔埠地区，采用灵活机动战术，与敌激战至 7 日 18 时，将其集团军总部和第四师歼灭，活捉叛逆郝鹏举。此役，共歼敌 5000 余人，毙伤俘敌师长、副师长、参谋长和团长以下近 2000 余人。缴获轻重机枪 32 挺，掷弹筒 34 具，长短枪 500 余支。创造了一个纵队歼敌一个集团军主力的出色战例。

参加孟良崮战役。5 月，韦国清率二纵队与第七纵队参战。主要是打阻援任务：钳制敌七军和四十八师的增援，并协同八纵击溃敌八十三师，保证八纵切断八十三师与七十四师的联系。韦国清全局观念强。他不把钳制、阻援当作单纯的防御，而是进行积极的攻势防御。5 月 12 日战斗打响，二纵的四师向青驼寺以北攻击，击溃敌八十三师第六十旅，攻占了孙祖、桃花山、大齐庄，使八纵得以全力投入围歼敌七十四师的战斗。5 月 14 日凌晨，第四、六师又占领铜井、历山、王庄等地，与界湖之敌七军对峙；午后，向界湖、玉皇顶进攻，经过激战，敌七军撤退。韦国清判断敌七军后撤，可能是为了迂回增援敌七十四师，于是要求六师调整部署，防敌西援。15 至 16 两日，在蒋介石严令督促下，敌集中八十三师和第七军向二纵的阻援阵地展开全面猛攻。工事打塌了，战壕炸平了，就在弹坑里打，子弹打光了，就拼刺刀，拼石头，逐山逐岭地反复争夺，终于打退了敌人的进攻，使敌无法突破二纵的防线。这次战役，全歼蒋介石的王牌部队整编第七十四师。师长张灵甫被击毙，连同八十三师被歼的一个团和阻援部队。毙伤的敌人共 3. 8 万余人。这次战役称得上是钳制、阻援的典型战例。

9月，率部参加胶东阻击战。24日，韦国清奉命率二纵从诸城地区紧急北上。29日，横扫胶济铁路高密至潍县段，攻下朱阳、岞山、高戈庄等20余处据点，歼敌1500余人，控制铁路30余公里，于10月1日与九纵在朱阳胜利会师。粉碎了蒋介石、范汉杰企图聚歼华野在胶东内线主力的狂妄计划。

参加胶河战役。10月8日，根据敌情，韦国清作出胶河战役部署：以第四师从东、第五师从北两个方向吸引敌人，第六师采取出敌不意的急袭方式，迂回到敌二一一旅的侧后占领潍河东岸的288高地，控制潍河浮桥渡口，断其退路，尔后与四师、五师一起歼灭山阳庄之敌。此役，全歼敌四十五师第二一一旅，共毙伤敌3000余人，俘敌4000余人。胶河战役扭转了山东战局，华野内线兵团转入了战略进攻。

11月19日，韦国清司令员指挥所部攻克高密城战斗。该役运用内爆外爆结合炸开城墙的办法，突破入城杀敌。全歼敌四七六团，俘其团长陈杰，毙敌2300余人。高密攻击战的胜利，使山东滨海、鲁中和胶东3个解放区连成一片，东线兵团完全处于主动地位。战后，获解放军总部、野战军首长发来电报祝贺。

参加莱阳阻击战役。12月4日，韦国清指挥胶东南海军分区2个独立团，集结在水沟头担任阻击。经过6天的阻击战斗，二纵部队打垮敌五十四师、六十四师的连续进攻，杀伤敌3000余人，胜利掩护七纵和十三纵等部全歼莱阳守敌，实现了东线兵团指挥部的预定计划。

苏北转战

1948年1月30日，中央军委决定："韦国清率二纵于丑月下旬赴苏北，与十一、十二纵队会合，成立苏北兵团，以韦（国清）为苏北兵团司令员，陈丕显为政委，但实际仍主持（华中）工委工作，吉洛（姬鹏飞）为副政委，与韦国清一起主持军队。”“苏北兵团受陈粟指挥。”苏北兵团时称韦陈兵团或韦陈吉（洛）兵团。也称韦吉（洛）兵团。

指挥苏北兵团进行益林战役。3 月 16 日，以炮火袭击和各部爆破开辟道路，结合围点打援的办法发起猛攻。四师先攻克西大圩，五师经激战，将华中银行、和济公司守敌歼灭，迅速占领。18 日 17 时，四师、五师改变主攻方向和原部署，很快突进东大圩。19 日下午益林被攻克。歼敌 7000 余人，其中俘少将旅长王匡以下 3000 余人。苏北兵团取得首战胜利。由于准备仓促，部队缺乏河川地区作战经验，二纵伤亡人数 2800 余人，四师师长殷绍礼在指挥作战时壮烈牺牲。

1948 年，苏北兵团受命南下担负作战任务，兵团司令员韦国清（前）检阅参战部队。

黄百韬部企图对苏北兵团实行南北对进夹击。5 月，韦国清率苏北兵团避开敌视线，赢得短暂时间，率部跳出敌人合围圈。6 月初，盐南战役，给黄百韬兵团以沉重打击，毙俘108旅旅长以下3000余人，对全国战略进攻和中原战场作战起到有力的配合作用。

6月，韦国清决定发起涟水战斗，歼击涟水及淮阴、淮安地区的国民党军。7月6日晨占领该城，全歼守军整编四十四师1个团和涟水保安团等共3000余人。7月中旬，苏北兵团乘胜向运河沿线扩张战果，攻占泗阳、宿迁等城镇，又歼整编第二十五师一部及保安团等2000余人。涟水地区作战共歼国民党军9000余人，有力策应了华东野战军主力的作战，使整个苏北解放区基本上得到恢复。

6月17日，豫东战役打响。为配合外线兵团在豫东作战，钳制苏北国民党军的西援行动，韦国清率第二纵队、第十二纵队，在苏北军区、山东滨海军分区武装配合下，于6月21日向陇海铁路东段新（浦）海（州）以西、新安镇以东南北地区展开扫荡战，攻克房山街、阿湖、城头等据点，歼灭国民党军和土杂武装、还乡团共4000余人，进一步打开了滨海和淮海地区的局面。

8月，韦国清领导苏北兵团开展新式整军运动，包括三查（查斗志、查作风、查执行政策纪律）、三整（整顿组织、整顿思想、整顿作风）等运动。

率部参加济南战役。9月16日，韦国清率领苏北兵团主力北上，到达滕县以东一带集结，会同一、六、七纵队及中野十一纵等部，打击从除州沿津浦路北援之敌。经8昼夜激战，至24日，济南守敌10万余人被全歼。国民党军第二绥靖区司令官王耀武被俘获。济南解放。

10月21日，韦国清就苏北兵团的组织状况、部队特点和存在问题等向中央军委、华东局和华野前委写出报告。呈送到毛泽东办公室，毛泽东看了十分满意。28日，毛泽东复电："甚好。"

11月至次年1月，韦国清率第二、十一、十二纵队和临时配属的多个纵队参加淮海战役。这次战役，解放军参战的兵力是60万人，国民党投入的80万人。历时三个阶段，韦国清率部在三个阶段参战的任务分别是：一是牵制邱清泉、李弥两兵团东援黄百韬兵团；二是阻击李延年、刘汝明两兵团北援黄维兵团；三是参与对杜聿明集团的最后围歼。连续奋战66天，出色地完成了中央军委、前委和野战首长赋予的各项任务。韦国清率领的苏北兵团为淮海战役的胜利做出了重要贡献。

兵团政委

1949年2月，华东野战军改称为第三野战军，辖第七、第八、第九、第十兵团。韦国清担任第十兵团政治委员、前委书记。

4月21日，韦国清率部在长江中下游七圩港至张黄港段渡江作战。韦国清与叶飞经过周密计划和部署，当晚，十兵团各军指战员在炮火掩护下，乘坐2000多条木船，冒着敌人的炮火扬帆南渡，抢滩登岸。在十兵团派到江阴要塞现地指挥的王澄明组织江阴要塞地下党员与唐秉琳率部起义配合下，打开了国民党军在长江下游防线的缺口，对我军顺利完成南渡长江歼击敌军的任务起到重要作用。

率部解放苏州。27日，三野第十兵团强渡长江后，按照野司命令，第二十八、第三十一军向郎溪、广德地区挺进，参加消灭从南京、镇江地区南逃的国民党军；第二十九军沿着宁沪路向东追击，于26日追至苏州附近，粉碎敌人的阻击后，解放了千年文化古城苏州。

华东军区根据党中央的规定和华东局的指示，决定4月29日在玄妙观中山堂举行会议。参加会议人员有解放苏州的解放军部队首长、南下接管干部负责人、苏州地下党负责人和其上级领导。会议主要内容是部署接管工作。会上宣布成立苏州市军事管制委员会，作为苏州市解放初期实行军事管制期间的最高权力机关，由委员12人组成，韦国清任主任。

5月至12月间，韦国清与中共地下党员、苏州女子师范学校毕业的小学老师许其倩结识、恋爱，并于年底在福州再组小家庭。

1949年秋，韦国清与叶飞率第十兵团进军福建，解放福州。左起：刘培善、韦国清、叶飞、陈超凡等于福州市。

7月2日，韦国清率十兵团执行进军福建任务，克服途中各种困难，26日，抵达福建建瓯集结地区。8月6日至23日，参与指挥解放福州。韦国清采取长距离迂回，钳形攻击，断敌陆、海退路，再会歼福州被围之敌。这次战役，歼灭国民党军1个兵团部、5个军部、14个师共4万余人。解放了福州市和周围9座县城及马尾、三都澳2个军港。是一次伤亡小而胜利大的示范战例。

福州解放后，韦国清担任福州市军事管制委员会主任，同时任福州市委书记、市长兼任省委组织部长。

援越抗法

1950年1月，奉中共中央指示，韦国清携妻进京准备出任外交官工作。正准备专心学习外交业务之时，突患阑尾炎，只得住院动手术，直到4月初病愈出院。此时，越南的抗法战争正处于最困难时期，法军几乎控制了越南所有城市和交通线、封锁了中越边界，胡志明被逼秘密访华，请求中国政府给予援助。对于胡志明的请求，中共中央经过郑重考虑，不顾国内百废待举和财经困难种种情况，决定向越南提供军需物资和军事顾问团。谁来当这个顾问团长呢？中央领导从一批战将名单中挑选了既善于指挥作战又懂得政治工作的韦国清。在取得全国政权后，许多将领转入了舒适的和平环境工作。韦国清还来不及弹去中国战火的烟尘，又走向了越南北方的丛林。

经过刘少奇、邓小平、彭德怀、粟裕等中央领导亲自过问，一支由281人组成的越南军事顾问团正式组建成立。6月27日，毛泽东在北京会见赴越顾问团干部同志时说："这次请韦国清同志当顾问团团长。本来是叫他去联合国工作的，但联合国在美国操纵下，不让我们进去，还要那个蒋介石。以后我们又想让他去英国当大使，但英国对我们总是三心二意的，那就只能降格了，不派大使了。这样就叫他去越南当顾问团团长。他很同意。这很好！共产党人哪里需要到哪里去，舒服的环境可以去，艰苦的地方也能去。只要工作需要，其他都不计较。这一点，你们要学习韦国清同志。"①

7月下旬，赴越军事顾问团成员在南宁集训。韦国清向全体顾问团成员传达了中央领导人的讲话，经过认真讨论，制定出《顾问团工作守则》，作为顾问团同志在越南工作的行为准则。8月8日，经中央批准，成立顾问团党委，韦国清任党委书记。

8月11日，率军事顾问团入越，开始了在异国战场上独当一面的战斗历程。根据越方情况，韦国清经常与梅嘉生（副团长）、邓逸凡（顾问

---

①见中共党史出版社出版《缅怀开国名将韦国清》，中共东兰县委宣传部、东兰县委党史研究室编。

团党委副书记）、后勤顾问马西夫商谈讨论，与各参战部队顾问联系，了解情况，回答问题，布置工作。在研究边界战役怎么打时，韦国清根据越南战场上的形势和越军实力，认为，战役的指导方针主要应着眼于消灭敌人的有生力量，以改变越北战场敌强我弱的形势，力争完全主动。胡志明十分赞赏韦国清的意见，采纳了韦国清的方案。

经过积极的准备，越南人民军参战部队的军事、政治和后勤准备工作已经完成。9月中旬，边界战役打响。这次战役，越军以绝对优势兵力，通过全歼东溪守敌，活捉东溪法军指挥官和全歼沙东、勒巴的法军两部，活捉萨东、高平伪省长和勒巴等战役，粉碎了法军从高平至谅山一线的全部防御体系，扭转了北部战场的战局。

年底至次年6月，协助越南人民军在平原地区进行红河中游、东北和宁平战役。这三次战役，是越南人民军首次在北部丘陵和平原地区进攻敌人坚固防线较具规模的战役，采用的都是攻围点打援的办法。共歼敌6000余名，其中近一半是法军的机动部队。人民军在敌人有飞机、大炮支援和火力强、工事坚固、机动性高等新的作战条件下，经受了锻炼。

1951年，帮助越南人民军加强部队建设，人民军初步实现由游击战阶段向运动战阶段转变。

1952年10月14日至12月10日，西北战役打响，历时两个月的持续战斗，越军共歼法军1.38万余人，解放了2.85万平方公里土地和2.5万人口，整个西北地区，除山罗省的那产周围和莱州省的北半部外，全部为人民军所控制，解放区与越北根据地连成一片，形成了广阔的战略后方，进一步改变了北部战场的敌我战略态势。在西北战役总结会上，胡志明主席满怀深情地对韦国清等顾问说："党中央、政府和我对你们表示满意。"

为支援老挝抗战政府开辟根据地，巩固西北战役的成果。韦国清带领军事顾问团帮助越南人民军协同老挝解放军发动上寮战役。1953年4月13日，越南人民军第三〇李英敏八师、第三一二师在桑怒（即上寮）地区追击溃逃法军。4 月 15 日，在桑怒西南 30 公里处的那依村追上敌人，歼其一个营。18 日，余敌逃窜至 7 号公路，为人民军西进部队预伏兵力拦截，大部被歼。这一仗，共歼敌 3 个营和 11 个连，控制了桑怒全省、川圹省和丰沙省各一部分，30 万人获得解放，扩大了老挝的抗战根据地。

9 月 2 日，韦国清获越南民主共和国二级胡志明勋章。

1953 年 12 月初，越共中央同意中国军事顾问团的建议，做出了发动奠边府战役的决定并对奠边府实行了包围。但是，面对法军坚固的工事和严密的布防，韦国清根据中共中央的指示精神，按照战争形势发展，经与人民军前线指挥部商量后，提出了由速战速决改为稳扎稳打，把敌人分割包围，逐个歼灭，待条件成熟再实行总攻的打法。韦国清经与顾问团多次研究后，向人民军前线指挥员们解说近迫作业和堑壕接敌的办法，得到人民军指战员的赞同。人民军按指挥员的指示挖战壕，主壕、支壕纵横交错，把法军分割得七零八落。21 日至 22 日，越军分别向中寮敌据点发起攻击，数天之内，歼敌 3 个机动营 2200 多人。中寮敌军惊慌失措，纷纷弃阵逃跑。1954 年 1 月下旬，奠边府法军完全陷入孤立无援困境。3 月初，进攻奠边府时机已经成熟。5 月 7 日，越军 3 个营的指战员向奠边府中心区发起声势浩大的总攻，四面八方杀声震天，战火激荡着整个奠边府城。战斗不到 30 分钟，就占领了法军指挥部。历时 55 天，具有世界战争史上奇迹的奠边府战役，宣告法国侵越的战争彻底失败，迫使法国政府 7 月在日内瓦签订“印度支那停战协议”，法军从印度支那撤出，历时 8 年的抗法战争从此结束。

1954 年 9 月 15 日至 28 日，第一届全国人民代表大会第一次会议举行，韦国清当选人大常委会委员；会议决定设立国防委员会和国防部，韦国清任国防委员会委员。

10 月，韦国清任国家民族事务委员会副主任。11 月任党组副书记。

执政广西（上）

韦国清不仅是我军文武兼备、名震世界的名将，也是领导广西各族人民进行社会主义革命和建设的行家里手。他在广西工作的20年间，正值全国社会主义改造基本完成，进入社会主义建设，并开始探索中国自己建设社会主义道路时期。处在这种特定的错综复杂的历史环境下，他坚持把马列主义、毛泽东思想与广西的社会主义革命和建设实践结合起来，创造性地贯彻执行党在各个时期的路线、方针和政策，努力掌握和运用经济发展的客观规律全面规划领导广西的建设，广西的贫穷落后面貌得到巨大的改变。

1955年2月，广西省召开第一届人民代表大会第二次会议，选举韦国清为广西省人民政府省长时，他还在援越抗法战场上担任中国军事顾问团的团长。8月15日，中共中央委任他为广西省委第一副书记。9月下旬，中国人民解放军开始实行军衔制度，韦国清被授予上将军衔，荣获二级八一勋章、一级独立自由勋章和一级解放勋章。

1956年3月，韦国清结束援越军事顾问团的越南工作，率最后一批成员回国。回到北京，彭德怀听完韦国清对军事顾问团的工作汇报，便带他去见毛主席。毛主席问了韦国清的身体情况后，慈祥地上下打量了韦国清，说："我说过山沟里出马列主义，现在我要说，住在山沟里的少数民族出人才。彭总，你看，对不对？"彭德怀连声说："对，对，我建议中央让韦国清同志到解放军南京军事学院去主持工作。"毛主席沉思片刻后说："韦国清是壮族嘛，广西已选他当省长，还是回广西工作为好，我们共产党人要善于学习，在战争中我们学会带兵打仗，现在我们要学会搞经济建设。有句老话，文武兼备，天将降大任于此夫矣！"①

①见《广西党史》（2001）第二期。

正在韦国清即将离开北京的时候，周恩来总理来电约见他。周总理对他说："军队的一些领导很想留你在部队工作，但是我们研究，你还是要到广西去。广西是一个多民族省份，壮族占全省人口的三分之一还多，是我国少数民族中人口最多的一个民族，根据党的民族区域自治政策，党中央准备提出建立广西壮族自治区的建议，成立壮族自治区，需要一位壮族同志担任主席，你去是合适的。再有，广西和越南毗邻，对发展中越友好关系有着特殊的地位和作用。你在军事顾问团工作期间和越南领导建立了深厚友谊，到广西工作更有利于加强和处理两国之间的关系。"韦国清说："我听从安排，会尽力而为的。"①

5月，韦国清正式到广西履行省长职责，并与省委领导一起到广州向毛泽东主席汇报工作。

6月20日至7月3日，韦国清出席中共广西省第一次代表大会，当选为书记处书记；分工负责工业和统一战线工作。

8月中旬，韦国清首次主持召开广西省第一届人民代表大会第四次会议。根据代表们在讨论中提出的意见，他做了总结发言。他首先感谢代表们对政府工作提出了许多有益的意见，对缺点进行了严肃的批评，说这是代表们关心国家大事和人民利益的表现。他指出，从第三次会议到第四次会议期间，广西基本实现社会主义农业合作化、手工业合作化和对资本主义工商业的社会主义改造，这些改造本身和由这些改造带来的工业生产、农业生产和文化科学事业的发展，是我们工作的主要方面。但我们还有许多缺点，甚至在个别问题上有错误。他列举了缺点和错误后说，我们领导的是一种非常复杂、广泛和深刻的革命运动。由于缺乏经验，有些缺点是难免的，但这并不是缺点和错误的主要根源，主要根源是我们领导上的主

①见中共党史出版社《缅怀开国名将韦国清》。

观主义和官僚主义。如果我们能够更好地依靠群众，进行调查研究，有些缺点本来是可以避免或者不致扩大的。他针对政府工作中存在的问题，提出了今后改进的具体措施。他欢迎代表们讲老实话，讲公道话，加强对政府的监督。韦国清实事求是的发言，给代表们留下了良好而深刻的印象。

9月15日至27日，韦国清出席中国共产党第八次全国代表大会，当选为中央候补委员。

1957年6月，按照省委分工，韦国清全面主管政府工作，并重点抓农业生产。12月2日，他在出席省委四级干部会议上，提出“五变”建议（一变旱田为水田；二变一造为二造；三变一季为多季；四变瘦田为肥田；五变荒山为森林）。经过大量调查研究，韦国清认为广西不是产商品粮食的省区，广西应该是提供经济作物、林产品、畜牧产品和土特产品方面的省份。但粮食必须自给，才能保证经济作物和经济的全面发展。于是他拟定全省大办水利方针，提议成立省水利指挥部，亲任总指挥。他常说：“水就是粮，修库如修仓，储水如储粮。”对重大的农田水利建设工程，他总是不顾劳累进行实地勘察并多方征询专家意见才最后确定方案。1957年冬至1958年春，广西掀起大办水利高潮，兴建武思江、平龙、澄碧河、青狮潭等17座大型水库，增加灌溉面积160万亩。1958年是广西有史以来第一次做到粮食自给的年份。

1958年1月11日至22日，出席中共南宁会议，并与省委领导一起向毛泽东等中央领导汇报工作。汇报结束，在谈到广西的建设时，韦国清说：“我们广西工业基础太薄弱了，打算在这个五年计划内，搞三大项目建设：西津水电站、柳州钢铁厂、柳州化肥厂。”毛主席说：“电力、钢铁、化肥，这些都是工农业发展的基础，要抓紧上马。”并交代李富春副总理全力协助广西具体落实这三个项目的建设规划。会后不久，规划送到毛主席和周总理办公室，很快就得到批准。西津水电站施工以后，需要大量的钢材和水泥。而当时国家有关部门按计划分配给广西的钢材和水泥指标远没有达到建设水电站的需求量。为解决困难，韦国清直接给周恩来总理发电报求援。周总理及时在电文上批示："必须如数解决西津所需钢材水泥。"为保证工程顺利完工使用，发挥效益，韦国清又亲自主持筹建。他亲自率领有关人员到北京、上海、鞍钢等实地考察，引进技术和人才、筹备材料，克服种种困难，终于完成了三大项目建设。与此同时，还积极筹建柳州水泥厂、柳州重型机械厂等项目。韦国清为广西的工业建设，不辞劳苦，拿着周总理的亲笔信，亲自跑北京、上东北、转华东，四处奔忙，找有关部门做科学论证、批项目、安排设备，邀请有关专家到广西工作或指导。他领导开发了罗城、东罗、红山、红茂等新矿区，扩建了合山煤矿，在一定程度上缓解了广西工业用煤的燃眉之急。他主持制定广西交通建设规划，亲赴越南会晤胡志明主席，从越南借来一批铁轨，建成南宁到东罗煤矿的铁路。后与铁道部洽商，争取由铁道部替广西偿还了这批铁轨给越南。

东兰人民没有忘记，是韦国清鼓励城市支援农村，城乡协作办工业。七十年代初，由南宁支援的东兰制药厂、东兰钢精厂、东兰氮肥厂和东兰玻璃厂等陆续建成投产。这些企业，经过挖潜、革新、改造，到八十年代，绝大多数成为地方骨干企业，成为地方财政的主要来源，东兰工业也曾一度成为广西"山区工业一支花"。

3 月 5 日至 14 日，韦国清出席广西僮族自治区第一次人民代表会议，代表主席团致大会开幕词，宣布广西僮族（1965 年 10 月 12 日改为壮族）自治区正式成立，首府设立于南宁市。韦国清当选为自治区人民委员会首任主席。3 月 15 日被确定为自治区成立纪念日（从 1978 年起与百色起义和广西全境解放纪念日一起，统一为 12 月 11 日）。

9 月，兼任广西大学校长。黄传林任党委书记，邓济任党委副书记。

广西大学1928年由马君武博士创办成立。1952年广西大学停办，各院系陆续并入全国其他院校。1956年，韦国清与省委其他同志研究了各方面意见，一致认为广西应该有一所综合性大学。于是决定请示中央，要求重建广西大学。1957年年底，韦国清找高教部部长杨秀峰反映意见，之后，又到中南海向周恩来总理报告。周总理表示，广西应该办一所大学。但待商量后再做正式决定。1958年1月，韦国清在南宁会议期间向毛泽东提起要求恢复广西大学这件事时，毛泽东当即答应，还广西一所大学。不久，国务院正式同意广西大学进行恢复重建的筹建工作。经过反复考察斟酌，校址定在南宁市西郊西乡塘路旁。韦国清除亲自过问学校基建、经费、人员调配、专业设置、教学设施外，还从省外各地为西大请到了60多位教授、讲师，解决了当时紧缺的师资问题。重建后的广西大学，经过五十多年的努力建设，已经发展成为一所设有30个学院，学科涵盖了哲、经、法、文、理、工、农等10大学科门类的综合性研究型大学。

韦国清除了注重通过高等教育来培养高级专门人才之外，还特别关注老区的教育事业。他支持并批准东兰创办了以韦拔群烈士命名的“东兰拔群师范”和东兰卫生学校（中专）；恢复了“东兰县劳动小学”，并把“东兰中学”升格为“广西东兰中学”。这些措施曾对东兰的文化教育、卫生事业起了重要作用。

刘建勋同志因病休养，1959年4月，代理中共广西壮族自治区党委第一书记。10月，任中共广西壮族自治区第二书记、中共中央中南局候补书记。

韦国清十分重视发展广西的文艺事业。1960年1月，在韦国清倡导和鼎力坚持下，广西壮族自治区党委作出《关于举行〈刘三姐〉文艺会演的决定》，要求各级党委大力搜集各地有关刘三姐传说的资料，采用各种群众喜闻乐见的艺术形式进行创作，大力发掘群众中的艺术人才，提高群众文艺队伍的水平，使《刘三姐》舞台艺术形象更为丰满、典型。这个《决定》公布之后，全区很快掀起了大编大演《刘三姐》的热潮。在南宁会演时，韦国清要求在南宁开会的各级领导干部都来关心这次会演，让大家提意见。韦国清多次观看排练和试演，从剧本、台词到舞台服饰一一提出具体意见。特别强调要把会演中好的山歌、优美的民歌曲调吸收进去。1960 年 7 月下旬，《刘三姐》进京演出，引起轰动。之后，赴全国各地巡回演出，广受赞誉。《刘三姐》后来分别拍成电影故事片和舞台艺术片，并录制发行唱片，在海内外深受欢迎，成为社会主义文艺万花园中的一朵奇葩。

韦国清在繁荣广西文艺创作方面，确实穷心尽力，功不可没。他亲自批准建立广西脱产的专业作家队伍。他对区党委宣传部葛震说，花点钱让专业作家集中精力搞创作是必要的，对广西的经济文化建设是有好处的。20 世纪 60 年代初，共有 14 位小有名气的专业作家云集广西，其中包括秦兆阳、李英敏、胡明树、陈白曙、苗延秀、包玉堂等在国内有一定影响的作家。韦国清非常关心和爱护这些文化人。不但关爱他们的日常生活，更挂心他们的政治待遇。我国著名作家秦兆阳、李英敏被错划为右派下放到广西，脱帽以后中宣部说可以调秦兆阳回北京。韦国清对区党委宣传部领导说，广西作家很少，我们还是尽量挽留像秦兆阳这样的作家在广西工作。秦兆阳知道后很是感激。最后把家属接来了柳州。李英敏脱了右派帽，也留在广西工作。后来，韦国清和区文联党组一起还解决了这两位作家的重新入党问题。

1960 年夏，区党委决定制定关于农村经济部问题的政策，韦国清明确指示起草文件的干部先到农村去调查研究，在文件草案形成后，除指派这些同志带着草案下乡征询农民意见外，还亲自多次深入农村与基层干部和农民共同讨论，最后几易其稿，与其他区党委领导同志反复斟酌各地农民、基层干部意见后，才颁布《广西壮族自治区关于农村的十项政策》。《十项政策》关于不搞公共食堂、保留自留地、口粮要留足等内容，很受农民欢迎。同年9月，中共中央批复指出："中央认为，广西的十项规定，除了关于农村口粮标准一项应按照中央9月7日的指示降底之外，其他各项都是正确的，有利调动农村公社广大社员的积极性，有利于发展生产。"中央还要求"各省、市、自治区根据本省的具体情况，仿照广西的办法，作出一些明确的规定，以便农村干部群众共同遵守。"

在领导广西工业建设进程中，韦国清极其重视学习上海等经济发达地区的先进经验，部署广西有关部门赴上海全面系统地考察学习。抓住中央要求沿海城市支援边疆建设的有利时机，利用广西与上海的协作关系，积极争取从上海搬迁一批轻化工厂到广西落户，特别是连人带设备一起迁来的项目。1960年1月，韦国清利用到上海参加中央会议的机会，出面与上海市领导协商，就上海职工到广西后享受待遇（安排家属工作）等问题达成一致意见。1961年5月，包括食品、医药、服装、橡胶等门类的第一批16家轻化工业工厂顺利落户南宁、桂林、柳州和梧州等城市，并很快投入生产。这次迁厂，是改革开放前广西引进设备和人才规模最大的一次，既为广西轻化工业的发展打下了基础，填补了广西工业的许多空白，为广西国民经济的发展，提高生产技术和经营管理水平，增加地方财政收入，改善人民物质文化生活，带动广西工业的迅速发展发挥了极其重要作用，又促进了广西和上海之间的经济文化交流。

刘建勋调河南省任第一书记，7月，韦国清任中共广西壮族自治区第一书记、中共中央中南局书记，乔晓光任自治区常务书记，安平生为书记处书记。

1962年7月1日，韦国清在广西壮族自治区直属机关和南宁地直机关干部集会庆祝中国共产党生日大会上发表讲话。

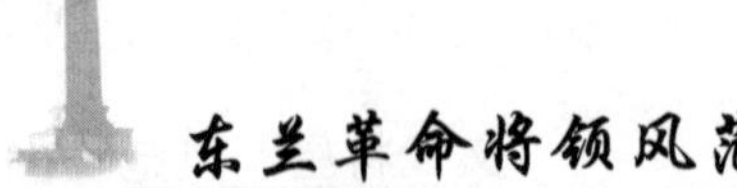

发展林业是广西的优势，韦国清始终给予极大关注。他认为，广西宜林面积广，气候适宜林业的发展。7月中旬，主持召开全区林业工作会议。研究贯彻执行造林方针，把城市规划、城市建设和城市绿化结合起来。把首府南宁初步建设成“绿化、香化、美化、果化”城市。提出人人植树，保证种活，人人爱树，负责到底要求。尔后，他亲自筹划组建一个林业教导大队，年复一年地在南宁市区和郊区植树造林。他在外地治病期间，还亲自写信回来指导南宁市的绿化工作。

7月下旬，韦国清赴北戴河参加中央工作会议。讨论农业、财贸等方面的工作，包括包产到户问题在内。

应四五一八部队（原八路军第五纵队第三支队）邀请，8月31日，韦国清与当年的司令员张爱萍等30多名同志一起到老部队进行革命传统教育。

12月，韦国清被增补为广西政协委员，出席政协广西壮族自治区第二届四次会议，当选为政协主席。

1963年1月至2月，韦国清主持制定广西壮族自治区党委《关于广西农业经济的发展方针》，并报送中共中央和中南局。领导全省抵抗80年未遇的严重干旱。同年，在继续大搞水利的同时，坚持抓好造林绿化、封山育林工作，并制定具体方案和措施。

12月初，韦国清出席政协广西壮族自治区第三届一次会议，再次当选为政协主席。

12月下旬，在自治区第二届人民代表大会第一次会议上继续当选为自治区主席。在政府工作报告中号召全区试种和推广种植绿肥。会后，以广西容县为试点，推广经验。全区绿肥发展很快。1964年冬种绿肥面积达到400多万亩，粮食生产恢复到1957年的产量水平。

为便于掌握祖国南面沿海情况，加强钦州地区和十万大山对敌斗争方面与广西的直接联系，1964 年 7 月 21 日，韦国清以中共广西壮族自治区名义，向中共中央、中南局提交报告，建议将广东省钦州地区划归广西建制。

8 月，韦国清代表自治区党委正式向广东省委请求农业生产技术支援。10 月下旬，760 多名广东潮汕农业技术能手，分别到广西 6 个地区、46 个县市的生产队搞样板田和传授农业技术。

9 月，化名韦东，率四清工作队 100 人到武鸣县梁同公社蹲点，深入抓好以“清理账目，清理仓库，清理工分，清理财务”为主要内容的社会主义教育运动。

政协第三届全国委员会委员常委会第四十六次会议于 12 月 19 日召开，增补中共方面邓子恢、少数民族方面韦国清为第四届全国政协委员。

12 月 20 日至次年 1 月 5 日，韦国清出席政协第四届全国委员会第一次会议。当选为政协全国委员会副主席。

执政广西（下）

1965 年 6 月 26 日，经韦国清积极协调，国务院根据广东、广西一致意见，正式将钦州地区划归广西建制。广西由内陆变为沿海地区，这一改变，不仅对巩固祖国南面的海边防有着重大战略意义，而且对广西今后开辟出海

1965 年，韦国清（右一）下到田间检查农业生产时和群众在一起。

通道和经济发展也发生深远的影响。

1965 年，韦国清（中）和群众到田间看禾苗长势。

1966 年 8 月 1 日至 12 日，韦国清出席中共八届十一中全会，由候补中央委员递补为中央委员。全会通过《中国共产党中央委员会关于无产阶级文化大革命的决定》，标示文化大革命开始。会后，广西同全国一样，红卫兵涌向社会大搞破"四旧"，在全国搞大串联。

8 月，韦国清任中共中央中南局第二书记，不再担任广西壮族自治区党委第一书记。由乔晓光代理第一书记。11 月，中共中央军委任命韦国清为广州军区第一政治委员。

1967 年 1 月，桂林造反派坚持要韦国清到桂林做检查，如果不去，造反派就把大队伍拉到南宁。各地的造反派也扬言要汇集南宁，批判以韦国清、乔晓光为代表的自治区党委执行的所谓资产阶级反动路线。此时，韦国清考虑的不是个人的安危，而是这么多人一下子集中到南宁，南宁如何承受得了。他决定带病到桂林做检查。一来想分散南宁的压力；二来想为各级领导承担部分责任。

韦国清对各级领导干部纷纷被拉去批斗、戴高帽游行示众、遭受人格侮辱，感到十分难过。他同乔晓光等人说："广西工作有问题的话，主要是我们的责任嘛，怎么搞到下面去呢?"当时韦国清的美尼尔氏综合症已经复发，一些常委都劝他不要去，他说服了大家，从广西大局出发，不顾个人安危，连夜带病乘吉普车直奔桂林。

3 月，为了韦国清同志的安全，中央派飞机把他秘密接到北京。5 月，中央接见广西群众组织代表时，周总理说："最近毛主席在接见越南代表团时，越南同志询问韦国清的情况，主席对他们说，韦国清是个好同志、好党员，请你们放心！"

8月10日晚，一派群众组织和北京的造反派联合，到军管的京西宾馆去揪斗韦国清，使他身体多处受伤。周恩来知道后，严厉批评了这些过火行为。

11月18日，中共中央发出通知，决定成立广西壮族自治区革命委员会筹备小组，任韦国清为"革筹"小组负责人。23日，与自治区"革筹"小组有关同志及广西两派赴京代表团一起乘机回到南宁。

12月，韦国清指示以自治区"革筹"小组名义与广西军区联合颁发命令给梧州、钦州、博白和凤山等地，坚决制止武斗、乱捕人和杀人等现象。

1968年4月26日，韦国清主持起草给中共中央的报告，建议成立广西壮族自治区革命委员会。

5月29日，广西两派为掌握武器进行大规模抢枪行动。自治区"革筹"小组出面制止无效，反受冲击。经请示中央，韦国清和"革筹"小组成员魏佑铸、焦红光进京向中央汇报工作。

8月26日，广西壮族自治区革命委员会正式成立。韦国清任主任。

1969年4月1日至24日，韦国清出席中国共产党第九次全国代表大会，当选为中央委员。28日，任中共中央军委委员。

9月4日，韦国清随同以周恩来为团长、叶剑英为副团长的中国共产党代表团，前往越南河内，吊唁逝世的越南国家主席胡志明。

1970年4月，韦国清任广西壮族自治区革委会党的核心小组组长。

1971年2月9日至16日，韦国清出席中国共产党广西壮族自治区第三次代表大会，当选区党委第一书记。

1973 年 8 月 24 日至 28 日，韦国清出席中国共产党第十次全国代表大会，当选为中央委员。30 日，出席中共十届一中全会，当选为中央政治局委员。

1974 年 4 月 4 日，韦国清兼任中共广州军区委员会第二书记。

7 月 29 日，韦国清根据中共中央通知，赴广州军区参与处理“批林批孔”运动中的缺点和错误。

10 月，韦国清出席广州军区党委常委扩大会，代表常委作主报告和总结讲话。

1975 年 1 月 13 日至 17 日，韦国清出席第四届全国人民代表大会第一次会议，当选为人大常委会副委员长。

1966 年，韦国清（前左三）陪同张云逸大将（前左五）等参观西津水电站。

2 月，经韦国清和区党委的争取和努力，国家同意广西提出的建设南宁至防城港的铁路，同意防城港在已建 2 个万吨级深水泊位的基础上，再建 5 个万吨级以上深水泊位和相应配套。早在几年前，为援助越南抗美战争，中央决定在距离越南最近的广西防城建设一个战备港口运送军用物资。随着抗美战争结束，防城港也停止物资转运工作。当时防城港已建成一定的规模。韦国清向周恩来总理提出，由地方继续建设防城港，改为广西对外贸易港口，得到了总理的批准。1973 年 9 月，根据韦国清的意见，自治区党委和革命委员会分别给党中央和国务院上报广西请求扩建防城港的报告，并送去防城港建设万吨级深水泊位的意见书，得到党中央和国务院的批准。开始，资金没有到位，韦国清和刘重桂、安平生、乔晓光、覃应机等几位书记商量，先从自治区地方财政开支。缺乏大型机械设备，施工队伍便因陋就简，土法上马。在万吨级泊位上马的同时，韦国清和他的助手们，又着手规划建设南宁至防城港的铁路。

韦国清没有看到防城港其他深水泊位的建成和南防铁路的通车就离开了广西，但是他为广西打开出海通道的一片苦心和所做的努力，为这个通道所奠定的基础，是广西各族人民永远不会忘记的。

10 月 5 日，韦国清任中共广东省委第一书记、省革委会主任，并继续兼任广州军区第一政委。

总政主任

1976 年 2 月 25 日，韦国清已到广东执政。中共中央召集各省、各大军区负责人会议，传达毛泽东关于“批邓、反击右倾翻案风”的谈话。之后，在全国掀起了对邓小平的点名批判，全国再度陷入混乱。广东一些派性思想严重的人暗中煽阴风，挑拨离间。有人秘密串联，散布说邓小平、韦国清都是红七军过来的，韦国清是邓小平在广东的代理人，扬言“要改组省委”、进行“第二次夺权”。面对严峻形势，韦国清思想清醒，泰然居之，履险如夷。立即召开省委常委会讨论，最后省委形成共识，必须坚持全省所有运动都要在各级党委领导下进行，坚决反对搞串联、搞战斗队，反对“层层揪”，强调要抓革命、促生产、促工作，保证广东局势的相对稳定。

由于决策正确，措施得力，上下形成共识，广东一些派性思想严重的

人不得不偃旗息鼓，卷包弃甲，他们的阴谋没有得逞，广东局势保持了稳定。

1976年6月6日，韦国清出席广州部队机关欢送复员专业边疆同志大会并接见赴边疆农村的干部战士和他们的亲属。

9月，毛泽东逝世后，韦国清与广州军区司令员许世友一起，认真研究对策应付可能出现的非常情况，认真做好稳定南疆工作。

9月15日，韦国清与中央有关领导一起在北京人民大会堂为毛泽东主席守灵，并在吊唁大厅接待各国同志和朋友。

根据中共中央统一部署，10月，韦国清领导广东省和广州军区部队揭发批判江青反党集团罪行。同时，有领导、有步骤地展开对与“四人帮”篡党夺权阴谋活动有牵连的人和事的揭发、批判和清查；着手复查“文革”遗留问题，开始进行落实政策和平反冤假错案的工作。在工作指导上，韦国清十分注意掌握政策界限，强调要正确区分和处理两类不同性质的矛盾，扩大教育面，缩小打击面，团结一切可以团结的人，共同进行社会主义现代化建设。

1977年5月3日，韦国清主持召开纪念毛泽东主办农民运动讲习所和《中国社会各阶级的分析》发表51周年大会。

8月12日至18日，出席中国共产党第十一次全国代表大会，当选为中央委员。19日，在中共十一届一中全会上当选为中央政治局委员，并任中共中央军委委员、常委。

29日，任解放军总政治部主任。10月，任中共总政治部委员会委员，第一书记。由于“文化大革命”的内乱和林彪长期对军队建设的干扰、破坏，部队的思想政治工作和整个国家的情况一样，受到严重的损害，积存着不少难题。韦国清在任总政治部主任期间，深入部队、边防海岛，在广泛调查研究的基础上，根据党中央、中央军委的指示，特别是党的十一届三中全会的精神，在军委主席邓小平的直接领导下，继承古田会议以来我军政治工作的优良传统，总结同林彪、江青反革命集团斗争中，我军政治思想工作的正反两方面的经验，分析了我军新的情况，迅速纠正林彪、江青反革命集团对部队建设造成的危害，彻底肃清林彪、“四人帮”对军队建设的破坏和影响，拨乱反正，平反冤假错案，恢复和发扬我军的优良传统，参与制定《中共中央军委关于加强军队政治工作的决议》和《中国人民解放军政治工作条例》等一系列重要文件，为恢复健全全军的政治思想工作制度，处理大量棘手问题，确立在新的历史时期军队政治工作的方向和任务做了大量卓有成效的工作。

为了全面整顿部队，促进部队精神文明建设，加速部队的革命化、现代化、正规化建设，韦国清先后组织召开了四次全军政治工作会议，组织全军政治工作高级领导干部着重研究、讨论了在新的历史条件下军队政治工作制度问题；政治工作如何围绕以加强党的建设为中心，带动现代化革命军队建设各个方面工作的问题；加强军队政治思想工作的领导，坚持党的四项基本原则，提高贯彻执行党的路线、方针、政策的自觉性，保证部队在政治上同党中央保持一致和发扬革命精神，促进部队社会主义精神文明建设的问题；建设革命化、知识化、年轻化的干部队伍，加强基层建设，整顿各级党委和机关的思想作风等一系列重大问题。充分表现了韦国清在新的历史条件下加强军队政治工作的理论勇气和探索精神。

12 月 12 日至 17 日，韦国清出席广东省第五届人民代表大会第一次会议，当选为省革命委员会主任。

1978 年 2 月 24 日至 3 月 8 日，韦国清出席政协第五届全国委员会第一次会议，当选为政协全国委员会副主席。

2 月 26 日至 3 月 5 日，韦国清出席第五届全国人民代表大会第一次会议，当选为人大常委会副委员长。

3月30日至4月6日，韦国清出席中共广东省第四次代表大会，当选为省委第一书记。

4月27日至6月6日，韦国清主持召开全军政治工作会议，研究解决新的历史条件下发扬政治工作优良传统、提高我军战斗力问题。他明确指出，提高政治觉悟出战斗力，苦练战术出战斗力，优良作风出战斗力，严格纪律出战斗力，官兵团结、军民团结出战斗力。提高干部的组织指挥能力和部队的科学文化知识也是战斗力。政治工作如何从各方面发挥作用，平时培养和提高部队战斗力，这是一个新的重要问题，也是必须解决的问题。韦国清组织的这次会议和他所作的报告，得到邓小平的充分肯定和高度赞扬。邓小平说："韦国清同志的报告好，好就好在研究了新的历史条件下的问题，有针对性地提出了解决的办法。这就是我们在实际行动中坚决拥护毛泽东思想的表现。

5月，全军与"四人帮"有牵连的人和事已基本查清，清查工作的重点转到结论处理上来。韦国清认为，这是关系到清查工作能否善始善终的关键一步，政策性强，必须制定一些具体规定。根据韦国清的指示，全军清查办公室起草了《关于同"四人帮"篡党夺权阴谋活动有牵连的人的结论处理工作若干问题的意见》，明确了方针原则和方法步骤。这个意见经中共中央军委批准，作为军委文件下发全军贯彻执行，使结案工作有了明确的依据。

8月24日，韦国清出席总政揭批林彪、"四人帮""砸烂总政阎王殿"罪行大会。

12月10日，韦国清受邓小平同志委托，会见在南宁的红七军、红八军老战士，并向红七军、红八军革命亲属表示问候。

11日，韦国清在庆祝广西壮族自治区成立20周年纪念大会上发表讲话；接见广州部队和参加广西壮族自治区成立20周年的六省代表团负责同志；到南宁手扶拖拉机厂参观，与干部、工人和技术人员代表座谈并发表讲话。

1978 年 12 月，广西壮族自治区成立 20 周年时，中央政治局委员、全国人大常委会副委员长、中央代表团团长韦国清（前排右九）与红七军、红八军老战士在南宁合影（前排右七为覃应机）。

27 日，为纪念毛泽东同志诞辰 85 周年，韦国清在《解放军报》发表署名文章《发扬政治工作实事求是的优良传统》。明确指出：人民解放军的政治工作是毛泽东创造的，实事求是是部队政治工作的核心，是从群众中来，从实践中来，不断发展、不断丰富起来的，并指出了在新的历史条件下政治工作要有新的创造。

1979 年，韦国清到广西边防部队视察。

1979 年 1 月，韦国清组织总政学习贯彻党的十一届三中全会精神，研究工作着重点转移问题。他提出四个现代化中有一化，就是国防现代化，军队工作着重点的转移，就是转移到国防现代化上来。根据韦国清的意见，总政下发《关于贯彻执行全党工作着重点转移问题的政治工作意见》，指导部队开展党的工作着重点转移中的政治工作。

24 日，韦国清在张际春、徐海东、吴芝圃、刘长胜、张霖之、王世英、南汉宸、刘裕民同志平反昭雪追悼会上致悼词。

27 日，韦国清代表中共中央、人大常委会、国务院和中央军委发表春节广播讲话。

2 月 4 日，韦国清任中央军委副秘书长。

3 月 26 日，总政向中共中央、中共中央军委写了《关于建议撤销一九六六年二月部队文艺工作座谈会纪要的请示》，建议对被错误批判、处理的人员和文艺作品实事求是地予以平反，对过去曾经宣传、执行过《纪要》的各级组织和个人不必追究政治责任。一个月后，中共中央同意总政意见，并以中共中央文件的形式转发全党。

4 月 2 日，出席中共中央、中央军委为“总政阎王殿”等冤案彻底平反大会并发表讲话。

24 日，韦国清提议、主持召开全军群工部长会议并发表讲话。他认为，新时期群众工作的新情况、新特点主要表现在如下几个方面：一是在和平建设时期部队住营房，人民群众不知道部队在干什么，部队新成分不断增加，传统教育不够，干部、战士的群众观点淡薄了，军政军民关系不像战争年代那样互相依存，互相了解。二是军队建设的许多工作都需要得到地方政府的帮助和支持，搞好军政关系显得特别重要。三是党和国家各项政策、法律日趋完善，要求军队模范地执行政策、法律。四是全党工作着重点转移到“四化”建设上来，对军队参加和支持社会主义建设提出了新的要求。五是军队技术装备不断发展，管理工作需要更严格、更科学，否则会影响到群众的安全，损害群众的利益。六是经过十年“文化大革命”，军政军民关系遭到损害，需要大力加强军政军民团结的工作。会议在这几方面很好地得到统一和认识，明确了任务。会后，韦国清领导总政机关指导部队从实际出发，创造了军民共建文明村（街、镇、学校）等加强群众工作和军政军民团结的新形式、新经验。

9月，韦国清主持召开全军干部部长会议，提出对领导班子要进行自上而下的调整，特别要注意选拔年轻优秀干部，实现作战部队干部年轻化；师以上各级领导班子要配备必要的懂得专业技术的干部。干部制度的建设，是韦国清在总政工作期间萦绕于心、抓住不放的大事。韦国清视制度建设为干部“四化”的保证，亲自抓，具体管。这次会议以后，他把干部考核制度和任免制度、院校培养制度、干部交流制度，以及干部退役和离退休制度等建立和健全了起来。经过几年的努力，全军团以上干部年轻化的目标基本实现，干部的知识结构发生了明显变化，干部队伍的“四化”建设取得重要进展。

11月4日，韦国清任中央军委办公会议成员。

1980年1月25日，韦国清主持召开在京的全国人大常委和全国政协常委座谈会。座谈拥军优属、拥政爱民工作。

2月19日，总政发出《关于加强部队青年工作的指示》，要求把部队广大青年培养成有理想、有道德、有知识、有体力、讲军容、讲礼貌、讲纪律、不怕艰难困苦、不怕流血牺牲（即四有、三讲、两不怕）的一代新人。

18日至30日，韦国清主持召开全军政治工作会议并发表讲话，研究加强军队党的建设、部队政治思想工作和现代化、正规化革命军队建设问题。

中旬，韦国清提议并召开全军宣传工作会议，研究部队理论教育问题并发表讲话。

1981年1月14日至2月1日，韦国清主持召开全军政治工作会议。

这次会议原计划是研究解决基层建设问题。韦国清考虑，刚刚结束的中共中央工作会议严肃提出坚持四项基本原则，反对错误倾向的问题，全军政治工作会议应该主要贯彻中央工作会议精神，要继续理直气壮地进行四项基本原则教育。深入进行反对错误倾向的思想教育，保证部队的思想统一和稳定。会议向全军发出“大力发扬革命精神，建设高度的精神文明”的号召，就大力开展社会主义精神文明建设活动作出部署。

3 月 5 日，韦国清出席总政召开的纪念毛泽东同志题词号召“向雷锋同志学习”18 周年大会，组织《军人誓词》宣誓。

9 月 8 日，韦国清主持召开第五届全国人大常委会第 20 次会议，听取学位工作和加强学校思想政治教育工作以及文化艺术工作情况汇报。

11 月 2 日，韦国清在总政机关师以上干部会议上讲话，要求大家认清当前形势任务和自已肩负的重大责任，下决心把总政机关的思想作风整顿好，建设好，做遵守纪律的表率，做振奋革命精神、改进工作作风，提高办事效率的表率，使总政成为全军政治机关的表率。

1981 年，韦国清（后排左二）在某团与部分基层干部座谈。

12 月 11 日，与袁任远、陈漫远、莫文骅、吴西联合署名在《解放军报》发表《纪念百色起义》文章。系统地总结了百色起义的缘由，起义之后红七军、红八军的发展，北上苏区的历程以及百色起义的重大意义。

1982 年 1 月 5 日至

12 日，韦国清主持召开全军政治工作会议，进一步学习贯彻十一届六中全会精神，研究部署整顿各级党委和机关思想作风，深入开展社会主义精神文明建设活动、推进干部“四化”工作和基层建设等工作。

7 月，韦国清参加军委座谈会，讨论军队体制编制调整改革问题。韦国清就做好体制编制调整改革中的政治工作发言。他指出：军队体制编制改革是军委作出的正确决策，涉及面广，任务繁重，要通过扎扎实实的思想政治工作，确保军委决策的顺利实施。他对做好宣传教育、团结稳定、干部调整、领导干部和领导机关的精神状况和表率作用等，提出了具体要求。

8 月 18 日上午，韦国清出席空军建设社会主义精神文明先进代表大会闭幕式；下午，出席海军建设社会主义精神文明第一次先进单位和先进个人代表闭幕式。

9 月 1 日至 11 日，韦国清出席中国共产党第十二次全国代表大会，当选为中央委员。

副委员长

1982 年 9 月 12 日至 13 日，韦国清出席中共十二届一中全会，当选为中央政治局委员。会后，根据中共中央决定，不再担任总政治部主任职务和军委副秘书长职务，专心致力于全国人大常委会领导工作。

10 月，韦国清撰写《英范永存——纪念共产主义战士韦拔群牺牲 50 周年》一文，系统阐述了韦拔群的革命业绩和四个方面的共产主义精神，号召我们要永远学习韦拔群的精神。

1983 年 1 月 3 日，总政发出通知，将 1980 年 2 月 19 日提出的“四有、三讲、两不怕”的内容调整为“有理想、有道德、有文化、有纪律、讲军容、讲礼貌、讲卫生，不怕艰难困苦，不怕流血牺牲。”并明确提出，要把“四有、三讲、两不怕”作为军队开展社会主义精神文明建设的主要内容。

3月27日，邓小平在与韦国清等总政领导谈话时明确指出：“总政治部提出的‘四有、三讲、两不怕’的口号很好，军队就这样办，要好好宣传。”从此，全军以“四有、三讲、两不怕”为主要内容的建设社会主义精神文明活动广泛开展起来，广大指战员的政治觉悟、道德风尚、作风纪律有了可喜的进步，有力地促进了军政训练等各项工作。

4月4日，韦国清会见加拿大国防部长吉尔·拉蒙旦和随同来访的加拿大国会议员。

4月25日，韦国清迎接来访的诺努马洛·索法拉议长率领的西萨摩亚议会代表团；26日，宴请代表团并讲话；5月6日，为代表团送行。

5月9日，韦国清会见由全国青年委员会主席约瑟夫·皮埃尔·洛比斯率领的塞内加尔青年代表团和由革命青年联盟执行局委员兼组织部长易卜拉欣易·卜拉欣率领的叙利亚青年代表团。

10日，韦国清会见哥斯达黎加记者协会主席卡洛斯·莫拉雷斯。

6月6日至12日，韦国清出席第六届全国人民代表大会第一次会议，当选为人大常委会副委员长。

7月2日，韦国清会见以中央本部书记长小森龙邦为顾问，执行委员中岛敏颜为团长的日本部落解放同盟中央青年对策部访华团。

10月28日，韦国清会见由旅游和文化事务部长伊·麦·福法纳率领的塞拉里昂政府代表团。

1984年1月5日，韦国清出席中国科学院第五次学部委员大会开幕式。

22日，韦国清会见由联合民族独立党中央委员会委员、党的青年体育委员会主席、青年团执行书记富拉诺率领的赞比亚青年访华代表团。

4月23日，韦国清会见突尼斯共和国青年和体育部部长穆罕默德·克拉耶姆率领的访华团。同日晚，突发心梗病。

7月30日，韦国清按照党章关于干部队伍“四化”要求和各级领导干部都不能终身任职的规定，韦国清致信中共中央，请示不再担任中央委员会成员。

1985年9月16日，韦国清与叶剑英等64位老同志从有利于党的事业的发展和国家的长治久安出发，分别向中共中央提出不再担任中央委员会成员的请求，以便让一批比较年轻的德才兼备的领导干部进入中央委员会，获中共十二届四中全会批准并提请中国共产党全国代表大会审议。18日至23日，韦国清出席中国共产党全国代表会议，并获准不再担任中央委员会成员。

1986年10月，韦国清撰写《千里驰骋鏖战多——忆淮海战役中的苏北兵团》长篇文章，系统总结了淮海战役中他所领导和指挥的苏北兵团在淮海战役中的英勇善战事迹。

1988年3月25日至4月13日，韦国清出席第七届全国人民代表大会第一次会议，当选为人大常委会副委员长。7月30日，中央军委举行授勋仪式，韦国清荣获一级红星功勋荣誉章。

1989年春夏之交，韦国清生病住院，在他生命的最后时刻，仍关心北京的政治风波，叮嘱家人和身边工作人员要严守纪律，要相信党中央。

1989年6月14日零时29分在北京逝世，享年76岁。

6月27日，韦国清遗体告别仪式在京举行。党和国家领导人江泽民、杨尚昆、李鹏、万里、李先念、乔石、姚依林、宋平、李瑞环、王震等出席并送花圈，邓小平、陈云、彭真、邓颖超、徐向前、聂荣臻等党和国家领导人送花圈，首都各界人士，解放军三总部、陆、海、空军等驻京机关干部战士代表1000余人参加告别仪式。在协助越南人民抗击外国入侵斗争中结下深厚战斗友情的黄文欢同志以及越南驻中国大使阮明芳也参加了韦国清的告别仪式。骨灰安放在八宝山革命公墓。

百战将星韦杰

●覃会珺

在共和国开国名将的丰碑上，有一个闪烁的名字叫韦杰。

韦杰，中将军衔，广西东兰籍壮族将军。他一生经历大小战斗 525 次，参加战役 43 次，先后 5 次负伤。因其身经百战、骁勇杀敌、战功赫赫，被誉为“百战将星”。

韦杰 13 岁投身革命，参加过震撼南国的百色起义，参加了中央苏区第二至第五次反“围剿”作战和红军二万五千里长征。先后曾任红军排长、连长、营长、团长，22 岁时他已是红 15 军团第 75 师师长。抗日战争中他任过八路军团长、旅长，与日本鬼子浴血奋战。解放战争中他先后任纵队副司令员、纵队司令员、军长，为新中国的建立冲锋陷阵。

任红军侦察连连长时，他智勇双全夺取娄山关险隘，为红三军团打开胜利坦途。长征胜利大会师前，任红十五军团骑兵团团长的他带队纵马挥刀夺取会宁城，为红军三大主力胜利会师扫清了障碍……骁勇善战的他，率领六八八团对日寇开展的香城固伏击战，堪称八路军平原伏击战的得意之笔。在晋冀鲁豫六纵挺进中原的汝河生死之渡中，邓小平亲自指定他为渡河总指挥……袭取兰封、大杨湖全歼敌整三师、强攻汤阴活捉孙殿英、太原攻坚战、挥师大西北、挺进大西南……将军的足迹踏遍了大半个中国。

曾经率部参加过抗美援朝战争，他荣获朝鲜民主主义人民共和国一级国旗勋章，成为美军公认的中国最牛的9个军长之一。

从一名普通的红军战士，逐步成长成为人民军队的高级将领，他经历了多少浴血奋战和生死考验，为新中国的成立立下不可磨灭的功勋。其英雄事迹，永远值得人们颂扬，其高尚品质，永远值得人们敬仰。

他的每一段革命历程，都是一段精彩而感人的传奇故事。

少年出征

1925年秋天，广西东兰县武篆拉甲山下来了几个兴致勃勃的农家少年。他们抬头对山腰上那个大岩洞出神地仰望了一阵之后，一路的疲劳仿佛一扫而光，顾不上歇脚就兴奋地趟过月亮河，往山上大岩洞爬去。

这个岩洞，就是韦拔群创办的“广西农民运动讲习所”所在地，原名叫白帝岩，后来更名为“列宁岩”。提起“列宁岩”，人们自然会想到韦拔群。在武篆东里屯出生的韦拔群，曾充满传奇地激起广西革命浪潮，就像东里三潭四季长流的水，滋润了一大片土地。

“列宁岩”里当时聚集着很多农民学员，这几个少年的到来让人们有些惊奇，认为他们太小了，不像是来学习的。然而，刚进来的五六个少年中有一个比较机灵的却大声问道："我们是来学习的，在哪里报名？"

洞里边走来一个30岁左右农民打扮的人，惊疑地说道："你们是来学习的？太小啦！"

那少年心急了，大声说道："我们是农协会介绍来的。像我们这样的都不收，还收什么样的？我们要找拔哥。"

对于出口不凡的少年，那人不敢马虎，他看了介绍信后，把他们收下。办了填表手续，给他们发了一人一个红袖章，把他们编到儿童队里。

这个机灵的少年，就是韦杰。

韦杰，原名韦士良，1914年3月29日出生于广西东兰县仁雷乡（今东兰镇仁义村周围）仁义村弄引屯一个壮族贫苦农民家庭，在家中排行老三。

由于家境贫寒，韦杰小时候除了随父母干农活外，经常跟着哥哥韦士超到山外替人挑桐油、盐巴赚钱。有一次，他跟哥哥从巴马挑盐回村时，路过三石圩，正好看到韦拔群带领一帮膀上戴着红袖章、身背大刀、手握长矛的青年，在圩场上发表"打土豪、分田地"的演说。这是他第一次见到韦拔群，他的心情久久不能平静。

韦杰走上革命道路，除了受英雄传奇人物韦拔群的影响外，引路人就是他的胞兄韦士超。韦士超是条响当当的敢作敢为的汉子，曾参加过韦拔群开办的农民运动讲习所的学习，大革命时期是本乡农会主席。韦杰就是得到他哥哥韦士超的推荐介绍，来农讲所学习的。

在列宁岩里，韦杰听了韦拔群的讲课，知道了马克思和列宁的名字，受到革命道理的启蒙教育，从此，坚定了他走上革命道路的信心。农讲所毕业后，他积极投身打土豪反恶霸的斗争。

1927年8月，13岁的韦杰随胞兄参加了韦拔群领导的东兰农民暴动。

然而，风云突变。蒋介石叛变革命后，国民党桂系军阀重兵“围剿”东兰、凤山农军，韦杰父亲韦宜昌因儿子参加革命被抓到县衙里去了。为了凑钱搭救他，韦杰的妹妹被卖给人家做童养媳。1929 年夏天，韦士超惨遭敌人杀害。当时，年仅 15 岁的韦杰也险些被害，幸被本族大嫂救出，藏在山上洞中近半年之久。

距离韦杰藏身的山洞不远处，有一蔸不起眼的小树，树下每天都有一个小女孩悄悄走来，将一个盛着饭食的竹筒悄悄地挂树上。她就是本族大嫂偷偷派来给韦杰送饭的小女儿。正因为有她们，韦杰才躲过了反动民团企图斩草除根的追杀，他终生难忘。

临近年底，躲在山上的韦杰听说韦拔群在邻县拉起了队伍，他高兴地决定去投红军。又是这位本族大嫂亲自把韦杰和另外 4 个小伙伴护送上路，躲过反动民团一道道关卡，走上前往平马的路。由此，韦杰正式开始了他的革命生涯。

1929 年 12 月 11 日，邓小平、张云逸等组织领导百色起义，创建了红七军和右江革命根据地。已有“老革命”资历的韦杰随韦拔群的农军在平马正式编入红七军，韦杰被编入第三纵队参加了震撼南国的百色起义。入伍不久，韦杰就在平马打了他平生第一仗。他刚扔掉梭镖，领到一支“安南造”步枪和 5 发子弹。15 岁的韦杰跟着班长埋伏在丛林里，对二三百人的民团进行袭击。一阵激烈的枪声过后，把祸害百姓的敌人赶跑了。这是韦杰头一次体会到真刀真枪打仗的滋味。

此后，韦杰经历了为期 3 个月的新兵训练，接受军长张云逸的检阅和教诲。新兵训练结束后，韦杰除步枪外还领到了 4 颗手榴弹，换上了一套青色的红军军服，戴上了军帽。换下的旧衣裤却舍不得丢掉，打包背在身上，后来全撕成布条打了双草鞋，伴随他踏上革命征程。

1930 年年底，红七军按照前委决定在河池整编。二十一师（原第三纵队）因奉命留守右江地区坚持根据地革命斗争，师长韦拔群将该师的好干部、好士兵、好枪、好马留给了十九师和二十师，他和政委陈洪涛仅带旧部极少数人马返回东兰、凤山。韦杰和一同出来的5个小伙伴被编入十九师五十八团三营七连，后随红七军北上。

河池整编的红七军出发后，韦杰所在的第十九师在经宜山进入罗城县的四把乡时与敌相遇。敌人在石山坳口凭险设防，火力很猛。总指挥李明瑞亲临前沿察看地形后，决定先夺取右侧一座悬崖绝壁的制高点。站在李明瑞身边的韦杰主动出来请战："李总指挥，我家住在大石山，从小就攀悬崖捉蛤蚧，我能上去!"

从东兰、凤山一带出来的战士也都纷纷站了出来。李明瑞叫声好，从中挑选了十多个擅长爬山的壮族、瑶族战士组成突击队，令他们隐蔽迂回爬上山去。韦杰他们出其不意地爬上山后，居高临下，靠一排排手榴弹炸得守敌人仰马翻，正面部队趁机杀了上去，一举消灭了这股敌人。这是韦杰随红军北上奋勇杀敌的第一次战斗。

接着，他们在经过长安县（今融安）与敌韩彩凤师相遇，双方开展了遭遇战。韦杰所在的五十八团第三营担任主攻第一梯队。这一仗，红七军歼敌600多人，自伤500多人，损失不小。下午攻打山头时，和韦杰一道参军的小伙伴，也是他叔伯兄弟的儿子韦日狂中弹牺牲了。一颗枪弹从他前胸射入，又从后身钻出来，鲜血浸红了半个身体……这是韦杰在亲哥哥为革命牺牲后又一个亲人离他而去，他清醒地认识到革命征途的艰险。

此役后，部队休整一天，继续向北前进。进入湖南境内，打下江华，急速进入广东乐昌河渡口。在过乐昌河时与广东军阀陈济棠部展开了遭遇战，最后甩掉敌人，进入桂东县，到达湖南与江西交界的崇义县休整。然后，部队向中央苏区永新县进发。经茶陵境内时，又碰上湖南军阀何健的部队，双方开展激战。打了几个回合，歼敌约800人。这个胜仗鼓舞了部队斗志，在群众中影响也很大，红七军英勇善战的美名便在湘赣根据地传开了。1931 年初，在江西永新县，韦杰被任命为班长，并加入中国共产主义青年团。他那支从广西扛来的“安南造”也换掉了，拿上了捷克造步枪。

1931 年 4 月，红七军奉命东渡赣江，到兴国与红三军会合。7 月，在江西兴国县的南塘，红七军又和敌人打上了。这次遭遇战后，作战勇敢的韦杰被提升为排长。

任排长后，韦杰虚心向老排长学习、请教，很快就弄通从营房设哨到交战中的进攻、防御、撤退、掩护、迂回等基本军事常识。韦杰是一个勤于钻研的人，对军事知识和技能的钻研很虚心、很专注，这种孜孜以求的钻劲让他在军旅生涯中日益成熟。

不久，红七军开进福建，五十六团攻打闽西清流城。韦杰奉命率领一个排兵力插入西门埋伏待命。韦杰带领全排靠近县城后，把封锁城墙突破口的火力部署好。凌晨 3 点开始行动，然而，当他们逼近城墙时却被敌人发现了，城楼上顿时到处点起了桐油灯，敌人的枪弹如雨点般打来，火力很猛，一下封锁了道路。有一部分人撤了回去，韦杰带十几个人拼命趟过西门外那条小河，冲到城墙下，躲到城墙下一个死角里，后来，他们挖了个洞，在那潜伏起来。韦杰的腿部中了一枪，幸好没伤着骨头。这是韦杰头一次负伤。

第二天晚上，部队总攻，潜伏在城墙下的韦杰等人起了大作用。他们用绳子将同志们在对面河绑好的两架长竹梯拉过河来，在我军火力掩护下登上城墙，第一个攻破了城关，进而配合各路部队打进城去。最后打下清流城，捉了 200 多俘虏，缴获一批武器弹药、粮食和食盐，为苏区解决了紧急物资。

1931 年 7 月下旬，第三次反“围剿”中，红军在宜黄通向草鞋岗打敌伏击，冲锋在前的韦杰再次负伤，一颗子弹擦伤了他的额部，用他的话说，只差一厘米就革命到底了。

不久，他又奉命率部投入东固之战。取得第三次“围剿”最后胜利之后，又参加攻打赣州城战斗，担任敢死突击队一个班班长的他，又一次负伤了。顽强的斗志，一次次击退了擦肩而过的死神。

韦杰一生征战，总共有 5 次负伤。他去世后，亲属从他的骨灰中还翻出两块弹片和子弹头。

侦察尖兵

1932 年春，韦杰奉调参加方面军总部举办的一个为期两个月的情报侦察干部培训班学习，主要学习情报、侦察技能。这对勤于钻研军事技能的韦杰来说，正中下怀。这一次，他还听到了朱德总司令的讲课，感到荣幸之至。通过学习战争侦察技艺，韦杰从此如虎添翼，大长打仗本领。

1933 年 3 月，韦杰光荣地加入了中国共产党。1933 年 5 月，韦杰参加红军总部特科干训队学习毕业。这时三军团所属部队重新改编，第十九师、二十师编为第三军团五师。韦杰被提任为红三军团第五师侦察连连长。此时，他年方 19 岁。

侦察连是五师师长彭雪枫的宝贝，可想而知，连长是个重要角色。以前各师没有侦察连，各团只有侦察班。新组建的侦察连编有四个排：手枪排、火力排、机关枪排和步枪排，百来号人，全是各连抽调来的党、团员，政治可靠，身强体壮，军事素质好。再经加强侦察业务训练，后来他们个个都练就一身过硬本领。与韦杰搭档的侦察连指导员，正是他的东兰老乡覃应机。覃应机晚年成为广西壮族自治区高级领导干部，同韦杰交往甚密。实际上，侦察连有三分之二都是广西同乡。广西人擅长爬山涉水，能吃大苦，在红军中曾被戏称为“广西猴子”。

韦杰侦察连的这帮“猴子”，在第五次反“围剿”和红军长征中，发挥了很大作用。在第五次反“围剿”中，他们夜以继日地深入敌后侦察敌情，抓俘虏。还与邻四师的侦察连相约开展捕俘比赛，看谁在相同时间内捉得的俘虏多。往常，韦杰及手下每月经常捉到四五十个俘虏，结果比赛那个月，韦杰的侦察连一共捉到 63 个俘虏，其中还捉了个副团长。让四师侦察连自叹不如。

1934 年 10 月，由于王明“左”倾冒险主义的错误指挥，导致历时一年之久的第五次反“围剿”失败，红军被迫撤离中央革命根据地，开始艰苦卓绝的二万五千里长征。当时的红七军已归彭德怀领导的红三军团指挥，在长征路上，韦杰带领的侦察连就走在师前卫团五十六团前面，查敌情，探道路，及时为部队提供准确情报。同年 11 月，韦杰率部参加湘江战役，在广西灌阳新圩一带阻击国民党桂系军阀的疯狂进攻，掩护了中央机关、军委和毛泽东等安全渡过湘江。部队随后直到乌江黄平县，强渡乌江成功，进入贵州遵义。

1935 年 1 月，中共中央在贵州遵义召开了具有历史意义的政治局扩大会议，批判了王明“左”倾路线在军事上的严重错误，确立了以毛泽东为代表的正确路线在红军和党中央的领导地位，挽救了革命，挽救了党。想起多少人成为王明“左”倾错误路线的牺牲品，韦杰心情很沉重。红七军、红八军总指挥李明瑞，就是在“左”倾错误的“肃反”中被诬指为“改组派”“AB 团”惨遭杀害的（后来直到 1945 年中央召开党的七大，才给他平反并追认为革命烈士）。怎么也忘不了 1931 年 10 月那一个阴冷的黑夜，17 岁的排长韦杰带兵掩埋首长尸体的情景还历历在目。血的教训，为革命征途上一路坎坷的红军敲响了警钟。

遵义会议后，三军团长征到达罗甸进行过短期休整，部队编制再次进行调整，机关人员充实到一线战斗连队。韦杰的侦察连有些减员，加上筹款困难，部队生活十分艰苦，吃饭常常没有菜，有菜常常没有盐，有时候干脆用甘蔗榨出的土红糖拌在饭里。驻地罗甸离广西右江不远，侦察连里的广西人当年从广西出来到江西，现在又路过家门口，战士们思想难免有些波动。韦杰和广西同乡指导员覃应机一起做战士们的思想工作。韦杰又何尝不想家呢？能读会写的他灵机一动，动员战士们给家里写信，无论江西还是两湖、两广籍贯的战士都写，不会写的就请别人代写。韦杰带头写了当红军后的头一封家书，他在信里写道：出来以后在这里的生意、生活蛮好，希望家里不要挂念。1953 年韦杰头一次回家，父母均已谢世，他继母和弟弟说，那封信当时收到了。

1935 年 2 月中旬，长征途中的中央红军突然转兵东进，再入黔北，二渡赤水，向桐梓、娄山关前进，再度逼近遵义。而娄山关则是川黔之间的重要隘口，地势险要，自古为兵家必争之地，此处当时正由黔军杜肇华旅和国民党第十五团防守。敌人为了追击北上的红军，贵州军阀王家烈部集结于关南的板桥地区，蒋介石的中央军薛岳部殿后，往北增援，妄图堵击红军。

红三军团军团长彭德怀下令，由红五师缩编而成的彭雪枫的十三团夺取娄山关。

2 月 24 日夜，彭雪枫令韦杰和覃应机先敌抢占娄山关。韦杰叫侦察连全部换上敌军军服，连夜出发。一夜的急行军，换了 3 个向导，在天亮前赶到娄山关以北的山下。这里距娄山关不远了，山下有几家小客店，店前的公路正是通往娄山关险隘关口。

韦杰正催促部队继续急行，尖兵组匆匆赶来报告：前面发现几个敌人。韦杰立即命令手枪排上去，将敌人围住。战士们缴了为首一个少校军官的手枪，从他公文包中搜出一份军事部署图。

“兄弟们，别误会，我们是王长官第六团的，敝人是副团长，请问贵军是……”他还以为遇上自己人。

“哦，原来是王家烈的人呀！”韦杰笑着说，“我们是薛长官的侦察部队，你们大部队到什么地方了？”

“我们第六团已从板桥出发，马上要到娄山关。”

韦杰一听，急了，立即要指导员覃应机将俘虏和那份军事图给后面的彭雪枫团长送去，他带领侦察连跑步前进，抢占娄山关制高点。训练有素的侦察兵不顾一夜行军的疲劳，风一般刮向娄山关口。

接近山口时，侦察连忽然与敌前卫排遭遇，距敌不过50米，韦杰一声令下拔枪便打，侦察连的手枪、机枪和步枪一起开火，打得敌人措手不及，当即被歼大半，剩下的仓皇往回逃去。韦杰率队跃起猛追猛打，不到二十分钟时间便将敌尖兵排尽数消灭。

来不及打扫战场，韦杰命令全连立即抢占娄山关口制高点。

好险，他们刚好占领山顶分水线处阵地，就见密密麻麻的敌人已经沿着娄山关南侧爬了上来。韦杰下令开火，侦察连居高临下猛然袭击，一下就将敌人压了下去。

不久，彭雪枫团长带着团主力赶到了，他高兴地表扬韦杰：“侦察连动作快，打得好，任务完成得很好！”

随后，十三团主力完全控制了娄山关主峰制高点——金山，将敌前卫部队压出去一公里。25日，经过一天激战，他们连续击退了黔军调集5个团的几次反扑。后来，由于红一军团和红三军团集中主力从两翼向娄山关以南的黑山庙、板桥迂回，敌惧歼，只好夺路南逃。红军乘胜追击，向遵义进逼，红三军于28日攻占遵义城。

中央红军在5天之内，取桐梓，夺娄山关，再攻遵义，歼敌2400人，俘敌3000人，缴获大批军用物资，取得长征以来最大的胜利。蒋介石不得不哀叹：“这是国军追击以来的奇耻大辱。”

侦察连和主力由娄山关南追逃敌时，遇到了三军团军团长彭德怀，彭德怀挥舞大手，高声喊道：“韦杰，覃应机，你们‘广佬’干得好啊！”

这是首长对他们的特别夸奖。韦杰侦察连这次抢占娄山关立了大功，为红军长征中粉碎敌人围追堵截获得重大胜利起到关键作用，意义重大。

1935年3月至5月，韦杰和覃应机奉命率领侦察连前进，在红军四渡赤水、巧渡金沙江、抢渡大渡河关键时刻抢敌先机，为确保大部队安全大转移奋不顾身。

同年4月30日，部队快到金沙江了，韦杰带着侦察连一直走在前卫团前面，始终离前卫团保持一天的路程。这天下午，韦杰从地图上看到了金沙江边那个渡口的地名：皎平渡。他下令全连换上国民党军服，大摇大摆闯了进去。皎平渡有个四五十人的民团，还有个区公所，韦杰闯进了区公所，叫来那个民团头子。

韦杰大大咧咧地说：“我们是国军，是薛总司令的部队，大部队马上就到，你赶快把上下游的船给我找来，再准备些粮食和向导，国军要在这宿营。”

民团头子见薛岳的“国军”有令，哪敢怠慢？他跑进跑出的挺积极，不到两小时就搜罗来十几条船，韦杰一面派出警戒，一面让区公所搞饭吃。等吃饱喝足，也弄清了渡口情况，这时主力部队也赶到了，韦杰这才下令缴了民团的枪，那些糊涂蛋这才知道栽在了红军手里。就这样，韦杰他们一枪未放就拿下了渡口，保证了后面大部队顺利通过了金沙江。

1935年6月，韦杰率队翻越了一年四季冰雪覆盖、道路险峻、空气稀薄的夹金山。翻越夹金山后部队来到卓克基，韦杰的侦察连住在刷金寺附近，为部队筹粮，准备过草地。当时筹粮非常困难，常常要走出很远。一天，韦杰带着侦察连在刷金寺西北20里处碰到一群牦牛。从没见过牦牛的韦杰不知此为何物，有战士说是野牛，要开枪，韦杰同意了。机枪手架起机枪一阵“突突突”，将狂奔的牛群打倒三头。他们交了两头到团部，侦察连留下一头，剥皮剔肉，晒制牛肉干分给全连每人一斤，以当漫漫长路的干粮。不料，彭雪枫听说打牦牛的事，严厉批评了侦察连，他说哪来的什么野牦牛？还不是主人受反动派宣传跑掉了，无人照看的牛群，他责成侦察连负责赔偿。韦杰带人将12块光洋送到刷金寺去，加上一封说明情况的短信，放在早已无人的寺里。刷金寺后来毁于战火。20世纪60年代，韦杰到阿坝军分区视察时还专程到重建的刷金寺探望，他说他欠了刷金寺三头牦牛钱，为此他用自己的200块钱留给该寺作“香火钱”，并说这也是对已故彭雪枫将军的纪念。

1935年8月，过了草地后，部队到毛儿盖附近，侦察连照例走在全团前面。过了一座桥，刚走到一个山隘的拐弯处，山下的树林里打来一排枪，侦察连当即牺牲了两个，伤了三个。这是娄山关一仗后侦察连损失最大的一次。侦察连当即还击，后面的连队也上来助攻，机枪、手榴弹打了不少，可地形不利，敌人又在暗处，部队堵着就是过不去。韦杰和覃应机分析，对方不像敌人主力部队，不过是当地地方武装，对这样的地头蛇，硬攻难以奏效，就让大家出点子。这时有个机灵鬼提出，这一带人都很迷信，我们打几颗信号弹试试。韦杰一听有门，令通信员发射信号弹。“砰砰砰”——几颗红的绿的信号弹连续升上夜空，“吱吱”叫着自天而落，越烧越亮，显得突兀而光怪陆离。山口的敌人全都呆若木鸡，只顾仰天发愣，侦察连趁机发起冲锋，敌人只得弃山而逃。

韦杰和他的侦察连“猴子”们，一路上就是这样一关一关闯过来的。

挥刀纵马

1935年11月，中央红军到达直罗镇和黑水寺一带，与张学良的东北军相遇。韦杰带领侦察连抢占有利地形，有力地配合主力顽强战斗，仅几小时就歼敌一个师。战后，韦杰已被提升为营长，随后受到十五军团首长徐海东的赏识，被抽调到红十五军团任七十五师第二二三团参谋长。

1936年2月，为了抗日，毛泽东亲自率领红一方面军东征，准备渡过黄河，挺进河北与日寇直接作战。红一军团和红十五军团分两路抢渡天险黄河。十五军团为右翼，七十五师二二三团担任右翼第一梯队。韦杰率领先遣队和一连率先渡河作战。

那夜，出发前，团政委刘震对韦杰提醒道："老韦，中央政治局机关可是跟随我们十五军团由河口渡河啊！"韦杰心中有数，任务光荣而艰巨。夜20点整，韦杰率领先遣队和一连战士登船，两只大船和五只小船便无声无息地向黄河东岸摇去。

忽然，他们离东岸不远时，晋绥军河防团阵地上空升起两颗信号弹，敌人在碉堡里亮起手电筒，打了照明弹，岸边烧起一个个火堆。紧接着枪炮声响成一片，密集的子弹向江中船只射来，炮弹一个接一个在船边爆炸。偷渡被敌人发现，即时转为强攻。韦杰命令加快速度，攻击前进。

突击排与敌人交上了火。在小船接近岸边时，战士们争先恐后踏着河中冰块冲了上去。接着，韦杰率队迅速登岸，很快攻下了岸边几个地堡，然后立即指挥部队扫雷，向纵深发展进攻，一下子，敌人河防大部分被突破。这时后续部队源源不断地登陆上岸……

他们胜利完成掩护毛泽东和红一方面军成功东渡黄河，拉开了东征战役的序幕。

1936年5月，红一方面军东征胜利回师陕北后，骁勇善战又颇有指挥才能的韦杰更受军团首长赏识，将韦杰调任七十五师二二四团团长。3个月后，又把他调到十五军团直属骑兵团任团长。

军团长徐海东格外看重这支新诞生的骑兵团。在西北同反动军阀“马家军”作战，必须充分考虑对手大量拥有骑兵的现状。一个简单的办法就是组建红军自己的骑兵，以骑制骑。就像他看重韦杰一样，顾不得韦杰还不会骑马，就相信这员猛将一定不会辜负他的期望。

生性不肯服输的韦杰发了狠：一定要学会骑马，不然还当什么骑兵团长。韦杰把原手枪团的人和懂骑术的老骑兵混合编队，制订有针对性的训练方案。原军团骑兵二连连长曹子学提为副团长，韦杰就请曹副团长做了总教头。韦杰和一样不会骑马的政委夏云飞一道，虚心向老骑兵学习马术、刀术。为此，他没少吃苦，不知从马上摔下多少次，屁股被马鞍磨掉了多少层皮，总算学会了骑马。渐渐地，也练熟了马上的拼刀战术。仅半个月的训练，全团上下就连炊事员也都掌握了马上劈刀和马上蹲伏藏身的本领，从而成为陕北红军中的一支劲旅。

韦杰的骑兵团首次出战，是在甘肃环县同东北军胡柱国的骑兵第六师交手。韦杰令全团隐藏在一座山包后，等敌人下马徒步展开向我步兵进攻之际，韦杰跃上战马，擎刀在手，一声令下带队发起攻击。全团的战马扬蹄疾进，旋风一般扑向敌阵，打得敌人猝不及防。这一仗以少胜多，除俘虏外，缴获战马200多匹。初露锋芒，首战告捷。

9月30日，韦杰和夏云飞在军团部接到一个十分重要的军事任务，是军团长和政委下达的，要求他们骑兵团务必于10月2日前夺取会宁城。

原来，中央已做出决定，令红二、四方面军北上开辟西北根据地。三个方面军的主力将在会宁会师。而国民党王均部和马鸿逵部也正向会宁移动，红军必须赶在强敌之前控制会宁城。此处是三方面军会师必经之地，地理位置十分重要，目前城内仅有敌军保安团一个营和县常备队武装共400人，机不可失。

由宁夏同心城到甘肃会宁城有300余里，长途奔袭，任务不轻哪。接受任务后，韦杰与夏云飞一路策马狂奔，连夜赶回驻地。

当晚10点半，韦杰和夏云飞回到驻地。给连以上干部明确任务后，于11点半率全团骑兵上马，向西南飞奔而去。

10月1日天亮前，部队行程近百里，韦杰率部到一个叫达拉池的地方隐蔽起来。乘白天部队休息之机，韦杰再次召开干部会议制订作战方案，并进行攻城准备和战斗动员。昼伏夜行，17时，部队在天将黑时出发。次日凌晨5点半，韦杰骑兵团抵达会宁城下。

会宁城守敌做梦也没想到红军的骑兵如同天降，天一亮照往常一样打开城门。韦杰一声令下，骑兵团不顾一夜行军人困马乏，立即策马扬刀，分两路向城北、城南两门冲去。顿时，马蹄声、喊杀声轰然而至，会宁守敌全都惊呆了。

北门守敌还想关门抵抗，但骑兵团机枪手端起机枪就是一梭子，打得敌人死伤一片，两个连骑兵顺势风一般卷入城门。二连一个排控制了城门制高点，以火力掩护部队向城内发展进攻。

韦杰趁敌惊魂未定，亲自策马扬刀，冲在前头，杀向正在西边学校列队准备上操的敌保安团。敌人被红军骑兵狂风般的冲击吓呆了，想抵抗的被明晃晃的马刀砍翻在地，想活命的立马扔枪跪地求饶。

有少数敌人占据街巷房屋，负隅顽抗。韦杰收刀入鞘，命令战士们下马作战。乘三连也由西门冲杀进来之际，两路夹击，将残敌堵在学校附近街巷中。

仅一小时的战斗，除敌县长带少数人从东门逃跑外，俘虏300余人。敌人死伤无数，骑兵团仅一名参谋和几名战士受伤。

韦杰骑兵团历时32小时行程300多里，急袭夺取会宁城，胜利地为红二、四方面军与红一方面军的会师扫清障碍。10月22日，红军三大主力胜利会师会宁、静宁地区，历时两年的长征宣告胜利结束。

在会宁举行庆祝胜利会师大会上，朱德总司令、徐向前、陈赓等首长分别讲话，盛赞了骑兵团开路战功。

骁勇抗日

路遥知马力，征战识英雄。1937年1月初，受首长赏识和器重的韦杰，被调到中央军委直属十五军团七十五师任师长。

这时，发生了西安事变，张学良和杨虎城把蒋介石抓起来，逼蒋抗日。为支援张、杨，红十五军团三个师奉命开到西安附近，监视和钳制胡宗南军行动，以防不测。事后退回甘肃进行整训。

1937年5月，韦杰奉命到延安抗日军政大学第三期学习。既当学员，又任区队长。4个月后，学习结束，他奉命任校部教员训练队队长兼党支部书记。

1937年8月，红军主力部队改编为八路军。以十五军团为基础编成一一五师三四四旅，以七十三师为基础编成六八七团，以七十五师为基础编成六八八团。韦杰此时，被任命为八路军总部特务团团长。

1937年冬的一天晚上，韦杰被朱德总司令叫去谈话。朱总司令亲切地与韦杰交谈，问韦杰是哪里人，在教员训练队教什么课程……最后，朱总司令说道："韦杰，我给毛主席讲了，要你这个特务团长跟我们到抗日前线去工作，你有意见吗?"

韦杰嗖地站了起来，高兴地说："没意见，服从组织决定!"

他这时才知道，八路军总部特务团其实就是朱总司令的"御林军"，人称朱德警卫团。能跟随朱总司令到抗日前线去战斗，他能不高兴吗？

韦杰第二天下午办完移交工作就赶到特务团报到。他只来得及跟在中央保卫局任职的老朋友陈复生打声招呼就走了。

韦杰曾是陈复生的救命恩人，陈复生在第五次反“围剿”的高虎垴战斗中，遭受敌机轰炸，爆炸翻开的厚土将他埋住。韦杰带了几个人赶来相救，他不让人用工具，硬是用双手将陈复生挖出来。两人的友谊自此再也化解不开。陈复生对韦杰也很好，他凭关系给韦杰介绍了一个对象。但是，韦杰跟随朱总司令这一走，对象的事就没了。

韦杰带着手枪营，跟随朱总司令东渡黄河，奔赴华北抗日前线。半年后，1938 年夏，由于八路军第一一五师三四四旅六八八团原团长陈锦秀牺牲了，旅长徐海东和政委黄克诚点名要韦杰来接任，于是，韦杰又被任命为六八八团团长。

六八八团老底子是原红七十五师，韦杰当过该师师长，这回他算是回老部队了。

韦杰上任不久，为扩大抗日根据地，壮大武装力量，奉命带领第六八八团下太行转战晋东南，在晋城参加候马伏击战，歼灭日伪军 1400 余人。同年冬，经过整训补充，又奉命开到平汉路以东晋冀鲁豫地区开辟抗日游击根据地。经过林县、临淇、鹤壁过平汉，到达井店、道口、浚县、南乐一带，并以此为中心，帮助各县成立抗日政府和武装游击队。随后投入攻打东穆寨叛军战斗，歼敌 1200 人，缴获大批武器弹药，既扩大了队伍，又改进了装备。

1939 年 2 月，侵华日军出动 3 万余人，向我鲁西北和冀南抗日根据地进行大规模“扫荡”。为粉碎日军阴谋，韦杰奉命率六八八团归第一二九师三八六旅指挥，参加冀南、鲁西北抗日根据地反“扫荡”斗争。

2 月 8 日下午，韦杰接到三八六旅旅长陈赓的电令，要他率领六八八团于当晚赶到肥乡、曲周、威县一线公路南侧设伏，选择有利地形，分段袭击从邯郸向南宫方向运动之敌。

原来，陈赓为配合冀南军区部队反“扫荡”，决定调集兵力打个大的伏击战，杀杀敌人锐气。

在研究作战地图和派员侦察后，陈赓发现了玄机，韦杰也领会了旅长意图——曲周县香城固村西北一带沙滩是一个很好的“口袋”，可以将一帮鬼子稳稳地装进去的。

想利用鬼子狂妄嚣张、报复心理极重的特点进行引诱，必须派出得力部队去撩拨他们，以寻战机。为此，捅“马蜂窝”的任务自然落到韦杰的六八八团这支队伍去干。

9日上午，鉴于敌行军队形稠密，其侧翼警戒靠近主力，而我军设伏地域开阔，进退较难。韦杰向陈赓建议放弃伏击，另寻战机，陈赓同意了。随后，据侦察员报告，日军有个沿途保护主力的约300人的轻装大队，夜间开往威县县城。韦杰看到了战机，决定诱出并伏击围歼这股敌人，于是向旅长陈赓汇报，建议夜袭威县敌军。陈赓批准了韦杰这个计划。

威县县城是敌人补给线上一个重要据点，由日军第十师团第四十联队一部和部分伪军守备，至少有三四百人。韦杰召开全团连以上干部会分析敌情，研究战术问题，并对各营兵力做了周密部署。

9日黄昏，韦杰带领三营冒着凛冽的寒风连夜向威县出发。

到达威县东南的李家寨，韦杰布置战斗任务，令三营营长吴思行带十一连配置82迫击炮两门和一个重机枪排，负责攻击东门；安排教导员崔建功带第十连负责牵制南门之敌，第九连和第十二连及重机枪连为预备队。布置后各分队进入进攻阵地。

夜11时，当敌人进入梦乡时，韦杰一声令下，两颗信号弹划破夜空，东门和南门顿时像炸了锅，枪炮声响成一锅粥，城内鬼子和伪军猝不及防，被打得鬼哭狼嚎，乱作一团，伤亡惨重。半小时后，敌人还来不及组织反击，韦杰已经下令撤出战斗，带部队向香城固方向走了。

下半夜，韦杰率部撤到香固城后，料定敌人必然追击报复的韦杰与政委何柱成、参谋长黄新友经过分析地形，商定如何设伏迎敌后，连夜召开连以上干部会，进行战斗动员和战斗部署。

果然不出所料，10 日凌晨，被韦杰六八八团袭击的威县日军恼羞成怒，抽调第十师第四十联队所属的安田中队 200 余人，配 50 余骑兵，火炮 4 门，分乘汽车、装甲车 8 辆，由大队长亲自率领，气势汹汹向香固城方向扑来。

中午时分，敌先头部队进入南草厂附近，韦杰令团部骑兵连以诱敌深入法对敌进行阻击，且战且退。鬼子不知是计，紧追不舍，一步步追至香城固。

敌人离香城固约五百米处下车，拉开队形，向香城固进攻。走在最前面的是由两个汉奸带路的一个小队，主力紧随其后。眼看鬼子离埋伏阵地只有几十米了，韦杰一声令下，一营的轻重机枪一起开火，几十个鬼子在弹雨中纷纷倒下，两个汉奸也丢了性命。接着，一营还击毁了鬼子一辆汽车。

鬼子见势不妙，立即稍作收缩，调整部署。他们以小股部队向东侧我三营阵地进行牵制性进攻，主力则在炮火支援下，向正面一营阵地猛攻。一营当时有两个连在外执行任务，只有两个连参加战斗。鬼子的火力太强，不一会儿，一营有了伤亡，部分阵地被突破。鬼子主力沿着公路东侧地坎向镇东北角水井处突击，防守水井处的一个排伤亡过半，阵地落入敌人手中。鬼子还占领了数处民房，并企图以此为依托向纵深发展。情况危急。

韦杰的团指挥所就设在一营阵地后面，敌人的炮弹不时落在周围，加上一营营长在电话中请求增援，令团机关人员非常担心。

韦杰蹲在掩体面后，双手拿着望远镜全神贯注地盯着战场。团参谋建议将指挥所后移的话他听到了，但却不做回应。作为一团之长，他知道，一营能不能顶得住关系到整个伏击战的命运，于是果断下令："二营抽出一个连配合一营反击，特务连也立即加入战斗，必须夺回水井阵地。"

韦杰把身边的预备队团直属特务连也推上去了。经过浴血奋战，我军终于打退了敌人，重新夺回了水井阵地。

鬼子转而向古庙进攻，企图占领制高点。但几次进攻都被打了回去。死伤一百多人的鬼子，锐气大减。残敌急忙上车向西逃窜。但是，香城固大临河分汉河道的沙滩并不好走，使鬼子的车轮陷在沙地里，走不动了。面对我二营、三营分别在张家庄和马家堡并肩阻击，鬼子自知难以逾越，遂改向正北撤退。鬼子没想到的是，这时，三八六旅副旅长许世友带领的新一团赶到，把他们退路给堵住了。

许世友高兴地对韦杰说："你们今天打得好，陈赓旅长很满意，他叫我们全部吃掉这股鬼子，不能放跑一个！"

于是，许世友与韦杰研究后作出部署：六八八团沿公路两侧实施突击，新一团从左翼出击，补充团由庄头右翼出击。

总攻开始后，鬼子残敌困兽犹斗，竟然施放毒气，企图负隅顽抗。韦杰命令："战士们靠近敌人，缠住他们，用刺刀和手榴弹解决问题。"

这一招果然奏效，敌人被我军粘住后不敢也无法放毒气，经 40 分钟激战，至 20 时许，除敌骑兵 30 多人逃走外，余者悉数被歼。

这一仗，毙敌大队长以下 200 余人，俘虏 8 人，缴获山炮 1 门、步兵炮 2 门、迫击炮 1 门、轻重机枪 6 挺、长短枪数十支、各种子弹 3 万余发，并击毁汽车、装甲车 8 辆。我军伤亡仅 50 多人。

战斗结束后，为防止敌人报复，当晚，韦杰即率六八八团撤出香城固，昼伏夜行，连夜行军穿越平汉线，返回太行山区。

香城固诱伏战是抗战初期比较成功的一次伏击战，是韦杰执行刘伯承师长、陈赓旅长作战意图，指挥在平原地区打的一次大胜仗，打出我军军威，挫败了敌人锐气，创造了平原反“扫荡”的模范战例。新中国成立后军事院校均把香城固战斗作为新型战斗编入战术教材。

1940年2月，八路军第二纵队新一旅成立。旅长韦杰（左）与政委唐天际（右）合影。

1940年初，韦杰被任命为八路军第一二九师新编第一旅旅长。他的六八八团脱离了一一五师建制，正式与唐天际领导的晋豫边游击支队会合新编而成新一旅了。唐天际任政委，副旅长黄新友，参谋长冯精华，政治部主任何柱成。新一旅下辖3个团，原六八八团为第一团，唐天际支队为第二团，晋城独立团为第三团。

那时，新一旅除了对付日军，还要对付那一带国民党顽固派阎锡山部制造的摩擦，环境十分险恶。

韦杰率领八路军正规军六八八团开过来不久，耳闻目睹晋军独八旅经常抢劫物资并杀害游击队员和八路军干部的恶劣行经，忍无可忍，便对爱搞摩擦的阎锡山顽军发起自卫反击战。在高平县上马游一战，打得独八旅抱头鼠窜。战至天明，俘虏了敌二十四团团长陈树华及手下300余人，狠狠地教训了顽固派，打开了工作局面。

随后，韦杰又率领新一旅对日军主动出击，先后向敌人发起了一连串战斗：在水治消灭一个日军小队，在晋城东西太阳镇消灭伪军一个团，在东岗吃掉伪军一个营，还协助友邻部队参加了林县战斗；并在微子镇、神头岭、常村等处，以围攻、袭击、伏击等形式消灭了一部分日军，打下几个漂亮仗，缴获不少战利品。从此，新一旅在群众中有了很高的威望。

8月，我八路军在华北5000公里战线上调集100多个团，对日军发起了著名的“百团大战”。韦杰所率的新一旅主力团在安阳到磁县之间的铁路线和长治、潞线之间的公路上，破坏敌人交通，灵活机动地歼灭日军，攻克了安阳以北的丰乐车站，炸毁车站建筑物和漳河铁桥。韦杰率部给铁路来了个彻底大翻身，连铁轨带枕木全部撬出来，并拔掉了铁路沿钱的敌人据点。使这一带敌人铁路运输线完全陷于瘫痪。9月下旬，韦杰又率领新一旅一部在安阳、水治之间袭击日军一个中队，歼灭了大部分鬼子。

一天，在刚刚打完又一个大胜仗之后，韦杰突然向大家宣布：“我准备结婚了。我要用喜酒，来庆祝我们新一旅的胜利!”

13岁参加革命的韦杰，历经13年的烽火岁月磨炼，从一名小红军成长成一名八路军旅长，这时他26岁。他的爱情，也在这个时候不知不觉地发了芽，开了花，结了果。

自从六八八团与晋豫边游击支队会合后，抗日根据地一支名为“野火”的剧团被吸收进入新一旅，一个叫郭毅的“土八路”女孩，经政治部主任何柱成的牵线搭桥，成了韦杰的对象。在硝烟弥漫中相识，在生死患难中相知，他们终于建立起情深意笃的感情。1940年秋天，经上级批准，他们终于结成夫妻。此后，他们共同生活了47年，在漫长的岁月中风雨同舟，同甘共苦，相敬如宾。

1942年，由于日、伪、顽对我解放区的“扫荡”、封锁、进攻和夹击，加上华北连年旱灾，使我抗日根据地陷入极其艰难困苦的局面。5月，韦杰奉命率领新一旅一团趁隙跳出敌人封锁线，袭击长治机场，焚毁敌机3架、汽车14辆、油库和军用库各一座。同时，指挥二团于黎城及其南北的长邯公路线上，连续20余天不断机动地袭击敌人，夺取敌人军用物资，歼敌200余人，陷敌于被动境地。

6月初，日军对太北地区八路军总部大“扫荡”失败后，纠集25个大队日军和伪军共1.5万人，开始向太南地区进攻。此时，刘伯承率一二师司令部、晋冀鲁豫边区政府和晋冀豫区党委，刚从涉县东山沟黄金庄转移到涉县云平乡的黄岩村。8日，敌人重兵从涉县城、黎城、平顺、林县四处出动，对黄岩村构成合围态势。

担任保卫任务的新一旅二团，任务相当艰巨。旅部决定由唐天际政委带二团一营掩护刘伯承及师机关、边区政府机关经杨家庄向北神头村方向突围，二团主力则在松树山通往宋家庄的路上阻击敌人。韦杰率新一旅旅部直属队300余人从其驻地黄花村赶到杨家庄，以接应师部机关转移。

那夜，韦杰一直等到深夜11点，才得到情报：新一旅二团由唐天际政委带着，掩护刘伯承等人先走了，师部直属队和地方党政机关1500多人出发时晚了20多分钟没跟上，掉队了。师参谋长李达派人传达命令：师直属队归韦杰指挥了。韦杰心急如焚。他心里明白，这支师部直属队和地方党政机关1500多人的队伍，正如刘伯承师长说的，它就像一只电灯泡，能放光，但经不起碰！这支没有战斗力的队伍，如果在半路上与敌人遭遇，后果不堪设想。

韦杰亲自带人到杨家庄附近守候，派人占领杨家庄以北山头，控制制高点，并在周围构筑工事，以防不测。

一直等到下半夜，终于等来了那支姗姗来迟的庞杂队伍。队伍中，却有不少重要人物呀：有一二九师政治部主任蔡树藩，边区政府主席杨秀峰，太行区党委书记李雪峰，工会主席刘建勋等人，还有刘伯承师长夫人汪荣华、邓小平政委夫人卓琳、李达参谋长夫人齐克等人。

主力部队不在，护送这个大“灯泡”的重担落到自己带领的新一旅旅直300人队伍的肩上了。韦杰深知自己责任重大。天快亮时，韦杰指挥队伍隐蔽于杨家庄侧面的山头上，要等到第二天晚上方能伺机突围西撤。

随着日头的升高，这支1800多人队伍面临的最大困难就是饥渴。为了不暴露目标，不能去找水，只能让大家忍着。

艰难地熬到次日黄昏，韦杰带领这支庞杂的疲乏之师下山转移了。躲过日军和伪军，他们出了杨家庄，决定过宋家庄再转黎城以北。山路行军对战斗员来说倒没问题，可对那些地方干部和家属们就相当困难。火热的夏夜，1800多人的队伍，在崎岖的山路上隐蔽前进，走得口干舌燥，疲惫不堪。

30里山路，这支庞杂而又十分重要的队伍整整走了一夜，拂晓才到达宋家庄，终于突出敌人的包围圈了。天亮后，碰上李达参谋长率领队伍前来接应，韦杰这才松了一口气。

1943年，为了精兵简政，一二九师除了留下部分团机动作战外，其他部队实行地方化，新一旅分了家，韦杰到太行第五分区担任司令员。

1943年，八路军129师新一旅旅长韦杰（右二）与黄新发、覃应机、徐齐文在山西左权。

1945年7月，韦杰奉命率领三个支队，与八路军总部警卫团及林县、安阳等县民兵，发起了以肃清安阳城西外围日伪军为目标的安阳战役。安阳城内驻有日军第一混战旅第七十四大队的两个中队，加上安阳外围据点驻守的兵力，共有7000余人。韦杰和政委陶鲁笳率领第二支队，与第一支队联合担任这次战役的主攻任务，第二支队从水冶向敌发起进攻，以迅雷不及掩耳之势，攻破守备森严的水冶城，以19个小时的战斗，完成了预定三天的第一阶段战斗任务。接着第二阶段，是各部队合力奋战。攻克安阳以西、观台镇以南、鹤壁以北的日军各据点。紧接着，韦杰率领第二支队与第三支队及民兵配合作战，破坏从观台到丰乐间的铁路，消灭沿线各据点敌人，胜利完成了第三阶段作战任务。安阳战役解放了1500多平方公里土地和35万人口的地区，为争取抗日战争最后胜利打下良好基础。1945年8月，日本宣布无条件投降，中国人民艰苦卓绝的八年抗战胜利结束。

百战百胜

解放战争初期，韦杰担任了新组建的第三支队司令员，该支队称“韦杰支队”或“韦支队”。抗日战争胜利后，一场内战迫在眉睫。果然，重庆谈判刚开始，阎锡山就调集13个师向我一二九师上党地区发起进攻。上党战役的序幕由此拉开了。

上党战役，首先从外围打起。1945年9月10日，我军从侦察中得到情报，阎锡山要从太原往长治飞机场空运电台、文件和药品，长治的敌军将派部队去接收。韦支队奉刘邓首长命令：打个伏击战，敲掉出城的敌人。韦杰研究了地图，他找出了一个理想的伏击点——官村。从长治到官村约8公里，附近有个小型飞机场，可以起降小型飞机。天亮之前，韦杰就率领3个团到官村附近埋伏。

早上8点多，敌人近600人的一个队伍从长治出来，进入了埋伏圈，韦杰一声令下，顿时枪声大作，雨点般的子弹和手榴弹飞向乱成一团的敌人。接着，韦杰令一个团插到敌后，切断敌人退路，阻止敌人从长治增援。兵分三路，在把这股敌人围歼同时，一路猛扑飞机场，把敌人分割消灭……不到两个小时，一场漂亮的伏击战就干净利索地结束了。除零星敌人漏网外，两股敌近800人被一勺烩了。韦支队缴获了不少他们急需的机枪弹药。

官村伏击战仅5天之后，韦杰支队又迎来了硬仗。刘邓首长命令韦杰支队与太行四分区石志本支队联手，合击壶关之敌。壶关城墙坚固，碉堡林立，防御严密，是块难啃的硬骨头。李达参谋长专门前来传达刘邓首长命令，韦支队负责攻打北门，石支队负责攻打南门。并给他们每支队送来各200斤TNT炸药。这种炸药是日本人造的，比黑炸药威力大得多。

当天晚上，两个支队各自顺利打了南北门城关，把敌人逼到城里。接着，他们挖掘壕沟，一直挖到城墙下，放了炸药。第二天下午3点，他们按约好统一信号，同时爆破，把南北城门、城墙炸开了。两支队南北夹击，冲进城里，最后在钟鼓楼汇合，歼敌一个正规团，加上伪军共2000余人，拿下了壶关。再后来，两支队伍乐呼呼地忙着平分缴获的武器、弹药、物资和一大批俘虏……

1945年10月中旬，由于蒋介石变本加厉扩大内战规模，直接用于进攻我华北解放区的兵力增至80多万人。我晋冀鲁豫军区不畏强敌，奉命发起邯郸战役（亦称平汉战役）。韦杰奉命率部下太行，克磁县，直奔平汉路，迅速破坏铁路，消灭了沿线敌人和县城守敌，共消灭敌人1300人。接着，又打下磁县到邯郸之间的马头镇，炸掉了安阳至邯郸一线的铁路和桥梁，为邯郸战役的胜利创造有利条件，受到刘、邓首长的表扬。

1945年10月24日，邯郸战役打响后，韦杰率领第二支队在三纵队的右翼向敌中心插入，进行激烈的村落争夺，战斗异常激烈。最后，由于我军各部形成包围圈，发起总攻，国民党第三十军溃不成军向南逃窜。韦杰支队奉命急驰漳河北岸，控制漳河渡口，堵击歼敌2000余人。吓破胆的敌第三十军军长鲁崇义趁乱逃跑时，其黑色战马也不要了，成了韦杰后来驰骋疆场的坐骑。

1945年12月8日，邯郸战役结束不久，在河南武安（今属河北）正式宣布成立晋冀鲁豫野战军第六纵队，下辖十六旅、十七旅、十八旅，韦杰任六纵副司令员兼第十六旅旅长。

第六纵队一建立，就奉军区命令，歼灭邯郸的武安、永年一带的土匪汉奸杨四子。杨四子外号铁木头，武安到永年一带都是他的势力范围。他烧杀掳掠，强奸妇女，无恶不作。受命后，韦杰率十六旅负责攻打武安。当晚，命四十六团就把外围的地保、炮楼包围了起来。第二天挖掘坑道，执行爆破，然后率队进攻。这次战役共歼杨四子部2000余人，解放了武安和永年一带。接着，韦杰率十六旅在祁县、沁县地区自卫反击阎锡山部沿白晋线的多次进攻，歼敌500余人，俘虏300余人，也锻炼了新组建的第四十八团。

1946年8月，为了配合中原野战军和苏皖部队作战，晋冀鲁豫野战军遵照中央军委指示，发动陇海战役和定陶战役。韦杰奉命指挥第六纵队及三纵队第八旅，作右路军袭取兰封，截断陇海路。

在攻打兰封时，在几个旅争抢打主攻时，身为六纵副司令员兼十六旅旅长的韦杰，生硬地为十六旅争得了主攻的任务。

兰封是陇海路中段的一个重要据点，守敌为国民党第五十三师七十四旅二二〇团以及一个保安团、十一师十八旅一部，约3000余人。韦杰决定，由他亲自带领六纵十六旅四十六团，参谋长宗凤洲带领四十七团，率主攻部队从道口镇出发。经过一夜急行军，拂晓时赶到距兰封北面20公里的村庄住下。为了秘密行动，等到晚上，全纵急行军。8月10日夜11上点30分将兰封县城和兰封火车站团团围住。十六旅由城东、城北攻击，十七旅助攻城西、城南，十八旅以两个团向考城警戒和扫除曹庄和红庙砦之敌，三纵八旅攻击罗王车站……韦杰一声令下，各攻击部队迅猛出击。

十六旅四十六团一、三营的两个突击连悄悄越过护城河，神不知鬼不觉登上城墙。转眼间，兰城东城墙上枪声大作。接着，韦杰下令调来一门迫击炮改成的平射炮，在距南门20米处的一个院子里，在北屋后墙上挖了一个洞，轰开了城门。四十六团主力蜂拥而入，杀向城内。四十七团主攻营三营也由城北离东门500米处打上到城墙，二梯队也由突破口入城，十七旅四十九团在副团长荀在合带领下攻击得手……郑州方向敌人得知兰封被围，慌忙从郑州调来11辆坦克增援，也被十七旅和十六旅包围歼灭。

这一次战役，仅十六旅就俘敌1100名，缴获战马120匹，火炮10门，重机枪68挺，轻机枪62挺，步枪1750支，各种枪弹50万发。全纵不光头一次缴获11辆坦克，打下的军火库中，弹药更是堆积如山。用韦杰的话说，这些弹药足够六纵打三年的仗了。

兰封战后，中央局《人民日报》发表社论，题目就叫《向六纵学习》。

1946年8月下旬，陇海战役刚结束，敌军趁我军未及休整，调集了14个师，32个旅共30万人马，分东西两路向鲁西南压迫过来，迫使刘邓大军连续作战，企图钳制我军于定陶、曹县地区，消灭我野战军主力。

刘邓首长盯上了西路敌军中最强悍的整三师。敌整编第三师是蒋介石嫡系部队，装备精良，全师一色美式装备，一向以“能攻能守”著称。中将师长赵锡田是黄埔军校第一期毕业生，十分狂妄。

六纵奉命以机动防御消耗、阻滞西路之敌，为我军围歼敌人争取时间，并将敌整三师诱至预定战场。

8月23日，六纵十八旅奉命在兰封东北地区组织防御，掩护六纵主力向鲁南菏泽、曹县地区转移。

8月26日至31日，十六旅接手换下十八旅。韦杰将3个团成梯次配置，交替掩护，仅以后面的一个团与敌保持接触。节节阻击，边打边撤，沿途还不断扔下武器弹药、粮食和背包，诈败诱敌。骄横的赵锡田果然中计，认定“刘伯承溃不成军”，在受到蒋介石来电嘉奖后独师冒进，追得更起劲了。

韦杰按照上级意图，率队将敌人牵制了整整一个星期。连续的战斗，艰苦而激烈，敌人每次进攻都先用远程炮轰击，使十六旅付出了不少的代价。7 天之后，终于将国民党整编第三师引进了预定战场大杨湖、小杨湖一带。9 月 3 日晚，刘伯承司令员亲临前线指挥，开始实施反击。9 月 4 日黄昏，第六纵队开始反击围歼大杨湖之敌。敌人在飞机、坦克的配合下作垂死挣扎，战斗异常激烈。要在敌四十一师和四十七师驰援接应整三师之前，歼灭大杨湖守敌就能扼住整三师的喉咙，因而大杨湖已成战局关键。刘邓首长于 9 月 5 日决心于当夜再次全线猛攻，并严令六纵迅速攻下大杨湖。当晚 23 时 30 分，六纵集中所有炮火向大杨湖恶猛烈轰击，各部发起最后攻击。

韦杰冒着敌军猛烈炮火到离敌前沿仅 300 米的第十六旅指挥所指挥总攻。战斗特别地惨烈，我军伤亡很大。9 月 6 日早上天亮时，大杨湖终于攻下来了。不久，友邻二纵、七纵也攻下了大黄集、周庙。敌整三师阵势大乱，眼看全军覆没，赵锡田率残部向南逃窜，六纵十六旅猛追不舍，协同友军在大李砦将其残部歼灭，生俘了赵锡田。接着，我军乘胜追击，一举歼灭敌整编四十七师两个旅。

这次战役，第二、第三、第六、第七纵队在军区首长的指挥下，经过 5 天英勇奋战，歼敌 4 个多旅计 1.7 万人，首创全歼敌一个整编师的战例。

1947 年 3 月，中央军委发出战略反攻指示，韦杰率部参加由刘伯承、邓小平指挥的豫北反击战。

汤阴是豫北敌人的重要据点之一，由国民党整编第三纵队司令孙殿英率部和反动地方武装 1 万多人守备。汤阴城墙高 10 余米，又有壕沟、暗堡护城，内外相通，工事坚固，防守严密。在攻打汤阴之前，韦杰率部同兄弟部队消灭了新乡到汤阴之间的伪军，拔掉了平汉路沿线的敌人据点。这样，汤阴城变成了一座孤城。

4月5日晚，韦杰率领第六纵队在太行山军区独立旅的配合下，将汤阴城围个水泄不通。这时，敌人从安阳派出6个旅增援，在开往途中遇到我军主力后仓惶逃回。4月6日，围城的4个旅曾试探性地分头攻城，但因准备不足，攻城未果。于是，我军在阻击敌人增援同时，积极扫清城防外围据点。10日，韦杰指挥十六旅猛攻张庄，将敌人视为“汤阴城门钥匙”的张庄攥在手中。当晚，命十七旅占领北关，扫清了从东半经张庄到北关外围据点。22日，奉命前来协同六纵作战的三纵八旅、九旅分别攻下西关和南关。汤阴四门城关全落入我军手中。

韦杰判断敌人援兵会卷土重来，因而决定以攻城吸引援兵，先把援兵消灭。于是命令十六旅采取炮击、挖坑道、爆破外壕等手法，强攻强打，把汤阴城坚固的外围突破了一个缺口。城内的孙殿英急如热锅上的蚂蚁，急电求援。终于引来蒋军王仲廉集团派出分三路驰援的4个旅。韦杰根据掌握情报随机应变，以十六旅、十七旅同第三纵队南下打援，待歼灭援军一部之后，又神速返回汤阴，继续攻城，通过坑道和交通壕向前运动兵力，步步逼近。

5月1日晚，军区从各纵队调来的炮连被编成3个火力队，由六纵统一指挥。晚6点整，3个火力点的大炮小炮一起怒吼，汤阴城门及城墙上顿时炮火连天。

然而，由于担任突击任务的部队过于兴奋和缺少步兵与炮兵协同作战经验，不等炮火攻击结束就提前发起攻击，较成较大伤亡，并暴露了我军主攻方向。于是，韦杰命令部队暂时撤下来。经征求和听取各指挥员意见后，决定改变以往一打炮、二爆破、三冲击的惯例，采取不规则的火力袭击和工兵爆破相结合的反常规战法，造成敌人错觉。同时重新调整作战部署。十六旅攻打西门，十七旅攻打北门，十八旅作预备队。

改变打法后，我军炮火忽远忽近，虚实不定，连续五六次，炸得守城敌人死伤无数，乱成一团，纷纷躲在工事里不敢冒头。趁这机会，四十六团三营九连快速上前，在城墙缺口扔上门板、麻袋，率先攻入城去。在韦杰亲临前线指挥下，我军各路攻城队伍冒着枪林弹雨，爆破城墙，冲上城墙，与敌人浴血奋战……三纵八旅也炸开了西门，涌进城内进行冲杀。最后，终于一举攻下了汤阴城，歼灭大部分守敌，活捉了孙殿英及其手下几个旅长。

孙殿英在抗日战争时期曾是国民党一个军长，韦杰当时在新一旅时，为了团结抗战与他打过不少交道。所以，这次被俘后，就叫着要见韦杰。在纵队司令部，孙殿英请求韦杰对他的手下人给予优待，韦杰说："这个不用你说，我军政策很明确。"当时孙殿英鸦片烟瘾发作了，韦杰竟然命令手下找来烟土，给他解除痛苦。因孙殿英过去与八路军一二九师的关系，被俘后受到韦杰和刘、邓首长的优待。

汤阴战役，共歼敌4．5万余人，除缴获大批武器弹药外，还缴获孙殿英在北平掘墓盗得慈禧太后的赵子龙宝剑一把、玉石西瓜一个、镶在红缎衬里的大人参一棵，韦杰悉数上交。他只留下孙殿英的美式左轮手枪一支，常带在身边当纪念品，直到1961年献给徐州淮海战役纪念馆珍藏，作为历史见证。

5月9日，刘、邓首长下发的嘉奖令写道："汤阴战役中，第六纵队以极不充实的部队，不惜以最大的牺牲精神，勇敢突击，击退了敌人10余次的反扑，终于完满地无遗地达成彻底歼灭孙殿英所部的任务，特予嘉奖。另三纵八旅，以果敢机敏的动作，不失时机炸开西门，突入城内，起了积极配合作用，特通报。"

1947年6月，根据党中央和中央军委指示，我军开始由内线作战转为外线作战，刘伯承、邓小平率领晋冀鲁豫野战军主力于鲁南强渡黄河，揭开了人民解放军战略反攻的序幕。

6月25日，韦杰率六纵从汤阴出发，经襄阳南进，为大部队右翼。其主要任务是首先突破黄河天险。7月1日，第六纵与兄弟部队一道突破了黄河天险，打破了蒋介石“一道黄河天险等于四十万大军”的美梦。蒋介石一着急，从豫北和豫皖苏战场调集3个整编师和1个旅增援，由第二兵团司令王敬久统一指挥。敌人分兵两路：一路坚守郓城、定陶，企图吸引我军屯兵城下；一路攻击我野战军侧背，逼我军背水作战。刘伯承决定首先歼灭郓城和定陶守敌。7月6日，韦杰奉命率领十六旅和十七旅包围了定陶。第二天，派出侦察部队勘察地形。10日黄昏，韦杰指挥部队开始攻城。十七旅主攻定陶北门兼带西门，十六旅主攻东门兼带南门，形成钳击攻势。不到半小时，我军先后突破了东门和北门，攻入城内，将守敌一五三旅及地方民团4000余人全部消灭。这是六纵队参加战略反攻旗开得胜的第一仗，也是该纵队战史上第一次单独全歼敌正规军一个旅的光辉一页。

我军拿下郓城、定陶后，迫使王敬久的右路军三十二师、七十师、六十六师在六营集、独山集和羊山集三个相距不到30公里的地域内举棋不定。在我军将分割包围之际，独山集敌军慌忙逃向六营集。随后，韦杰奉命指挥六纵和一纵一起围歼驻在六营集之敌的三十二师和七十师。7月14日晚，敌开始兵分六路企图从六营集的东南方向突围，由于六营集地带狭窄，一时间，两个师的敌军人马相踏，车炮相撞，乱成一团。争先恐后逃命的两个师刚出六营集便遭到我军迎头痛击，落入了天罗地网。本来就已乱了建制的蒋军，这下更加混乱，完全失去了抵抗能力，官兵四散奔逃，数不清的炮车、弹药车、在车东倒西歪地扔在路旁。经过一夜激战，敌人两个师残兵在韦杰带领的第六纵队和第一纵队的夹击之下，全部就歼于预设的口袋阵地内。后人评说，枉有军事才能的王敬久，却难以指挥一帮不听指挥的部下，这一惨景的发生不足为怪。

不到半个月，各路纵队捷报频传，共歼敌7个旅，把王敬久在万福河以北地区的大部分兵力消灭了。只有六十六师一个半旅被我军给二、第三纵包围在羊山集。这个部属是蒋介石嫡系，战斗力比较强，他们依托羊山集旧有寨围，并重新构筑了比较坚固的防御工事，准备死守待援。

7月19日，韦杰奉命率十六旅到达羊山集以北，六十四团于当晚投入战斗。尽管受命仓促，敌情、地形不熟，他们依然勇猛发起冲击。苦战一夜，曾突破敌前沿阵地，一个排在拂晓时曾攻占了羊山集主峰一段阵地，但由于敌人炮火猛烈，加上我增援部队遭受敌人阻击未能按时到达预定位置，突击排三面受敌，被迫撤出战斗。后我军奋起歼灭敌人增援部队，打援胜利后，于27日对羊山集发起总攻。第十六旅四十七团协同友邻部队攻占羊山集主峰，乘胜向守敌猛攻。经过一夜激战，盘踞在羊山集的一个半旅终于全部被歼。鲁西南战役终于胜利结束。这一大战役中，韦杰率领的六纵，其骁勇善战，连战连胜，功不可没。

1947年8月7日，刘伯承、邓小平遵照毛泽东同志指示，率领12万大军挥师疾速南进，开始实施中央突破的壮举——千里跃进大别山。这一壮举，意味着要将战场引向敌占区，逼近长江，威慑南京。

1947年，韦杰与刘伯承、李达、宋任穷、杜义德、王近山等在大别山区。

为了造成敌人错觉，晋冀

鲁豫野战军12万人马兵分三路隐蔽南下。半月之久，敌人还一直以为我军是“北渡不成而南窜”。时到我军逼近汝河，敌人才突然醒悟，意识到我军南下的目的。

韦杰率领第六纵队，一路马不停蹄隐蔽前进，摆脱国民党白崇禧部的追堵，把纵横20公里难以逾越的黄泛区甩在身后，8月23日晚，来到了汝河北岸。在我军到达之前，渡口附近的船只已被敌人砸毁了。汝河水深丈余，在无法找到大船情况下，部队只好在北岸停下，准备架浮桥。第二天，24日，从油坊店到汝南一线，全被敌人占领了，情况紧急，十八旅先遣队立即命令战士赶紧扎制木筏，强渡汝河。第一批抢渡的战士登岸后，占领了大雷岗一段桥头阵地，掩护架桥。十八旅和十六旅工兵连冒着炮火，紧张地架设浮桥。

下午3点多，工兵连在当地群众的支援下，找来不少小渔船，放在河面上用木条固定连起来，铺上木板、玉米杆、高粱杆等，一座简单的浮桥架成了。于是，大批后续部队跑过浮桥，奔向战火纷飞的南岸。然而，敌人为了阻止我军过河，不断以猛烈炮火轰击浮桥，并派3架飞机前来狂轰滥炸。韦杰命令战士们把牲口背上驮的东西卸下，让牲口浮水过河，让战士们轻装上阵，冒着炮火奋勇向前。黄昏前，十八旅前卫部队越过汝河后继续向纵深发展，打退了敌人，巩固了大、小雷岗阵地。

这时尾随我军南下的敌人三个整编师离我们很近了，其先头部队与我后卫部队仅距30公里。

总部原来跟在三纵队之后走周口，因那边形势紧张，过不去了，就向六纵队赶来。刘伯承和邓小平来到汝河渡口，指令韦杰负责掩护中原局和野战军指挥机关安全渡河。邓小平对六纵作指示时说：“你们要留部队掩护总部的安全，然后再跟进，韦杰留下来指挥。”

“杀开一条血路，狭路相逢勇者胜！要勇，要猛！”这是刘伯承在汝河北岸留下的不朽谶语。

韦杰命令：十八旅主力快速强渡，杀开一条血路；由十六旅过去接替十八旅的大、小雷岗阵地，护卫两厢，全力掩护野战军机关直属队过河。

刘、邓首长在汝河边停留约一个小时后，下令部队轻装前进，中原局和野司直属队分三个梯队，紧随十八旅跟进。接着，韦杰命令警卫员赶快护送两首长过河。

刘、邓首长过河后，十八旅五十二团和五十三团在旅长肖永银和政委李震的带领下，排成四路纵队，执刺刀，挽手榴弹，边打边走，硬是在敌阵中杀开一条长 10 余里、宽 7 里的通道。刘、邓首长由五十四团护卫着紧随其后，再往后，是野司机关、直属队等。挺进中原的刘、邓大军指挥核心，就沿着这条血色通道，挺进大别山，走向胜利坦途。

天亮后，敌人在飞机大炮掩护下，集中优势兵力向十六旅接手阻击掩护的大、小雷岗阵地疯狂猛扑，阵地被打成一片火海，政委张国传和旅长尤太忠带领四十七团和四十八团战士多次顶住敌人的反扑，同敌人展开白刃战，两团紧守通路两侧，寸步不让，坚持了 10 多个小时，掩护了浮桥过渡部队安全。

作为六纵副司令员的韦杰，带着自己的警卫班，一直在汝河北岸一棵大树下构筑的掩体工事里指挥着部队过河，本早该撤离的他回绝了下属的劝告，说："我要我看着最后一个人渡过汝河！"时至刘、邓大军南下中路 3 万多人全部安全过去之后，25 日下午 6 点，他才随断后阻击敌人的十六旅四十六团一起过河。为此，人们对这位一言九鼎的壮族将领，无不由衷感到敬佩。

1948 年 2 月，韦杰奉命调到华北前线。他带着一个警卫班，告别了六纵，告别了他跟随多年的刘、邓大军，跋山涉水到晋察冀军区总部报到。晋察冀军区司令员聂荣臻热情接待了韦杰，并任命他为第十四纵队司令员。

晋察冀十四纵队下辖3个旅，韦杰赶到纵队驻地襄阳上任后，率部在安阳、新乡、焦作一带肃清地方土顽，清除敌人残余据点。

1948年8月，韦杰又奉命调到华北军区第十三纵队任司令员。此时，晋察冀和晋冀鲁豫两个军区合并为华北军区。韦杰一到职，就率部投入战术、技术大练兵，为攻打被阎锡山称为“固若金汤”的太原城做好准备。

华北军区第一兵团的3个纵队和晋西北七纵等部队从夏天就开始准备打太原，原定10月18日攻城，不料，10月2日，困守太原孤城的阎锡山以9个师的兵力沿河东岸南犯，全力向外扩张阵地和抢粮抓丁，确保武宿飞机场。太原前线总指挥徐向前抓住敌人脱离阵地这一有利战机，于10月5日提前发起太原战役。

韦杰奉命率领第十三纵队于10月4日夜将敌四十五师和敌七十二师一个团分别包围于南畔村和南黑窑。5日上午，敌人在太原飞机和远程炮火掩护下开始突围，韦杰命令十三纵各旅严防紧围，一一将突围之敌击退。下午17时30分，下令各路突击队向南畔村进行攻击。战至24时，敌四十五师悉数被歼。随后，又下令向南黑窑发起进攻，战至天亮时，敌七十二师一个团被全歼，共歼敌4000余人。9日至10日，又令三十八旅奇袭北营村，歼敌900余人，拿下距武宿机场仅5公里的北营，切断太原与武宿机场的铁路交通，保证了兄弟部队顺利攻占武宿机场，打开了太原城南防御门户。

10月26日下午，兵团下令对太原城四大要塞同时发起进攻。韦杰奉命率十三纵进攻四大要塞之一的山头要塞。

山头要塞位于太原城东南，距城5公里，经日军和阎锡山多年经营，工事极为复杂坚固，并有7个团的兵力防守。韦杰令十三纵第三十八旅担任主攻。28日，山头要塞的前哨大脑山阵地全部被我军占领。但由于旅指挥员对敌情了解不够，开始误把大脑山阵地当作山头要塞的主阵地，把山头要塞的主阵地当作一般野战工事，产生轻敌和兵力使用上的错误，以致于战斗持续时间较长。从10月30日至11月9日，四次进攻失利。韦杰没有责怪部下，他多次同旅团干部总结经验教训，重新调整战斗部署。命令第三十七旅接替三十八旅，并改变战法，以先偷袭后强攻的手段组织第五次进攻。11日夜，第三十七旅一一〇李英敏团以两个连的兵力实施偷袭，出其不意，一举突破敌人1至4号阵地，守敌来不及抵抗，山头主阵地全部为我军占领。虽经敌6次反扑，双方反复争夺，但终为我军所控。至此，太原城四大要塞全为我军占领，太原城也成我军囊中之物，随时可取。

1949年2月，中央军委颁布命令，对所属各野战军统一序列，华北军区第十三纵队改为第六十一军，韦杰任军长，徐子荣任政委，原纵队的3个旅改为师。六十一军所在的原第一兵团亦改为第十八兵团。

1949年4月20日，我军终于决定向太原这座孤城发起进攻。韦杰的第六十一军一举突破敌外围攻防线，攻占了松庄南岭阵地，完成了肃清外壕之敌、拔除城根敌人火力点的任务。

4月24日下午5时30分，总攻太原城开始。1300多门大炮同时发射，排山倒海般的炮弹从四面八方落入城内阵地，城头上顿时硝烟弥漫，天昏地暗。一小时内，城北、城南、城东打开了突破口。7时许，第十九、二十兵团首先登城，韦杰指挥六十一军随十八兵团从城东突破口攻入，按预定作战区多路向敌警备司令部、保安司令部、绥靖公署猛插并全歼守敌，活捉敌机枪总队长宫子清，迫使敌太原绥靖署副主任孙楚、太原防守司令王靖国及太原绥署日军中将炮兵团长公村和少将炮兵顾问岩田等人放下对付我友军的武器。整个战斗到10时20分，六十一军作战区之敌全部肃清。此时，各兵团按原定计划，也相继肃清了各自作战区之敌。至此，阎锡山在山西38年的反动统治宣告结束，华北重要工业城市太原城宣告解放。太原战役，历时5个月之久，我军共歼敌13万余人。

1949年5月，第十八兵团归一野彭德怀、贺龙指挥。韦杰的六十一军奉命进行短期整训后，向西北挺进，投入解放大西北的战斗。

当时，国民党胡宗南和西北“二马”（马步芳、马鸿逵）正调集西北全部主力，企图重占西安。5月下旬，韦杰率领六十一军刚抵临汾，就接到一野彭德怀总指挥急电，叫韦杰于6月6日前赶到咸阳以西的马嵬坡一野指挥部听取作战部署，并接受具体任务。

彭总给韦杰的任务就一句：“你给我挡住马家军！”

6月14日上午，正是六十一军第一八一师与马继援敌军3个师展开争夺阵地最激烈的关头。韦杰只带少数随从人员，策马急行，从渭河边的军部指挥所赶到咸阳城墙上，进入一八一师指挥所。

咸阳城墙上指挥所虽然目标大，风险大，可视野良好，战场尽收眼底，韦杰对此很满意。对于军长的亲临前线指挥，极大地鼓舞了一八一师官兵士气。

敌少壮派马继援是马步芳之子，时年刚满30岁，22岁时就当上敌八十二军少将副军长。八十二军辖3个师及骑兵第八旅，计3.5万人。这支部队长期受民族矛盾的挑拨和封建迷信教育，十分凶悍。马继援这次挥师前来，曾扬言“咸阳不下马，西安吃早饭”。然而，从12日到13日，马继援的骑兵经多次冲击，均遭到韦杰部队狠狠打击，进攻步步受挫。13日下午，恼羞成怒的马继援除保留右翼骑兵旅外，指挥3个师蜂拥而上，开始对我军阻击部队一八一师6公里宽的正面阵地开展全面进攻。

战斗持续到14日下午，我军各团歼敌不少，可也丢失了部分阵地。亲临前线指挥的韦杰，令各团利用夜间组织反击。在炮兵掩护下，我军各团组织力量积极出击，几经争夺，下半夜终于把丢失的阵地又收归自己手中。

两天激战，我军歼敌第二四八师师长韩有禄以下2000余人，俘敌29

人。曾经气势汹汹扬言只需两小时攻下咸阳渡过渭河的马继援丢盔卸甲，逃之夭夭。

咸阳阻击战的胜利，不仅使西安转危为安，也为我军大兵团的集结赢得了宝贵时间。“六十一军咸阳战斗打得好！”韦杰受到彭德怀、贺龙、习仲勋等领导的夸奖。西安人民还特地给韦杰军部送了一面“百战百胜”的锦旗。

转眼间，韦杰率领六十一军在西北战场转战了6个月，咸阳保卫战后，又参加了扶眉、秦岭等战役。

11月，六十一军随第十八兵团改归第二野战军指挥，投入解放大西南任务。

1949年11月进军大西南前，61军军长韦杰在宝鸡

1949年11月初，刘、邓大军拉开西南战役序幕，韦杰指挥的六十一军担任北线左翼作战任务，限于1950年元旦前赶到川中三台附近集结，准备协同兄弟部队参加成都会战。

韦杰率部日夜兼程，突破汉水，翻越秦岭，爬过大巴山，战胜了雪山和“蜀道”的艰难险阻，到达南江城，行程2000多里。12月19日拂晓，韦杰率部以30多里的奔袭，突然包围了南江城，全歼由陕南逃到南江的敌第十四师1600余人，而我军竟然无一伤亡，一举掐掉了南逃之敌的“尾巴”。

我军的勇猛追击，吓得敌人闻风丧胆，四处乱窜，混乱得像一群被驱赶的苍蝇。敌人逃得越快，我军追得越有劲。韦杰看到战士们都有一股奋勇向前的猛劲，便与参谋长胡正平商量说：撒开部队拉大网吧，谁追上算谁的！把后卫一八二师调到前面，和一八一师齐头并进，一起追击逃敌。

军长发了话，各部队就仿佛赛跑听到发令枪一样，更是勇往直前，一个字：追！

一八一师日行竟达到 160 里，沿途在解放巴中、仪陇等城之后，于 12 月 24 日在南部县城附近追上了敌军主力薛敏泉集团第七十六军和第十七军。

薛敏泉是敌七十六军中将军长，他带部队逃进南部城后与十七军军长周文韬密谋，由第十七军派出一个团到南部城东南 15 里的嘉陵江重要渡口盘龙驿布防，企图利用嘉陵江这一天然防线来阻挡我军的追击。然而没想到，就在当天下午，我军在盘驿下游不远处芦荡溪场抢渡成功，先控制了盘龙驿。薛敏泉和周文韬目瞪口呆，吓得急急忙忙连夜弃城而逃，其掩护团也被我军歼灭了。

28 日，韦杰率领的第一八三师在巴中以北追上了敌一二七军。陷于绝境的一二七军军长赵子立向我第六十一军投诚。31 日，已逃到三台南面的敌三三六师及一二〇师，眼看无路可走，只好向我军缴械投降。其时，成都已于 12 月 27 日宣布解放。

西南战役，韦杰率领的第六十一军以伤亡仅 79 人的代价，歼敌 3 个军部、4 个整师，连同接收起义的 1 个军在内共 5.3 万余人。战果辉煌，令人刮目相看。

1950 年 2 月，以第二野战军领导机构为基础，成立西南军区，下辖 8 个军区，韦杰领导的六十一军属于 8 个军区中的川北军区，移至川北行署地南充市。韦杰任川北军区司令员，胡耀邦任政委。川北军区下辖 4 个军分区，由此开始了艰苦的剿匪工作。

在韦杰和胡耀邦的领导下，川北很快成立了联防剿匪委员会，不到一年时间，就消灭匪特7万余人，为巩固新生政权，维护社会安定做出了重大贡献。

抗美援朝

1950年6月，朝鲜战争爆发。火烧城门，殃及池鱼，这话一点也没错。都是美帝国主义惹的祸。美国为实现其称霸世界的野心，加紧扩大侵朝战争，悍然将战火烧到我国东北边境。在这严峻时刻，我国政府应朝鲜党和政府的请求，作出“抗美援朝，保家卫国”的战略决策，组建中国人民志愿军赴朝作战，这是正确的决策。

1950年冬，军委决定组建志愿军第三兵团，准备赴朝作战。

志愿军第三兵团由第十二军、第十五军和第六十军组成。陈赓任兵团司令兼政委（后由许世友接任），王近山任副司令员，杜义德任副政委，王蕴瑞任参谋长，刘有光任政治部主任。其中第六十军为川西军区部队，由一七九师、二八0师、一八一师（由六十一军调入）以及新组建的炮兵团组成。

1951年冬，志愿军六十军军长韦杰在朝鲜战场

1951年2月，原六十一军军长兼川北军区司令员的韦杰，奉命担任中国人民志愿军第三兵团第六十

军军长。这意味着，韦杰将带领一支自己不很熟悉的队伍（除一八一师原属六十一军外），到一个自己不熟悉的国度与一帮不熟悉的敌人作战。一腔热血的他，毫不犹豫地服从。

1951 年 3 月中旬，韦杰的第六十军奉命从朝鲜北部新义州出发，经遂安于 4 月 7 日到达伊川、新溪一带集结。

六十军入朝是正值抗美援朝第四次战役末期。敌军积极增调兵力转入进攻，正越过三八线，大举北犯。美军、英军、土耳其旅、菲律宾营和李伪军各部齐头并进。当敌人进入三八线南北地区后，发现我新入朝的第二、第十九兵团已到达，即迅速转入防御，一边进攻一边防御，巩固阵地。我军第三兵团第六十军，接受防御作战任务后于 4 月 14 日接替二十六军一线阵地。

4 月 16 日至 19 日，敌人在飞机、坦克和炮火掩护下，向六十军阵地发动了 7 次猛攻，均被击退。五三五团四连二排在排长周建荣指挥下，用手榴弹击毁敌坦克 3 辆，被兵团记以集体功。五四一团二连二班副班长彭富礼带一个战斗小组坚守前沿，一天中打退敌由排至营兵力 7 次攻击，毙伤敌 100 余名。除被迫放弃一处高地外，六十军在 4 天防御中守住了其他阵地，圆满完成了掩护兵团主力的任务。

不久，志愿军司令部决定提前发起第五次战役。

第五次战役第一阶段，第三兵团司令员陈赓未能到任，由副司令员王近山代理司令，并下达作战任务。

第三兵团以第六十军为第一梯队。任务是在陈机洞至新兴洞之间展开突破，切断美第二十五师、土耳其旅和美三师的联系，并根据实际情况前进至釜谷里断敌退路。

韦杰参加兵团作战会议后，趁夜坐车赶回六十军部途中，冒险冲过敌机绞杀封锁重点区，为躲过美军夜航机照明弹及扫射，发生车祸。最后，腰部受伤的韦杰被担架抬回了指挥所。军政委袁子钦劝韦杰下去养伤，但却被他拒绝了。

4月22日，第五次战役正式打响。当日18时，韦杰命令六十军出击。第一八一师配属炮兵团以及一七九师的五三六团，率先向敌发起攻击，一举突破了安养寺、地藏峰等土耳其旅防线。一七九师和一八〇李英敏师也相继发起攻击，齐头并进，敌人节节溃退。我军乘胜追击，纵深插入30公里，攻占了汉滩江北岸釜谷里。此战，我军胜利插入，切断美三师、土耳其旅及美二十五师防御阵地，消灭敌人千余人，高炮营还击落了敌机3架。这一战果，令人兴奋。

5天之后，在韦杰的指挥下，勇猛顽强的六十军主力攻到了汉江北岸，一七九师五三七团前卫营已攻至汉城以东的新岘里以北，距汉城近在咫尺。

六十军虽然逼近汉城，因敌主力已在汉城同周围组织了精密的火控地带和防御阵地，我军歼敌时机已失，29日奉命停止追击，战役第一阶段宣告结束。

4月30日，第二阶段战斗准备打响，从司志到兵团层层部署任务。第三兵团十二军调归第九兵团指挥，根据王近山副司令员的部署，第三兵团第六十军、第十五军以及三十九军两个师在揪谷里到品杰里37公里地段内突破，负责割裂美、李军联系，钳制美十军主力，使其不能东援，保障第九兵团侧翼安全。

5月11日至15日，韦杰率六十军三个师分三路冒雨开进，分别由集结地前出至春川地区。

5月16日晚，第五次战役第二阶段正式打响。我军发动进攻后，敌情发生变化，我军即重新调整部署。由于第十五军、第十二军碰到难啃的骨头，要求第三兵团派兵增援，于是，六十军的一七九师和一八一师便奉命为兵团机动部队，东进至勿老里、品安里、清平里、富昌里地域待命，奉命分别配属第十五军、第十二军指挥作战。

兵团赋予六十军牵制美军的任务没有变。17 日至 19 日，一八〇李英敏师勇猛向前攻击，打了几次恶仗，很快渡过北汉江，以少击众，奋勇前突 100 多公里，歼敌一部——17 日，该师 538 团直插薪店里与敌遭遇，团长庞克昌和参谋长胡景义指挥三营在 57 无坐力炮连掩护下顽强抗击，击毁敌坦克 7 辆，歼敌 50 余人，但该团伤亡失踪 300 余人。18 日，该师 538 团 3 营在团无座力炮 2 排配合下，在春川以南新店里地区与美军展开激烈战斗，击毁敌坦克 10 余辆，歼敌一部，迫敌退到洪川江以南。该营七、八连亦伤亡过半。19 日，538 团 2 营在春川以南诸高地阻击美军北进，虽然阻击成功，但因弹药供应不上亦伤亡严重，6 连仅剩 20 余人。

然而，六十军突然接到兵团命令：第一八〇李英敏师为兵团预备队，归兵团直接指挥。也就是说，韦杰身边这时没有一支作战部队可用，第六十军军部仅剩下机关和一个工兵营共 300 余人。他隐隐感到不妙但又无可奈何！

5 月 20 日，一八〇李英敏师仍在不断进行牵制性抗击敌人。在实施反击中并夺占阵地数处，部队伤亡也很大。

5 月 21 日，志愿军各兵团因连续作战，所带干粮和弹药已经用尽，后方又一时供应不上，继续进攻有困难，被迫停止对敌攻击。

然而此时，敌人趁机反扑，志愿军司令部作出决定，各兵团主力北移，以一部采取机动防御阻击，掩护主力后撤。在这种情况下，第三兵团决定把掩护主力后撤的阻击任务交给第六十军。这才于 5 月 21 日电告六十军，明确一七九师和一八一师归建，由韦杰指挥六十军担任阻击掩护任务，掩护主力后撤和护送伤员。并明确一八〇李英敏师为兵团机动部队，暂不过江，留在南岸坚持 3 至 5 天，掩护医院转移、撤运伤员（全兵团伤员达8000名之多），掩护大部队后撤。可是，调出去归十二军指挥的一八一师，此时离六十军指挥部尚有120多公里，即使归建，也要几个晚上！另外调归十五军指挥的六十军一七九师，此时又尚在汉江南岸……

军令如山，韦杰只好执行上级命令，向各师复转兵团电令，命令各师就地在一线展开防御，阻击北犯之敌，掩护兵团主力北移。一八〇李英敏师接令后在汉江南岸建立三道防线，坚决阻击美7师、美陆1师进攻——5月22日，美军约一个团兵力，渡过洪川江，向一八〇李英敏师539团防守的通谷里、九峦山地区进犯。通谷里以北393.1高地被敌占领，守备该阵地的3连实施反击，在一排长倪桓清指挥下，反复争夺六次，毙伤敌百余人。美军一个营兵力，在16辆坦克和飞机掩护下向我四连坚守的九峦山发起进攻，我二排顽强抗击，打退敌五次冲击，毙伤敌90余人，该连伤亡11人，战斗英雄刘英孩就是在此次战斗中壮烈牺牲。

5月23日，敌人向我全线反扑。为仓促在一线组织展开防御，第六十军电令一七九师和一八一师在完成掩护转运伤员任务后快速归建并向军部靠拢同时，令一八〇李英敏师以一个步兵团移到北汉江以北构筑防御阵地，师主力置于北汉江以南掩护兵团主力北移及伤员转移。那时，一八〇李英敏师正在正屏山、汗谷地区继续顽强阻击美七师和南朝鲜六师的进攻。

一八〇李英敏师指战员及战士已几天没吃饭了，靠野菜、野果充饥。不少人中毒死亡，部队也急需休整。23日黄昏，他们准备撤出阵地渡江北撤之时，突然接到来自兵团的新命令，即令该师继续留在南岸，于加平、新延江地区布防，组织防御，担任掩护兵团任务。该师毫不含糊地又重新占领阵地，执行掩护任务。一支部队危急时刻能坚决执行上级命令，其政治素质，由此可见一斑。

俗话说，谁的孩子谁着急。韦杰此时十分地揪心，尽管此时一八〇李英敏师的指挥权还在兵团手中，但他无时无刻不为该师的安全着想。着急的韦杰只好令该师按兵团要求继续在汉江南岸扼守阵地，同时要他们与右邻六十三军取得联系。然而当天晚上，一八〇李英敏师发现右邻六十三军没向该师通报就已经转移，致使该师侧翼暴露。他们将这一情况立即报告韦杰，韦杰即令他们将北汉江以南的一八〇李英敏师另两团部队移至春川以西进行防御。同日，没料一八〇李英敏师的左邻十五军，也已提前转移。一八〇李英敏师这时已处于三面受敌的不利形势。副师长段龙章向师长建议：以部分部队边打边撤，主力迅速北渡汉江。师长郑其贵不同意，他说："没有接到上级指示，我无权改变就地阻击掩护的命令。"于是，部队仍继续执行志司规定的坚守3至5天的任务。

韦杰更加不安了。立即命令发报，将一八〇李英敏师这一新情况和防御部署向兵团指挥部报告。电报发出当晚，韦杰和军部的人苦苦等待，盼望早些得到兵团指示。焦灼不安中，等到了天亮。还是没有等来回复。

24日，韦杰与军部的人们整整苦等了一天，依然没有接到兵团任何指示。六十军指挥所和兵团通讯联络中断了。原来，三兵团前指在由古滩岭向沙金鹤转移途中，遭到敌机轰炸，车上电台也被炸毁了，导致三兵团与各军的通讯联络竟然中断了3天……

为此，韦杰军部在马迹山又多停留了一天。正是24日这一天，不仅一八〇李英敏师危机四伏，就连六十军军部也面临被包围的危险。

就在这天拂晓，美军约一个团兵力在三个远战炮群和飞机、坦克支援下，向一八〇李英敏师五三九团五连坚守的土木洞阵地进攻，当敌秘密接近时被前沿王志安小组击退，全组战士奋勇抗击，全部壮烈牺牲。战斗直至18时结束，五连二排英勇抗击，连续打退敌八次冲击，歼敌120余人，我军也伤亡27人。

24日晚，在与兵团通讯中断情况下，韦杰果断决定：命令一七九师由大龙山转移，令一八〇李英敏师主力迅速撤至北汉江以北地区。该师转移到汉江北岸后，五三八团进至上下芳洞、西上里以西地区：五三九团在明月里、鸡冠山地区设防；五四〇李英敏团在北培山、驾德山地区继续阻敌北犯。

命令一八〇李英敏师撤退同时，韦杰下令军部向史仓里以北转移，如果再晚些，六十军军部也陷于敌人包围圈内。最早归建的是一七九师，他们掩护转运伤员并以最快速度向北转移布防。六十军立即命令这个师于马铁里以北的丘陵地带控制春川到华川、春川到东海岸之元山港这条公路。马铁里距华川只有 30 多公里。一七九师刚刚部署完毕，美军的坦克部队沿着这条公路，很快就上来了。一七九师当即同敌人展开激战。战士们打得很顽强，打得很悲壮，终于迟滞了敌人的进攻速度，以巨大的生命代价为第三兵团的北移赢得了宝贵时间，掩护了友军们撤退。要不是有他们，志愿军不知要吃多大的亏，为此，一七九师这一战，过后受到了彭总的表扬。

5 月 25 日拂晓，刚从南岸撤到北汉江以北的一八〇李英敏师，打退了敌人一次又一次进攻，边打边撤——李伪军约一个营兵力，向九唇岱山五连阵地进攻，该连顽强抗击，子弹打完，用刺刀与敌白刃格斗，指导员杨小来率先撂倒一个敌人后光荣牺牲。战士们奋勇拼搏，敌人在阵前遗尸 130 具。我五连亦伤亡惨重，全连仅剩 10 余人。五三八团二营六连李子明排在沙岘山连续打退美军三次反扑，歼敌 150 余，最后，全排仅剩六人仍与敌拼刺刀，直到全部壮烈牺牲。下午，该连又与敌坦克展开搏斗，连长英勇牺牲，击毁、击伤敌坦克一二十辆。然而，这支弹尽粮绝的疲惫之师，未能很好控制要点破坏公路，致使坦克和摩托化敌军又向前推进，长驱直入。由于敌人快速迂回突破，我军各部手忙脚乱，应顾不暇，担任一八〇李英敏师侧后掩护任务的一七九师五三六团，根本挡不住美军两个师的推进，一七九师几个阵地相继被敌人突破。美军将一七九师与一八〇李英敏师分割开来，并于26日深入一八〇李英敏师侧后，切割其退路，使其陷入包围。该师于26日上午组织突围前清点人数，全师剩下约3000人。

26日晚，六十军接到一八〇李英敏师被围的电报，立即复电令该师坚决向西北突围，同时电令一八一师由华川以东出发接应一八〇李英敏师。但因通讯失灵，加上天下大雨，部队分散，致使一八一师于27日6时才赶到华川、原川里、均巨里一带。此时，敌人已先我占领该阵地，一八一师从正面攻击已不可能，接应计划失败　被围后，一八〇李英敏师各前沿战斗异常激烈，五三九团四连坚守悟月里447高地，由于干部伤亡，部队失去指挥，全连仅剩30余人，前沿阵地失守。该营组织六连反击，夺回阵地，歼美军20余人。该营即命令部队迅速抢修工事，固守待援。后来，师在五三八团指挥所召开会议，决定五三八团为前卫，师直和五四〇李英敏团为一路，五三九团为一路，向鹰峰山靠拢。五三八团由胡景义带领二、三营为一梯队，进至公路，即与敌交战。四连连长孙兆光带领全连打坦克，全部拼光；五连连长乔廷虎，与敌坦克拼搏，全连伤亡只剩10多个，三营与敌摩托化步兵相遇，经反复冲杀，终于打开口子。天亮后，到达鹰峰，但仍处在敌人重围之中，没有找得到接应部队。

27日9时，一八〇李英敏师两路突围进至鹰峰会合，因受敌人炮火封锁，队部拥挤，建制混乱，吃野菜饿肚皮以及生病的战士们，沿途有很多迷失方向掉队、失散了，减员甚大，这时师部清点集结人数已不足1000人，重机枪以上武器全失，电台被敌人炸了，仅剩报话机一部——27日，段副师长组织五三八团攻击鹰峰山以东高地，以扩大集结地域。五三八团把爬到鹰峰的班以上党员干部组织起来，由一营参谋长潘辉指挥，全部携带冲锋枪，利用晨雾，向敌发起突然攻击，占领了高地。五三九团因与二、三营失去联系，到达鹰峰时，全团仅剩五个排兵力，团长王至诚与政治主任李全山将他们组织在一起，下午 7 时，由一营参谋长周复幸指挥，打下主峰，毙敌 10 余名，缴无座力炮 1 门，60 炮 1 门，报话机 1 部，保证了夜晚顺利转移。

18 时，军部又和一八〇李英敏师联系上了，韦杰再次指令其坚决向史昌里方向突围，并下令一八一师接替一七九师防务，一七九师取捷径向史昌里以南的敌人出击，接应一八〇李英敏师。但因山大路小，夜行缓慢，加上敌军火力封锁严密，一七九师直至 28 日 5 时才赶到明芝观。而敌人已于当日分三路合击史昌里。敌阵地东西已连成一片，完全隔离了一七九师与一八〇李英敏师的接触，导致六十军第二次接援行动没有成功……韦杰在不断呼叫中，最后终于从该师的步话机里叫出段龙章副师长，他口气沉重地说："段龙章，现在情况很困难，军已派出部队接应，你是个聪明人，你们好好组织把部队带出来。"

最后，在极度危难时刻，为了防止全师覆没，在电台和步话机已被炸坏情况下，与军部完全失去联系后，一八〇李英敏师师长只能做出了最后一个决定，将重武器掩埋，烧毁密码和文件，分散突围……

所幸的是，一八〇李英敏师在最后分散突围中，不少部队和战士在公路两翼与敌周旋激战，最后终于突围出来了。还有一部分战士，在前一次两路突围中失散后，最后也能从敌人缝隙中钻了出来……活着没能出来的，只要有一线希望，也绝不会让敌人俘虏，如该师代政委兼政治部主任吴成德，带领 300 余名伤员战士在朝鲜 37°线附近的山区打游击，与战士们生死与共，坚持了 14 个月，一直到只剩下 3 个人的时候，才被美军的搜索队所俘。

5 月 29 日以后，一八〇李英敏师师长郑其贵、副师长段龙章、参谋长王振帮及五三九团团长和五三八团参谋长先后归队，统计该师四五〇李英敏团二营、五三九团三营以及其他零散队伍突围归队人数，有2000多人；加上师直机关、勤务分队、后勤医院各400多人，全师有近4000人归建。这些人，是在军长韦杰几天来不断鼓励和千方百计解救中由于有顽强的斗志，可以说是千呼万唤中被呼唤出来的。

至于被敌所俘人数，至今仍是个秘，有人夸大为5000人，那是把第五次战役两个阶段在战斗中牺牲的和病死、饿死、中毒死亡的计算在内了的。

第五次战役第二阶段结束后，六十军一七九师和一八一师相继归队，得到后勤补充后，他们在十五军协助下，共同完成了阻击任务，终于挡住了北犯之敌。

六〇李英敏军的史料记载："一八〇李英敏师入朝11300人，战役第一阶段全师在第一线参战的10036人，伤亡2392人；第二阶段全师参战的7644人，伤亡1600余人；在5月24日该师后撤时，当时全师只有6040人。5月28日下午，师部电台被敌人的炮弹炸毁，报话员被炸死后，他们烧掉密码，决定分散突围，至5月29日后归建近4000人。"

第六十军第一八〇李英敏师不愧为一支英勇顽强的队伍。在断粮一周，弹药短缺，在顽强阻击敌人掩护友军撤退中，为了兵团主力和伤员安全转移而身陷重围的，在敌人重重包围情况下，依然顽强地拼杀。军旅作家阎欣宁说得不错："一八〇李英敏师的勇士们问心无愧，他们在突围中经历了艰苦卓绝的战斗，尽管无望，但为了生存，为了荣誉，他们曾经英勇地战斗过，历史将铭记他们的功绩，他们的鲜血永远是鲜红的。"

战后，人们把所有责任归咎到师长郑其贵身上，显然是极不公正。

至于人们把一八〇李英敏师的失利归咎于军长韦杰的责任，韦杰无语。不过，韦杰心中有数，他相信志愿军总司令部以及中央军委会给他一个公正的说法。

韦杰后来奉命回北京向毛主席汇报一八〇李英敏师失利情况。他谨记主席跟他谈话中有关高度机密的细节，对外三缄其口，包括在家人面前也从无透露过半句。直到35年后，他临终前写的一份《关于抗美援朝战争第五次战役中志愿军第一八〇李英敏师遭受重大损失原因的回顾》，在他去世后，其夫人发送给中央军委以及各高级军事机关，人们结合这份资料，终于了解该师失利的内情，并对毛主席到底对韦杰说过什么进行猜测，才仿佛悟出了一些皮毛。

在中国人民志愿军司令部党委会上，彭德怀司令员明确地指出："在五次战役中，六十军对情况的处置是正确的。"1952年10日，周恩来总理也曾当面对韦杰说过："韦杰同志，一八〇李英敏师失利没有你的责任。"失利是众多因素造成的，失利中有胜利，瑕不掩瑜，组织上早已经对他做了公正的评价。

1952年9月，韦杰戴着朝鲜民主主义共和国一级国旗勋章，从朝鲜回国。1955年，被中央军委授予中将军衔，荣获二级"八一"勋章、一级"独立自由"勋章和一级"解放"勋章。

韦杰回国后，由张祖谅复任六〇李英敏军军长入朝指挥作战10个月。朝鲜停战协定签字后，六〇李英敏军奉命班师回国。在2年多的作战中，六〇李英敏军共毙伤俘敌54000余人，缴获各种火炮180余门，各种枪支6200余支。其歼敌数量在志愿军各军中仅次于三十八军居第二位。六〇李英敏军在朝鲜战场上的战绩是相当不俗的，但长时间内却被一八〇李英敏师的五次战役失利掩盖了，因而甚少为世人所知。对于六〇李英敏军来说，极不公平。

也难怪，在战场上与勇猛顽强的中国人民志愿军对阵过的美国人——"联合国军"总司令美军道格拉斯·麦克阿瑟和马修·邦克·李奇微，在后来的回忆录和西点军校讲课中，称志愿军中有九个"最牛军长"，六十军韦杰和张祖谅两位军长一并被列入其中。

英雄本色

从13岁参加革命并从15岁参加百色起义开始，韦杰征战南北，为新中国的成立而战，为抗击侵略者而战，从中国土地革命战争到抗美援朝，他浴血奋战整整25年。习惯了艰苦战斗环境的他，一下子离开硝烟弥漫的疆场，还真有点不适应。不过，让他感到欣慰的是，他还继续穿着伴随他征战多年的绿色军装，为中国军事发展继续奋斗。

韦杰从朝鲜回国后，正值军事学院增设一个高级函授班，根据刘伯承院长提议，1952年10月，韦杰进入南京军事学院高级函授班学习深造。对军事知识一直孜孜以求的他，就像当年到红军总部参加干部集训班和特科干训队学习一样，一切服从组织安排。

进入军事学院后不久，韦杰被学院党委任命为高级函授班主任兼党委书记，让他边工作边学习。他乐意接受，这个主任和书记当着就当着吧，反正这工作也不耽误他学习。

五年多的院校工作和学习，他不但掌握了现代化的军事知识，在思想上也较为系统地把几十年作战的实践经验从理论上加以总结和重新思考，也为我军培养具有现代军事理论知识的高级指挥员做出了贡献。

1955年授予中将军衔

1957年10月，韦杰调任成都军区副司令员。先后还任成都军区党委书记、军区党委委员、常委、副书记、纪委书记等职。将军仿佛又回到战场指挥战斗一样，意气风发。从此，他全力投入到抓部队的军事训练。他说：“战争年代的军队是靠打仗提高部队战斗力，和平环境下的军队只有靠训练提高部队战斗力。只有训练有素的部队才能立于不败之地。”

韦杰提倡军事训练，也亲自参加军事训练，能身体力行。1958 年初夏，韦杰响应关于“将军下连当兵”的号召，下到驻重庆四〇李英敏五团“红二连”当兵。他被安排到“红二连”的二班。连长和指导员想对他这位中将首长“兵”进行关照，让他住连部，但他却坚持要到二班去住。每天坚持与战士们同住、同吃、同练，拒绝连队给他各种特殊照顾。团长要连队暗暗给他安排的警卫，被他发现后也要求给撤了。当发现没有给他安排岗哨值勤任务时，也强烈要求跟战士们一样，晚上执行岗哨值勤。像普通战士一样跟大家相处，严格要求自己，就连连队开展的实弹射击考核也要参加，跟普通战士一样接受考核。时间虽然不长，才两个月，但他那普通一兵、平易近人、言传身教、爱护同志的老红军作风，让战士们敬佩不已。

1962 年，中印边境自卫反击战胜利后，部队任务逐步由作战、值勤、生产转到了以军事训练为主。军区党委发出号召，要求全区部队认真学习中印边境自卫反击作战的经验。根据这个精神，韦杰多次强调以战例为教材，并从机关抽调了一批干部深入基层，帮助部队总结经验，编写战例。组织了五十四军和一三〇李英敏师的 140 多名干部战士到全区部队介绍瓦弄作战经验 800 多场次，使全区指战员普遍受到一次生动的教育，有力推动全区部队军事素质的提高。

1962 年韦杰与夫人郭毅在成都北较场合影

为了推动部队训练，韦杰主持了于 1964

年6月9日至30日举行全区部队班以下战术技术和专业科目的比武大会，通过比武把群众练兵运动推上前所未有的高潮。

林彪、“四人帮”横行的“文革”时期，把抓军事训练当成“单纯军事观点”来批判，当时自身都难保的韦杰，竟然敢说：“抓军事训练没有错。”大力地支持训练部门和部队搞军事训练。1972年初，军委恢复了韦杰成都军区党委副书记的职务，党委分工他仍然重点抓军事训练工作。他积极举办教导队，恢复部队教育训练，很快掀起练兵热潮。1973年，为恢复部队训练，加强部队建设，他深入西藏边防哨卡达3个月。为了训练场地，他跋山涉水，跑遍全川。1977年4月至10月，在各方面阻力很大情况下，韦杰组织了十三军三级首长机关带通信工具的现场演习。这次学习受到军事学院领导的高度评价，学习总结编入总参军训部主编的《战术训练经验》。1978年10月，又组织了军区大规模的教育训练比赛……

“文化大革命”十年浩劫，历史在颠倒黑白，很多革命功臣被打倒了，韦杰这位老革命也一样陷入磨难。韦杰遭到林彪、江青反革命集团的无端诬陷和残酷打击，但他仍忍辱负重，坚持原则，毫不屈服，进行了坚决的斗争。

1974年韦杰在成都军区举行的军事演习中

1966年，“文化大革命”初期，韦杰对这场运动很不理解，对林彪提出“这次革命就是革过去革命的人的命”更是不理解。后来运动越来越猛，从全国大串联开始，四川和全国一样，陷入一片混乱之中，“炮轰西南局”“火烧省市委”的标语贴满了大街小巷。军区领导被“靠边站”，身为成都军区副司令员的韦杰遭到诬陷而被批斗，他的两只胳膊就在那时被“造反派”扭伤。但他仍然光明磊落，刚直不阿，顽强地坚持斗争。在一次批斗贺龙元帅的大会上，造反派气势汹汹质问韦杰：“为什么喊打倒贺龙的口号，你不举手?”韦杰当即反驳：“我没有接到党中央的通知!”答得理直气壮，实为经典，堪称一绝。

1967年，林彪、江青集团对老干部的迫害越来越残酷。一些老干部被押到凤凰山关押。韦杰当时虽没被关押，但处境也很困难。然而，他还一心牵挂着被关押的老干部，冒着挨批挨斗和被打成反革命的危险，以看望病人为由去看望被关押的老干部，并尽量为他们解决后顾之忧，千方百计安排他们的子女参军。

后来，根据周恩来总理和军委叶剑英元帅的指示，由韦杰和甘渭汉（副政委）主持军区日常工作。为了维护稳定，为了保护广大干部群众，在中央军委的允许下果断对策动武斗、抢劫弹药、冲击党政要害部门、冲击围困军区的极少数分子采取镇压措施，从而稳定了秩序。然而，林彪、江青集团却不能容忍这样的稳定秩序，派“中央文革小组”将韦杰和甘渭汉弄到北京，由江青、康生、叶群一手策划，对韦杰和甘渭汉进行轮番批斗，说他们是“二月逆流黑干将”，强令靠边站。回到四川后又对他们继续关押和批斗，在精神和肉体上进行折磨。遭受迫害的韦杰，仍然顽强不屈，始终坚持原则，保持坚贞不屈的气节。

党的十一届三中全会后，恢复成立中共成都军区纪律检查委员会，韦杰复任纪委书记职务。这期间，他为平反冤假错案和落实党的政策做了大量的工作。全军区共为5300多名在“文革”中受到迫害的老干部、职工、家属进行了平反昭雪。通过对新中国成立以来历史旧案的复查，有1700多件改变了原来的结论。多年来，他为受冤者获得平反的不计其数，其

中，也有从朝鲜战场被俘后归来，受到不公处理并在“文革”遭受迫害的旧部……

1979 年，韦杰在四川视察十三军三十九师

1979 年 2 月，韦杰奉命率领部队参加对越自卫反击作战，胜利完成作战的任务。这是他离开朝鲜战场后，又一次投入硝烟弥漫的战场，为保卫祖国又一次做出的贡献。老将雄风不减。

参加对越自卫反击作战归来，他跑遍了参战部队，要各级干部既摆参战经验，又摆血的教训，以此为据，改革部队训练的内容和方法。也就是那时候，一个惨痛的事例，让他深深感到不安：对越反击战中，由成都军区调归广州军区指挥的某军，曾有两个陆军师被打乱建制加强给兄弟部队，军机关无法对其直接指挥，撤军阶段由于情况不明，使得某师一个步兵分队遭敌伏击，蒙受不应有的损失……他不能不想起当年抗美援朝第五次战役中的一八〇李英敏师，为什么同样的悲剧在 28 年后竟会再次发生呢？正是从那时起，他就打定主意，有生之年一定要将一八〇李英敏师受挫的经验教训总结出来，警示后人，为未来的现代化战争做出一点贡献。

胸怀坦荡、光明磊落的将军，总是忧国忧民。

魂归故里

1982年9月，在党的第十二次全国代表大会上，韦杰被选为中央顾问委员会委员。10月，他退出成都军区领导班子。退居二线的将军，本该好好休息了。然而，年老体弱的他，心里却有很多很多牵挂。他开始惦记着他曾经战斗过的革命老区的山山水水，惦记着自己的故乡——广西东兰，惦记着乡亲父老的生活状况。他不止一次地想，自己能为家乡做点什么呢？

树高万丈，落叶归根。人生在世，无论走多远，到哪都不会忘记自己的故乡。韦杰也一样，他是一个很重乡情的将军。

自从15岁离开父母走出东兰，直到1954年，他带着家人第一次回到阔别25年的家乡。父母却早已不在人世，他只能从乡亲们嘴中打听到父母生前情况的点点滴滴。那时的故乡，乡亲们生活非常贫困。擅长指挥打仗的将军，对故乡的贫困却无能为力。他的心情，是多么的无奈。尽管后来，他又先后几次抽空回东兰探望革命战友和父老乡亲，但每次都留下无限遗憾而返。

退居二线后，韦杰曾对夫人郭毅和子女说："我在一线时，没有机会回东兰参加建设，对家乡关心也不够。美不美，家乡水嘛，我们在外工作的，总希望家乡人民尽快富起来，跟上或接近先进地区。现在，还有相当多的群众温饱尚未解决，每当想到这，我心里就难过。现在退居二线了，有时间可以回去走走。做不了什么，搞搞调查研究，给'父母官'当当参谋也好嘛！"

1983年12月底，韦杰回来了。他冒着隆冬时节凛冽的寒风回到东兰。他披着大衣拖着消瘦的身体，到东兰县的武篆、长乐、隘洞、三石等四个乡镇走走。每到一处，他除了召开各种座谈会，了解基本情况、探讨治穷措施外，大量的时间是深入寻常百姓家中，亲手揭开锅盖，看一看乡亲们都吃些什么；打开米桶，看一看存粮还有多少；翻开被褥摸一摸，看一看能否御寒……

经过10多天的深入考察，韦杰掌握了大量的第一手材料。回到成都后，他又用两个多月的时间，写成了一份关于广西东兰的调查报告。这个报告反映了四点意见和建议，并附了工农业、林牧业、交通运输业三个问题的调查材料。报告送到中央顾问委员会，很快就被印成内部文件，送给中央政治局、国务院的领导同志和有关部、委负责同志阅读，为后来中央制定关于帮助少数民族地区发展经济的十二条，提出了有益的建议。

1985年4月，韦杰怀着振兴家乡的高度责任感，带着农村第二步改革的问题，抱病再次回乡考察。他先后深入河池地区的东兰、巴马、凤山、天峨、南丹、河池、宜山等县，和当地党委、政府座谈，与机关干部、农民群众交流，联系实际进行调查研究。同时，深入红水河两岸的山区村寨、农舍、林场，走访了14个点，往返行程3000公里，召开12次座谈会，同大家一起研究如何贯彻落实中共中央〔1985〕1号文件精神，如何走脱贫致富的道路等问题。这次调查历时一个半月，5月初，他回到成都后，根据所了解到的情况，又向中顾委并广西党委写了一个《关于对广西河池地区农村经济情况的调查报告》。他对河池地区农村经济情况做了全面深入和中肯的分析，指出由于党的政策深入人心，农村经济日趋繁荣，河池地区面貌已经发生了可喜的变化，但仍有不少困难，进而对今后工作提出了六点意见和建议。报告字里行间充满关切之情，所提建议，对广西河池各级领导及党政机关、部门很有启发和帮助。

韦杰是一个细心而执着的人，他曾经把东兰的土拿到四川去化验，极力要为家乡的脱贫致富寻找一条好路子。那时，为了及时了解家乡的发展变化，他每月都订阅家乡出版的报纸《河池日报》，期期详细阅读。韦杰对故乡的感情，深深感染了他的夫人及子女，以致他们也跟他一样，经常对东兰的建设很关注，对乡亲的困难都能尽力相助。他曾对大儿子韦曙光讲，出去几十年，没有给老家做什么贡献，很内疚，现在家乡改变不大，希望儿孙常回家看看。“常回家看看”是将军的遗愿。

如今，韦杰家乡变化很大：住在山谷里的仁义村弄引屯6户人家，水泥路铺到了门前，水、电、路三通，乡亲们看上了电视，电话、手机也都有了，水泥砖楼房也建起来了。不光是弄引屯，整个东兰的面貌，也已处处焕然一新……

将军的愿望已经成为现实。然而，将军却已长眠。

在生命弥留之际，他将自己一生的主要经历和遗愿，亲口录于20多盒录音带中。其女儿韦娜莎将他的录音悉心整理出版，为中国人民解放军的成长发展史，留下了宝贵的资料。

1987年2月3日，73岁的东兰籍中将韦杰在京病逝，走完了60年的革命历程。临终前，将军没有忘记自己60年前辞别母亲时的一个约定——将来一定要回到家乡去！

韦杰中将离世两年后，其夫人郭毅率全家大小，把韦杰的部分骨灰送回东兰县仁义村弄引屯，修坟立碑，让将军永远陪伴生养他的母亲，了却未能尽孝的遗憾。

60年前，韦杰从大山里走出来，60年后，韦杰又回到了大山的怀抱！

赤子的家国情怀

——壮族中将覃健传记

●潘　剑

金黄色的铜鼓，是中国铜鼓之乡——东兰县的象征。战火纷飞的年代，巍峨连绵的东兰大山深处，英勇的东兰人民用铿锵的呐喊声，擂响了革命年代的鼓声，用枪炮打出了一番天地。身为少数民族的他们，却通晓民族大义，从大山深处走出来，愤然拿起枪炮，为共和国的成立奉献青春和热血，就这样走出了一群共和国的开国将军。

当我们走进东兰县革命烈士陵园，抚摸着为革命献身的英烈英名录，成排成片的先烈姓名，给人以巨大的心灵震憾。无数的先烈在革命斗争中前赴后继，开国将军正是他们未尽事业的继续实践者。覃健将军，就是从他们中间走出来的一员，成为令人敬仰的壮乡优秀儿女代表之一，更是让后代们学习的精神代表之一。

身有愁苦暗恨生

（一）

1911 年 5 月 1 日，当初夏的太阳冲破了黎明，广西东兰县大同乡板坡村脚力屯一户壮族农家，传来一声稚嫩的啼哭，一个小男孩降生了。他的父母格外高兴，特地备好酒菜，请来本地一位私塾先生上门给他取名。老先生几杯酒下肚，忽然诗兴大发，笑着道："呵，五月，这是鲜花盛开的五月，高山青翠，田野碧绿，中华土地美哉！这孩子就叫作秀华吧！"名字意喻锦绣中华，希望他长大后有出息，因而取名为覃秀华。

然而，他所降临的世界，当时并不像私塾老先生给他起名字的寄寓那么美好。因家境贫寒，加上租税重、苛捐多，全家一年忙到头，生活仍然捉襟见肘，因此母亲坐月子期间没有得到充分调养，导致奶水不足，令年幼的他身体十分虚弱，到两岁都不会走路。三岁时，他又害了一场大病，家人以为覃秀华没有救了。也许是命中注定，他偏偏坚强地活了下来。村里人说他福大命大，大难不死，必有后福。病好后，覃秀华没有得到相应的营养调理，影响了身体发育，人长得又黑又瘦。因此，他经常被同龄小孩欺负，不愿意与他玩耍。年幼的覃秀华非常懂事，常常帮家里做力所能及的事，减轻家里的负担，也培养了他刚毅、稳重、自信的性格。

1919 年，到了上学年龄的覃秀华，看着同村有钱人家的孩子们去学堂念书，他因家里贫困无法上学，每一天早上起来都对着学堂方向发呆。终于有一天，他耐不住就硬着头皮问母亲要钱去读书。朴实善良的母亲看着可怜巴巴的儿子，心里不是滋味，最后还是东拼西凑来一点钱送覃秀华进学堂。

穷人的孩子懂事早。覃秀华虽然年幼，却相当珍惜来之不易的学习机会。他在学校勤奋好学，智慧过人，加上谦虚谨慎，学习成绩优秀，深得先生赏识和喜爱。但家里的困难像一副重担，压在了他幼小的心里。他放学后就自告奋勇帮家里干家务活，春来随父母开耕播种，夏来田里劳作，冬来山上打柴，尽可能为父母分忧解愁，更得到了家人的疼爱。

可当时大地并不安宁，国家动乱，匪患严重，覃秀华面临着一边读书一边逃难的生活。果不其然，进入学堂五年后，覃秀华因家里实在贫困而离开学校，回家务农。一家人的辛苦劳作，仍然不能让他们吃得饱穿得暖，父母还被乡绅恶霸欺负，弄得一家人不能过个好年。他就这样目睹了在苦难之中生活的乡里群众的苦苦挣扎，让他心生了想法——通过努力，改变家人的生活，拯救村人于水火之中。他就这样在不平凡的岁月里开始了不平凡的人生。

覃秀华在贫困的童年逐渐培养了反抗心理，容易接受进步思想。当时，韦拔群领导的东兰农民运动正如火如荼地开展，各地兴起打土豪、分田地的革命运动，加上孙中山先生进步思潮涌入这个边远的山区，让覃秀华接受了革命思想的启蒙教育，懵懵懂懂学习了三民主义和三大政策。他开始懂得了贫苦农民只有革命才能翻身做主人，也懂得了穷人们组织起来，才能斗倒土豪劣绅，也懂得了自己不奋斗就不能改变自己的命运。

（二）

年仅16岁的覃秀华积极参加乡农民协会和农民赤卫军，投身到反对土豪劣绅的革命斗争洪流中。他怀着满腔怒火，毅然决然穿过红水河，只身来到武篆镇，加入了韦拔群在北帝岩（今列宁岩）洞里开办的广西东兰第一届农民运动讲习所学习，接受先进思想教育，成为一名新农民新青年。

覃秀华投身革命后，当地反动派和土豪劣绅对他一家萌生刻骨仇恨。

乡里的反动派寻找各种借口和机会，甚至通过威逼利诱家人，还暗中找人拉拢其父母“劝返”他。然而，他并不为之所动。

1927 年，以蒋介石为首的国民党反动派相继叛变，轰轰烈烈的大革命运动陷入失败，这股大潮波及大山深处的东兰县。韦拔群等一批右江农民运动领导人被国民党广西省政府通缉，并派桂系军阀“进剿”东兰，镇压农民运动。为了反击桂系军阀的“进剿”，韦拔群把东兰、凤山两县及凌云、百色部分农军组织起来，编为三个团，统一指挥。群众热情很高，积极为农运捐钱捐物，购买枪支弹药，支持农民赤卫军打仗，保卫家乡。作为农军一员，覃秀华参加了多项战斗，在战斗中凸显出了沉着冷静的品质。同年 8 月，他又参加了韦拔群指挥攻打凤山县城的战斗。由于农民赤卫军的武器大多为大刀长矛和鸟枪以及为数不多的广西造步枪，弹药缺乏，在敌人正规部队的大规模镇压下，受到严重的损失。农民赤卫军顽强抵抗了一年，最终由低潮转入高潮，打出了声威和成绩。

正当覃秀华参加闹革命进入正轨，家人却遭受反动派的进一步迫害。其老家所在的村子是当时农民政权所在地，家人自然成为反动派们的眼中钉肉中刺。1929 年初至 1930 年底，覃秀华的母亲、姐姐及参加农民赤卫队的弟弟覃秀勤先后惨遭杀害。父亲被迫远离家乡，外出打工，过着饥寒交迫的生活，造成体弱多病，不久之后也不幸去世。敌人并没有作罢，将其老房子和其他农家的屋子进行烧毁。巨大的身仇家恨，更加激起了覃秀华对反动派的仇恨。从他离开家的那一刻起，就在心里发誓跟着闹革命队伍消灭反动派推翻反动势力，让自己翻身做主人，为劳苦人民出口气。

脱胎换骨着戎装

（一）

话说覃秀华自从 14 岁后就开始参加农民运动，加入农民赤卫军。

1925 年 11 月 1 日（农历 9 月 15 日），年仅 16 岁的覃秀华和其他 275 名来自东兰、凤山、百色等 11 个县的农民骨干，成为广西第一届农民讲习所学员，接受韦拔群同志等教员的授课，学到了先进的文化知识，如政治经济学、中国革命史和中国农民问题等课程。覃秀华与其他学员一起，在课后与韦拔群深入农村进行社会实践，了解当地农村的阶级状况，帮助组织农民协会和成立农民赤卫军，参加清算地主豪绅、打击贪官污吏的斗争。这不仅提高了农民的思想觉悟，也提高了覃秀华的政治思想觉悟和从事农民运动的实际工作能力，甚至成为了学员中优秀的代表。

当年 12 月，国民党反动派桂系军阀指派东兰县长带兵 100 余名，配合当地地主武装，分两路进袭农讲所。韦拔群亲率全体学员和 300 名赤卫军，趁黑夜包围了来犯之敌，迫使他们逃回县城。覃秀华参加了这一次重要战斗。

革命形势越来越严峻，第一期农讲所学员只学习 3 个月就提前结业。学员被分回到各地开展革命工作。覃秀华随即参加了当地农民赤卫军，成为东兰农军一名年轻的战士。他参加了打土豪劣绅、反动民团及反击桂系军阀军队“进剿”的战斗，保护了苏区农民的利益。他还参加宣传队，向广大群众宣传革命道理，动员农村青年参加赤卫军，保卫自己的家乡。

1927 年 8 月，为反击桂系军阀的“进剿”，韦拔群将东兰、凤山、凌云的农民赤卫军编为 3 个赤卫团和 1 个独立大队，由他统一指挥。覃秀华所在的赤卫军被编入东兰县赤卫第一团，从此，他由一名普通农民转变成为拥有先进思想的革命战士。

（二）

随着韦拔群率领的赤卫军在各战事中取得胜利，斗争形势逐渐有所好转。1929 年 10 月，邓小平、张云逸从南宁率领广西警备第四大队和教导总队部分学员机智地开赴百色，开展右江地区工农武装割据斗争，进行土地革命。为扩大武装地盘和影响力，他们把从南宁带来的武器弹药分发给右江地区各县，改善农民赤卫军装备，提升作战水平。

东兰县农民赤卫军第一团接到通知后，立即组织一批身强力壮、能吃苦耐劳和有勇有谋的战士到百色领取武器。覃秀华知道消息，马上到赤卫军团部主动要求执行这次任务。赤卫军负责人看了看年纪小体质弱的覃秀华，担心其吃不了苦，当即拒绝了他的请求。覃秀华急了，心里想怎么办？他常常听老人说："咱做事像牛一样，一定会成功！"对！他就这样去跟负责人磨。他还讲起了道理来："我都十八岁了，算起来也不小。再说，我还是一名农军战士，参加农军队伍不是为了要威风，而是为人民服务！"他再三请求和保证，表示能够坚决完成任务，绝不会拖队伍后腿。这感动了领导。领导破例同意覃秀华的请求，让他参加领枪队伍。

加入领枪队伍，覃秀华高兴得像过年一样。但家人担心这个即将出远门的孩子。为队伍领取武器，毕竟不像赶圩那么轻松，而是冒着生命的危险。临走前，父亲为他做了两双草鞋，还帮他收拾行装。姐姐生怕弟弟肩膀疼痛则连夜赶做厚厚的披肩。覃秀华带着亲人的嘱咐和父老乡亲的期望，和领枪队伍一起踏上了革命的道路。从大同到武篆，再前往百色，足足有 200 多公里的山路。艰苦的急行军，磨练了覃秀华的意志。双脚起了水泡，他一声不吭。到了宿营地，他端来热水，泡泡脚、排水泡；饥饿了，和同志们一样啃干粮喝泉水。一路上，他从不掉队，也不让同志们担心。他们经过 6 天的艰苦行军，终于到达百色。

邓小平、张云逸为了安全，临时改变了武器发放地点，改到离百色 100 多公里外的恩隆县平马镇（今田东县平马镇）。领枪队伍又马不停蹄地往回走，赶到平马领枪。领枪那一刻，身强体壮的大个子们选择了机关枪、山炮和迫击炮等重武器。覃秀华因个子小，领取了一支德国造的套筒枪，还有200发子弹和4枚手榴弹。第一次与枪支亲密接触，大山里的“土鳖”高兴得晚上睡不着觉，他把枪擦得亮堂堂的，无论是休息时间还是晚上睡觉，他的枪从不离身。

当年10月底，覃秀华在奉议县（今田阳县）参加了由张云逸指挥打击反动派广西警备第三大队的战斗。那一场激烈的战斗，整整持续了两天，最终三千余敌人全部被消灭。这一场战斗的告捷，为百色起义的胜利举行扫清了障碍，让覃秀华在战斗中积累了宝贵的经验，得到了真正的锻炼与成长。

（三）

战斗结束后，领枪队伍回到东兰。中共广西前委派来李朴、钟鼎到东兰县协助韦拔群工作，在东兰办起了军事教导队。覃秀华因工作突出，被选入教导队学习。通过一个多月的学习，覃秀华初步掌握了各种武器的性能、射击要领和如何利用地形地物打仗、放哨等军事知识，开始懂了什么是国家、阶级以及苏维埃政权的性质任务等马列主义常识。

1929年12月11日，覃秀华参加了由邓小平、张云逸和韦拔群等领导的百色起义。在那一场被历史铭记的起义中，宣告中国工农红军第七军正式诞生。覃秀华也随着其他的起义队伍庄严在红旗下宣誓，正式加入中国共产党领导的队伍，成为中国工农红军第七军第三纵队一名战士，并改名为覃健。从此，覃健这个名字随着中国共产党的旗帜征战在祖国大地上，为人民解放事业献出自己的青春与血汗，成为了共和国开国的壮族将军之一。

万里长征走泥丸

（一）

1930年春，根据党中央的决定，红七军军部机关率领第一、第二纵队3000余人，从河池出发开赴黔桂边境地区开展游击战，以扩大革命的影响力。第三纵队奉命留守东兰、凤山等地，保卫革命根据地。

覃健作为红军战士，参加了第三纵队的多次战斗任务，基本消灭了东兰县红水河以东地区的反动势力，攻打了恩隆县篆里区那栋村民团谭典章所部，解放了七里区。继而在燕垌消灭了大土豪黄梅春，在百色大所圩击溃了罗肇高的民团武装，解放了大所区，建立苏维埃政府。至此，东兰全县各区均建立了苏维埃政权，让红水河西岸至右江苏区连成一片。

同年秋，红七军受“左倾”冒险主义错误路线影响，决定离开右江革命根据地，去攻打柳州、桂林、广州等大城市，以完成南方革命。

红七军在河池进行整编，经过党中央的决定和邓小平、张云逸及韦拔群的调整，覃健被编入红七军第十九师五十六团三连任宣传员随大部队远征。红七军大队人马在离开右江苏区以后，沿途受到国民党反动派的围追堵截，处境极为困难，几乎每走一步都是刀山火海，特别在罗城县四把、融安县长安、湖南省武冈县等地，打了几次恶仗，没能占领一座城镇，反而使部队受到严重损失，部队由原来的两个师（四个团）减少到两个团，减员十分严重，几乎溃不成军。事实证明，左倾机会主义的冒进行动方针是错误的。

1931年1月，中共红七军前委根据当时形势，毅然决定放弃执行“立三路线”，停止攻打柳州、桂林等大城市的计划，转向湖南、江西边境发展，以便逐渐向江西中央苏区靠拢，争取早日与朱德、毛泽东领导的中央红军汇合。1月中旬，前委再次对部队进行整编，将剩下的人员缩编为第五十五、第五十八两个团。就这样，覃健被编入第五十八团第三连。

（二）

红七军从河池出发时，路上战事频繁，人员伤亡曾多，覃健在第五十六团三连曾经做代理排长。他因未做过大部队人马的伙食管理工作，经验相对不足，感到困难重重，又因怀念故乡的战友们，曾想离队返乡跟韦拔群师长干革命。这被组织发现后，覃健被送军部审查3天，处罚一个月劳役，回本连队当炊事员。后来得到部队领导的耐心教育，覃健深刻认识到自己的错误，决心在行军作战中改正自己的错误，努力实现自己“拿枪是为了人民”的理想。覃健身体力行，在粤北梅华岭和抢渡乐昌河的战斗中出生入死英勇杀敌，抢救战友，被战友们称为“最不怕死的人”。红七军到达湘赣苏区的永新、莲花地区，覃健劳役期满，被委任为连队通信员，参加了茶陵、酃县、永阳、安福等战斗，配合了中央苏区第二次反“围剿”。在战斗中，他表现勇猛顽强，出色地完成了任务，随即由通信员升任班长。

同年春，表现突出的覃健在第五十八团三连经韦在巩、苏振两位同志介绍，光荣加入了中国共产党，候补期两个月，成为一名党员。7月，覃健随着红七军部队东渡赣江，与中央红一方面军会合，编入红三军团序列。同时，又连续参加了高兴圩、莲塘、良村等战斗。11月，覃健被选送到江西瑞金中央军事政治学校深造学习，并顺利结业返回连队当排长。

（三）

1932年2月，覃健参加了著名的赣州战役，他主动请求执行爆破任务。

早春的太阳升得很晚，刚刚还热闹的鼓州城外突然变得异常寂静。这是一种回荡着腥风血雨的寂静。

在军指挥部担负警戒任务的覃健，焦急地等待着冲锋命令。

他清楚地看到，早早就埋伏在城脚的80多名敢死队员也焦躁不安，阳光在他们大刀面的反光，忽明忽暗。只要爆炸声一响，他们就会立刻扑进城去，为大部队的冲锋杀开一条血路。突然，指挥部的电话铃声急促地响了起来。总指挥部传来命令："上午 10 点发起总攻。"

期待已久的时刻终于来临了。爆破队长从地上似乎是用尽全身力气呼喊："爆破！"

一声令下，从沉寂中突然传来"轰隆"一声巨响，如同地震一样，大地震动不已，硝烟和尘土扶摇直上，顿时，城墙被炸开一道十几米宽的缺口。

意想不到的事情发生了，坍塌的城墙忽拉一下向外倾倒，预先埋伏在城墙脚下的 80 多名先锋战士几乎全部被埋进碎砖石里。

埋伏在东门外的团长黄冕昌看到城墙被炸出了一个豁口，立即站起身来，大声吼道："冲啊！"红军战士纷纷跃出堑壕，冒着敌人如雨的子弹，奋力冲向城墙。时间一分一秒地过去，每一分每一秒都意味着流血牺牲，攻城部队仍被敌人密集的火力阻挡在城下，军指挥部被迫下达撤出阵地重新组织进攻的命令。

看着眼前的一切，一种挫败感顿时涌上覃健的心头。守敌朱绍良面对红三军团规模如此之大的进攻，深为震惊。他急令陈诚的第十一师、十四师约 2 万人增援赣州。陈诚部于 27 日赶至城西北 30 公里处，第二天即遭我独立一师阻击，但赣州西北、西南地区仍被敌占。赣州攻坚战变得更加艰难。

3 月 1 日，黄冕昌团长急匆匆地找到覃健，说："你们组成敢死队，准备突击。"

覃健挺身答道："坚决完成任务！"

几天后，又一条长 70 米直达城墙脚的爆破坑道挖好了。队长姜茂生（凤山县唯一的开国将军）带着 4 名战士随时难备点火爆破。

这时，覃健带着 70 名特务连战士，从军指挥部附近拐进大东门外的街道，又穿过民房之间事先打通的通道顺利进人前沿阵地。

3 月 4 日拂晓，红三军团第二次总攻开始了。

“轰隆。一声巨响，爆破成功了!”

覃健立即带领战士们从城墙豁口冲了上去。

被猛烈爆炸声震昏了头的敌人清醒过来，依仗优势兵力和武器，开始疯狂反击。敢死队伤亡惨重，覃健和战友们不得不和敌人展开了肉搏战。正当他跃上另一个城楼的一刹那，他突然感到像有根铁棍捅在他的背上。

他终于知道，自己被敌人从身后射来的子弹击中了!

当特务连的一名战士把昏迷不醒的覃健当作烈士背出阵地时，忽然听见他呻吟了一声。战士立即高兴地叫喊起来：“排长还活着，大家快来，他还活着呐!”

不久，伤愈的覃健被调到红三军团政治部支书训练班学习了一个月，1933 年初，他调任红二军团第六师十六团四连政治指导员，后因军团政治部警卫连连长调离，组织上决定由覃健任该连连长。

（四）

然而，命运并没有让英勇的覃健如战场上一样勇往直前。正值中央苏区进行肃反运动，清除改组派和 AB 团分子，消除错误思潮，一时间部队中产生了恐怖气氛。覃健虽心中坦然，但过去曾发生想回乡跟随韦拔群闹革命的问题，结果，他还是被留在红七军组织部宣传队担任宣传战士，这段审查考验时间居然达一年时间。

背着不应该背负的包袱，覃健在中央苏区的北线和东线参加了对国民党第四、第五次反“围剿”的多次战斗，经过一年的考验，他始终勇敢战斗在一线，不计较个人得失和恩怨，对军队、对人民赤胆忠心，表现出了壮乡儿女无私无畏的宽广胸襟，赢得了组织的信任。他此后先后任排长、连指导员和连长等职务。

这不过是覃健将军人生长征路上的一次小坎坷。

（五）

当历史的脚步踏入1934年秋末。中央红军离开江西苏区，开始进行战略大转移。红三军团被编为右路前卫队。覃健时任红三军团政治部警卫连连长，随军踏上了漫漫征途。

艰苦卓绝的二万五千里长征途中，作为连长，覃健待自己的部下如家人一般。每次行军前，他总是细心叮嘱班排干部，做好必要的装备工作，让身体不适的战士们抓时间恢复和养病。行军路上，他经常和战士们拉家常，或者替小战士扛枪或背干粮。对于一些出现思想波动的战士，他总是关怀备至，为其解忧，从多方面给予鼓励和帮助。长征途中，缺少粮食是常有的事，特别是进入川西地区后，食物缺乏更加严重，覃健时常把自己有限的口粮，分给伤病员和饭量大的同志吃。每每到达宿营地，他迅速布置各项警卫任务，还下到各班排细致检查，事无巨细地安排同志们食宿问题。

行军中，部队不仅面对敌人的围追堵截，还面对部队内部的分裂问题。经过几个月的长途跋涉和频繁作战，部队减员严重，覃健所带的警卫连由120余人减少到不足50人。1935年6月，红一方面军在川西的毛儿盖地区与第四方面军顺利会合，警卫连得到人员和弹药的补充。9月，张国焘拒绝执行中共中央北上抗日的方针，擅自命令右路军南下川康，另立门户。警卫连部分战士的思想引起混乱，那些刚刚从红四方面军补充来的人员，纷纷返回原部队。

在大是大非面前，覃健心里清楚：自从参加红七军以来，由于一些中央领导犯了路线错误，红七军离开了右江根据地，经历多次恶战，部队人员严重减少，即使是转战千里后与中央红军会合，人员几乎不能维持工作正常开展。战事失误减员不说，一些错误思想也引起混乱，“立三路线”改正后又出现了王明“左倾”错误路线，几乎断送了整个队伍。遵义会议确立毛泽东等在中央领导地位后，各项战事节节主动，步步胜利……覃健坚信，毛泽东的指挥是正确的。他在全连会议上斩钉截铁地说：“从历史经验教训来看，我认为跟毛泽东干革命是对的。我们继续往北走，跟随毛泽东去!”后来，覃健回忆起这段往事时，他说：“我当时思想也有一些模糊，但我是红一方面军的，相信上级党指示是正确的，就抱着必胜的信念，果断带连队爬雪山、过草地、走险路。吃尽千辛万苦，终于抵达陕北。”

长征路上，覃健在上级领导下，与同志们一起先后冲破敌人的四道封锁线，渡过湘江，并弃湘西改向贵州，强渡乌江夺取贵州北部重镇遵义。后在毛泽东的正确领导下，声东击西四渡赤水打乱敌人的追剿计划，巧渡金沙江跳出敌人的包围圈，强渡大渡河，飞夺泸定桥，过雪山、草地，直至 1935 年 10 月与中央红军会合，可以说是九死一生。从壮乡大山深处走出来的覃健，对于这些苦难行军，除了得到意志的磨炼，更有一种坚韧不拔的精神，仿佛所走的路就是泥丸一样，被踏在脚下。

（六）

到达陕西后，由于连队严重减员，红三军团首长决定把政治部警卫连和保卫局的保卫队合编，由覃健任保卫队队长，后又在陕北的保安县整编，他担任第一方面军总部警卫营连长，继续北上斗争。

1935 年 10 月，覃健率部参加了围攻甘泉的战斗，他机智果敢，出色完成了战勤任务。战后，他因表现优异，升任总部警卫营营长。11 月 30 日，他参加了红一方面军在东村召开的营级以上干部大会，庆祝红一方面军和红十五军团胜利会师，庆祝直罗镇战役的胜利，并听取了毛泽东作的《直罗镇战役同目前形势与任务》报告，受到深刻教育。

1936年1月，覃健调换工作岗位，担任红十五军团司令部作战科长。他认为自己经验少，不能胜任此项工作，思想有了顾虑。叶剑英参谋长了解到覃健的顾虑，就认真开导他。他很快就服从组织分配，奔赴新的工作岗位。

当年2月，为了打破国民党反动派的封锁，推动全国的抗日救亡运动。不久，覃健率队随红十五军团西征宁夏，进入安边、预旺堡、红水城、同心城等地区，沉重打击了马鸿宾、马鸿逵部队，为部队筹粮筹款、迎接红二、四方面军北上夯实了基础。6月，他参加了攻克预旺堡战斗，前后20余天，俘虏敌人300余人，缴获战马150匹，轻机枪、马步枪、驳壳枪等武器200余件，打了一个漂亮的歼灭战。战后，覃健率部转入庆阳、驿马关一带休整，并奉命调到教导营工作。

“西安事变”发生后，覃健奉命南下增援张学良、杨虎城部队，积极动员爱国力量，开展抗日救国及扩军工作。

枪林弹雨树威名

（一）

1937月7月7日，震惊中外的“卢沟桥事变”发生，中国人民伟大的抗日战争全面爆发。

8月，覃健到延安抗日军政大学第三期学习，因当时学习条件辛苦，学员自己挖窑洞、建宿舍，以高涨的热情完成了整个学习任务。这期间还从普通班调到教员训练班学习，掌握了大量的军事作战及管理知识，为日后成长打下了坚实的基础。毕业后，他留校担任第四期第一大队第二队的队长兼军事教员。第四期未毕业，他就调任八路军第一一五师三四四旅六八八团副团长，1938年7月开赴前线。

1938年9月，覃健率第六八八团与第一二九师青年纵队、新一团及第六八九团组成漳南兵团，由王新亭、杨得志统一指挥，南下开展豫北平原地区的抗日游击战争。

1. 1938年7月，覃健任八路军第一一五师三四四旅六八八团副团长，在汤阳县地区建立抗日民主政权。
2. 1940年4月，覃健任八路军新编第二旅第五团团长，在范县、濮阳、清丰和日伪军进行反“扫荡”斗争。

9月下旬，漳南战役开打。在第三四四旅副旅长杨得志的指挥下，覃健率六八八团由晋东南沁水地区进至平汉路东面，歼灭了苏启明、扈全禄等部伪军，俘虏敌人1400余名，解放了滑县。这次战役中，盘踞在汤阴一带的土匪武装在我军争取下接受改编，我主力部队撤离后，其本性不改，竟然策划叛变。覃健奉命率领第六八八团进驻该县，智缴该部土匪的枪械，重建了县大队，从第六八八团派去教导员等领导干部加强县大队的领导。漳南战役的胜利，基本肃清了平汉路东、漳河以南、卫河两岸南北数十公里地区的伪军和土匪。同时，还协助中共直南特委建立了安（阳）、内（黄）、汤（阴）等县抗日民主政权，为建立冀鲁豫边区抗日根据地奠定了基础。

1939年3月，为了建立冀鲁豫边区抗日根据地，发展游击战争，统一边区抗日武装部队的指挥与扩大部队，以杨得志为司令员的冀鲁豫支队正式成立。覃健领导的三四四旅特务团（对外称八路军一一五挺进纵队）被编为冀鲁豫支队第二大队，覃健任大队长。

冀鲁豫支队成立后，覃健率队在山东曹县开展抗日宣传和统战工作。在地方党组织有力协助下，打击了反动地主武装，活捉了汉奸、恶霸地主高圣君及武装人员300余人。他紧接着端掉民权县一个伪军中队，攻打青固集国民党党部，深受处于水深火热的群众拥戴。

（二）

1939年4月下旬，冀鲁豫支队集第一、二、三大队兵力，从曹县出发，远程奔袭日伪军重要据点金乡县城。覃健率领第二大队参加了这次军事行动。25日，各大队隐蔽集结于金乡城下，26日零时发起攻击，迅速突入城内激战4小时，一度占领城关各交通要点。因敌依据坚固工事据守顽抗，支队决定在拂晓时分撤出战斗。这次战斗毙伤日伪军150余人，俘伪军100余人，缴步枪100余支。接着，覃健又率领第二大队与兄弟部队一起，于金乡周围地区接连挫败了日伪军的报复与反扑，沉重打击了日伪军的嚣张气焰，极大地鼓舞了冀鲁豫边区人民的抗日信心。

6月下旬，日军驻曹县司令河野串率日伪军300余人，向我冀鲁豫边区进犯。大队长覃健下令果断出击，亲率第一营在敌人前进的路上设伏，因敌人绕道前进，第一营设伏未成，立即改为向敌人后侧攻击，歼灭了敌炮兵，缴获了敌人的山炮。覃健指挥的第一营与常玉清指挥的第二、第三营前后夹击敌人。从中午战至傍晚，毙伤俘日伪军200余人，河野仅带30余人狼狈逃回县城。

冀鲁豫边区抗日游击战争的蓬勃发展引起了敌人的严重不安和仇视。从6月中下旬至11月中旬，日伪军调集重兵对我冀鲁豫边区连续进行大规模的“围攻”和“扫荡”，妄图消灭我抗日武装，摧毁冀鲁豫抗日报据地。

1939年，八路军冀鲁豫支队领导干部合影。杨得志、刘震、卢绍武、崔民政、吴信泉、李雪山、昌炳桂、覃健

7月1日，冀鲁豫支队在定陶城内召开干部大会，纪念党的18周年生日，同时动员抗日反顽。当日下午，日军一支机械化部队2000余人开进定陶城。支队立即转移出城投入战斗。覃健率领第二大队在定陶西南许庄寨与敌先头部队遭遇，即对敌实施勇猛突击，毙敌100余人，击毁汽车3辆、大炮1门，顶住了敌人的进攻，掩护了支队的转移之后，覃健率领第二大队从敌人间隙穿过，转移到曹县、单县一带坚持斗争。

10月，日军对鲁西进行第二次“扫荡”。12日，日军调集汽车100余辆到商丘，增兵曹（县）单（县）据点，企图由陇海路向北出击，“会剿”覃健指挥的第二大队于曹县、单县、商丘之间。覃健率部在第一、第三大队的配合下，对进犯之敌予以沉重打击，致敌伤亡惨重，从而粉碎了日军的第二次“扫荡”。

然而，敌人心存不甘，在11月8日纠集兵力搭乘800辆汽车，通过坦克部队配合，欲剿灭覃健部队。覃健沉着指挥，巧妙利用群众支持和有利地形，化险为夷，日军一无所获。

（三）

1939年末，国民党顽固派掀起了第一次反共高潮。1940年1月下旬，盘踞在冀南地区的国民党第三十九集团军总司令石友三伙同孙良诚部开始向冀南我军发动武装进攻，遭到我军猛烈还击。2月下旬，覃健率部于固城集、柳格集与敌展开激战，将敌击退。但石友三不甘心失败，又于湛阳以南构筑工事继续顽抗。2月28日，覃健率部突破其防线，一举歼敌一个营，迫使石友三部主力退守黄河东岸。

1940年4月，覃健改任八路军第二纵队新编第二旅第五团团长。5月15日，他率部向马山集之顽敌发动攻击，在兄弟部队的配合下，共歼顽敌2000余人，俘敌500余人。

1940年冬，新四军第三师八旅二十三团领导干部于阜宁县板湖镇合影。左二为覃健

6月中旬，在纵队政委黄克诚、参谋长韩振纪指挥下，覃健率领第五团从港阳一带南进。此时，日伪军2万余人兵分12路，对濮阳、清丰合围“扫荡”。覃健指挥第五团配合新二旅兄弟部队掩护纵队机关跳出敌人包围圈，在郸城、范县间东涉

黄河，经鄄城、巨野、金乡等地，在高寨以南击退敌人袭扰，于6月底在陇海路黄口附近与豫皖苏边区新四军第六支队会合。

7月中旬，覃健率领第五团进军皖东北，进驻双沟镇附近，配合该地区民兵歼灭伪军200余人，镇压了当地头号恶霸王达三（王小败坏），保护了人民的生命财产。是年秋，八路军东进部队和苏北新四军在盐城会合后，顽军韩德勤部于西南向我军挑衅，覃健奉命指挥第五团移驻板湖地区，反击顽军的挑衅。

7月下旬，日军独立第十二旅团旅团长南浦指派日伪军1.7万人，分四路合击新四军军部所在地盐城，开始对苏北进行第一次大规模的“扫荡”。在第三师的统一指挥下，覃健率领第二十三团参加了这次历时一个多月的反“扫荡”作战，我军共毙伤日伪军3800余人，生俘日军14名、伪军官兵800余人，击沉敌汽艇30艘，缴获了大批武器弹药，取得了反“扫荡”的胜利。

此后，覃健根据师首长的指示，率领二十三团深人地方发动群众，建立地方武装。在兄弟部队的配合下，至9月初在苏北盐阜地区扩建了8个县大队，成立了盐阜区行政公署，共有6300余人枪，成为强大的地方武装。人民群众深有感触地说：“八路军、新四军真正是为咱老百姓打鬼子的!”

（四）

1941年1月，“皖南事变”发生，覃健所在的部队再度进行改编。

覃健任新四军第三师第八旅二十三团团长，奉命开辟苏北盐阜地区抗日根据地。盐阜地区历来是兵家必争之地。当时群众尚未发动起来，匪患严重，顽军韩德勤部也不断骚扰，造成社会严重不安。黄克诚师长提出了“打击日伪、剿匪安民，提高我军辉煌，取得人民支持”的号召。2月5日，覃健率领第二十三团攻克季家圩的匪巢，经过一个小时激战，击毙匪首，全歼匪徒320余名。紧接着进军阜宁地区剿匪，收缴散兵游勇武装，平息土匪叛乱，肃清了当地社会混乱分子。

1941年3月，淮海军区司令员覃健与中共淮海区党委书记兼军区政治委员金明合影

1942年春，覃健奉命调离第二十三团，与金明、张克辛等一起，赴淮海地区组建淮海军区。在无一点基础的情况下，覃健忙里忙外，紧张筹备，使得淮海军区于当月在沭阳县宣告成立，并奉命任司令员，中共淮海区党委书记金明兼任军区政治委员，张克辛任参谋长，高农斧任政治部主任。

覃健还成立了各相关机关单位和作战部队，整合相关队伍，提升了作战水平和政治认识。随后，淮海军区根据当时作战和实际情况进行整合，覃健任淮海军分区副司令员。

当年11月，日伪军出动8000余人，兵分八路，从淮阴、涟水、新安（灌南县城）等地，对淮海区进行"大扫荡"，企图摧毁淮海区地方和军队领导机关。面对敌人突然大规模的行动，覃健积极协调刘霞司令员和金明政委，沉着冷静地指挥机关、部队和民兵，阻击敌人的进攻。

当时，日伪认为他们人多武器好，必能消灭这支共产党军队，便用八路兵力合击位于小胡庄的淮海军区和地委机关，结果扑空。这令敌人恼羞成怒，继续执行一贯的碉堡政策，修建了几十个据点，淮海区四大公路一时被敌人打通，淮海根据地一度陷入混乱状态。全区党政军民情绪极为紧张，全区暂时大局已去，情况不容乐观。覃健再一次发挥出其独立作战的智慧，指挥部队和民兵，利用有利地形，与敌人展开游击战，四处袭击敌人。同时，还发动根据地群众开展公路破袭战，摧毁了敌人的一些据点，让日伪各部队不得安宁。经过一个星期的顽强奋战，终于使淮海军分区由被动转为主动，日伪军被迫撤回据点。

12月初，为适应淮海区被日伪军分割为几大块的斗争形势，新四军第三师把一部主力实行地方化，其中覃健兼任第三支队司令员。1943年初根据作战需要主持潼宿海军分区工作，狠抓训练，还率部队进行大比武比赛。

虽然战事持续吃紧，但覃健在五一劳动节当日与爱妻陈朴同志喜结连理，从此，这一对革命夫妻相守相爱一生。

时间在战斗中一下子就到了1943年夏天。日军以潼阳城为中心，在四周安设了许多据点，企图对潼宿海抗日根据地进行封锁，限制抗日军民活动。覃健支队长亲率部队攻打桑墟、万匹等据点，予敌以打击。当时，由于部队装备差，面对日伪军修建的高墙据点，一时难以攻下。时值炎热天气，部队有人想出土办法——摆开“死狗阵”，逼敌退出据点。抗日政府动员群众将狗送到部队，打死后放到据点围墙周围，要不了两天就臭气四溢。敌人在据点里，夜不能寐，怕游击队夜袭；白天闻到这死臭味，一个个都吃不下饭，好几个据点的敌人被迫撤出据点。黄道口据点30余人出来抢粮，被覃健部队全歼。

在此后的一段时间里，覃健带领他的部队，主要任务就是拔除日伪据点，把被日本侵略者占领的土地一一夺回来。覃健先后打了车桥战役和高沟、杨口战役，全歼了伪军第七十二旅及保安第五大队2200余人，毙伤增援日军140余名，收复了六塘河两岸地区，使得淮海区和盐阜区通道得到沟通。他又乘胜追击程庄、高流等第军事要地。1944年9月，淮海军分区部队趁敌人立足未稳，进行了林宫渡战斗，毙日军全井中队66人，俘获日军5人，歼灭伪军90人，打了一场漂亮的歼灭战。覃健带着部队采取多种战术，与敌人周旋，把敌人进一步瓦解，歼击日军及伪军众多，拉开局部反攻的序幕。

（五）

根据党华中局关于扩大江南解放区，迎接反攻，配合盟军作战的指示，新四军命令第三师组建一个独立旅，南下支援新四军第七师皖江地区的作战工作。

覃健、石瑛二人在军部接受任务后，急速赶回泗阳县北里仁集淮海军分区驻地，向军分区其他领导做了传达。5 月 4 日，独立旅在江苏省泗阳县里仁集举行成立和出征誓师大会。11 日，4000 多人的独立旅在覃健等率领下，长途急行军 800 公里，几乎冒着与长征一样的危险，穿过敌人的封锁线，路上还与敌人见刀见枪，一路上打出了声威。独立旅到达皖江地区后，使第七师兼皖江军区的力量大增，敌顽的行动有所收敛，因而皖江地区的形势有所缓和。

1944 年，淮海军分区部分领导在灌南大伊山合影。左一为淮海军分区副司令覃健

独立旅进驻皖江地区后，由于天时、地理、语言、生活习惯和作战对象的变化，部队中出现了一些问题。覃健遵照第七师首长的指示，决定对部队进行一次短期休整。从关心部队生活出发，搞好伙食调剂，使大家吃饱吃好。当时天气炎热，皖江地区蚊蝇多，部队有 90% 以上的人员患了

疟疾。覃健特意请来第七师后勤卫生部门的同志，指导部队开展预防工作，把各种防范措施落到实处。经过努力，基本上控制了疟疾病的传播，也治好了一些干部战士的疾病，使部队的战斗力很快得到恢复。为适应作战需要，覃健还让部队组织爬山训练。国民党军驻在皖西的广西军，善于山地作战，上山爬得快，下山跑得快。覃健又带着部队开展热火朝天的爬山训练，各级领导带头，从山下爬上去，又从山上跑下来。为此，许多单位还进行爬山比赛，在山头插上红旗，谁先爬到山顶夺得红旗，谁就是优胜者。大运动量的爬山训练，增强了官兵的体质，有利于技术战术的充分发挥。

6 月上旬，巢县日伪军数百人，向石涧埠旅部驻地附近进犯。覃健令第二支队予以阻击，在黄龙岗毙伤日伪军 180 余人，取得了首战胜利。这一仗打出了独立旅的威风，给皖江人民以极大的鼓舞。当地群众说：这支独立旅过得硬，能打仗！

1945 年 8 月 8 日，苏联政府宣布对日作战。8 月 9 日，苏军出兵中国东北，向日本关东军大举进攻，加速了日本侵略者的灭亡，缩短了中国抗日战争胜利的进程。同日，中共中央主席毛泽东向全国人民发出全面反攻的号召。10 日，朱德总司令向所有解放区、军队发出进击日伪军的命令。

8 月 11 日，第七师首长命令独立旅攻打无为、襄安两城。旅长覃健立即召开干部会议，研究作战方案，宣布作战命令。决定由副旅长冯志湘指挥第二支队，攻打襄安镇；覃健率第三支队，攻打无为县城。无为是安徽省长江北岸的一个重镇，四周有高达 5 米的城墙，还有水壕。覃健以第三支队第八团主攻北门，第七、第九团由西和西北角突破无为城防，而后向城内各日伪军据点攻击。经过一番激战，全歼城内伪大队副大队长以上 100 余人，缴获迫击炮 1 门、轻机枪 7 挺、长短枪 300 余支。17 日晨，无为县城获得解放，城内人民鸣放鞭炮，表示庆贺。

覃健没顾得上分享胜利的喜悦，随即离开无为县城，率第三支队直奔襄安，增援第二支队攻打襄安镇。两路人马猛攻，襄安守敌招架不住了。此战，歼日军50名，俘伪军50名，并缴获一批枪支弹药。

无为、襄安战斗结束后，日伪顽向桐城、芦江、无为边区集结，准备大举反扑。覃健根据师首长命令，迅速向那几个地区挺进，对日伪顽进行反击，保卫了边区人民的生命财产和抗战果实。

随后，覃健奉命率部配合作战，支援友军，有力打击了日本侵略者。当年9月下旬，他率队回归新四军第三师建制。但其部队随军北上，覃健则留在淮海区担任军分区司令员。

（六）

1946年6月，以蒋介石为首的反动派悍然发动了全面内战，将人民刚刚从抗日战争中拉回了战争的炮火里。为了早日结束内战，党中央高瞻远瞩，做出了解放战争的全面部署。

1947年1月，覃健担任苏北军区主力部队第十二纵队副司令员兼第三十五旅旅长

下半年，覃健为了提升作战能力，在淮海军分区的基础上，成立新的独立旅，并任旅长。恰恰此段时间，覃健及其部队作战任务更加频繁，直至年底，覃健部队先后歼敌第四十二集团军第一师等部8000余人，深入打击了敌人整编第四、第二十一、第五十一师共五个团的兵力，沉重打乱了敌人的部署。

1947年1月，遵照中共中央军委命令，对部队进行合编成立华东军区。覃健担任苏北军区主力部队第十二纵队副司令员兼第三十五旅旅长。同月，华中野战军主力进行战略北撤。2 月，国民党调集第四十四师等部 7 个旅的兵力在地方保安团队的配合下，以淮海区为重点，连续进行“清剿”“扫荡”。2、3 月间，覃健奉命担任第十二纵队副司令员，指挥第五、第六军分区武装，连克东沟、程集、大兴集等据点，歼敌 2000 余人。4、5 月间，第十二纵队主力又击退了敌淮海绥靖区组织的两次大规模“清剿”，并攻克胡集、线集、徐溜等据点，逼退东沟等据点之敌，沟通了盐阜、淮海地区。

8 月，中央军委命令成立华中敌后临时指挥部，管文蔚任司令员，陈丕显任政治委员，覃健任第二副司令员。随后，该部指挥华野第十一、第十二纵队发起盐东战役，歼国民党军 7000 余人，俘获敌人少将师长李铁民等将领多人。此次战斗改变了苏北、苏中地区斗争局面。随即挥戈南下，击退国民党第五十一师的进攻，攻克淮南运河一线，围歼响水之敌，收复了不少失地。

1948 年 3 月中旬，第十二纵队与另一广西将军韦国清指挥的华野第二纵队在苏北阜宁县会合，覃健率领第三十五旅和特务团及分区各部队，协同苏北兵团的华野第二纵队发起益林战役。覃健奉命率部在益林西南方向约十公里处构筑工事，阻击敌人增援益林城内之敌。敌增援的步兵部队在飞机、火炮的掩护下，疯狂地向我第三十五旅阵地狂轰滥炸，企图突破我阻击防线。覃健临危不惧，沉着指挥，并冒着生命危险亲临前沿阵地了解情况，正确指挥所部反击敌人的多次进攻，保证了歼灭益林守敌王匡旅以及援军，这次战斗取得了歼敌 7000 余人的重大胜利。

6 月，覃健升任苏北兵团参谋长，他积极协助兵团司令员韦国清、政治委员陈丕显制定决策，指挥我军在华中战场作战。7 月，苏北兵团以第二纵队第五师包围众兴守敌，歼灭国民党暂编第二十五师第十二旅 1 个团及保安团等 2200 人。

8 月中旬，中央军委、毛泽东主席做出华东野战军准备攻取济南、相继歼灭部分援敌的指示。苏北兵团在临沂西部一线设防，阻击来自徐州方向的敌增援部队。部队没有开进之前，覃健率领兵团机关部分人员先行，经沭阳至山东临沂西与地方党、政领导进行战前研究和布置支前工作。韦国清司令员到达后，覃健做了战前工作情况汇报。9月初，济南战役打响后，覃健率部担负阻击徐州出援之敌的任务。由于苏北兵团严阵以待，徐州出援之敌虽然有蒋介石严令督促，但敌第二兵团尚在鲁西南的成武、曹县地区，第七、第十三兵团仍在集结之中，给我主力部队攻克济南赢得了歼敌的战机。9月24日，我华东野战军一举攻克敌重兵设防的山东省省府济南，歼敌11万人，敲响了人民解放军同国民党军队进行战略决战第一声春雷。

（七）

随后，覃健奉命率部投入三大战略决战之一的淮海战役。作为兵团参谋长的覃健，除了做好兵团司令员、政委的得力助手外，还要具体负责部队的战前训练、拟订作战计划、组织部队协同作战以及通信联络、后方保障等工作，任务十分繁重。淮海战役的第一阶段，苏北兵团从碾庄进到新安镇、宿迁方向即展开进攻，围歼位于阿湖地区的敌第七兵团。11月初，华东野战军首长命令苏北兵团，南越陇海路经宿迁、大王集、双沟集向徐州东南迈进，威胁徐州之敌与堵截西逃之敌。13日，覃健与其他兵团首长一起，指挥苏北兵团各纵队于宿迁、皂河之间渡过运河，于大王集歼灭了西逃之敌第一〇李英敏七军。下旬，覃健率队进占徐州东南之潘塘镇除山村，威胁东援之敌的右侧，有力地支援了华东野战军主力歼灭黄百韬兵团，攻占宿县，孤立徐州。使淮海战役第一阶段胜利结束。

11月27日，根据华野总部指示，覃健及时调整部署，指挥部队向宿县以南地区挺进，迫使国民党军撤离淮河一线，并迅速筑起工事进行防御。

11月30日当晚，国民党军徐州“剿总”副司令员杜聿明率领3个兵团近30万人撤离，向永城方向逃窜。12月3日，覃健在韦国清等上级领导指示下，率部阻击逃敌。15日晚上，国民党军黄维军团4个军、12个整师、1个快速纵队共11万余人被歼，淮海战役第二阶段又以人民解放军的胜利而告终。

1949年1月6日，华野的苏北兵团配合兄弟部队由西南向东北方向对杜聿明集团发起总攻击。10日全歼杜聿明集团，夺得了淮海战役的伟大胜利。

（八）

辽沈、淮海、平津三大战役胜利后，全国人民沉浸在欢庆胜利的喜悦之中，毛主席发出了“打过长江去，解放全中国”的伟大号召。1949年2月，华东野战军根据中央军委关于实行统一编制的指示，对部队进行了整编。华东野战军改编为第三野战军，下辖第七、第八、第九、第十兵团共四个兵团，覃健调任第九兵团参谋长。第九兵团下辖第二十、第二十七、第三十、第三十三军四个

1949年2月，三野第一届参谋长会议全体人员合影。右第二排第三位为第九兵团参谋长覃健

军。部队整编后，覃健参与决策并指挥了第九兵团渡江战役前的准备工作。

根据渡江作战方案，第九兵团主要担负突击任务。宋时轮指挥各军先后扫清了敌人的江北据点，派出多批侦察人员南渡了解水情、侦察敌情，组织部队搜集船只，开展水上练兵，从思想、组织、物资、战术技术等方面充分作好渡江作战的准备。

江北暮春，天寒水冷，又加阴雨连绵，指战员们整夜整夜地泡在泥水中，反复练习上船、下船、划船和登岸，军衣没有一时是干的，冷风一次，冻得直打颤。但是，谁也没有一句怨言。大家怀着一个目标：赶快练好本领，坚决打过长江，争做“渡江第一船”，争做‘渡江作战模范”，打过长江去，为人民立大功。

渡江作战开始前夕，宋时轮、覃健亲临长江大堤察看地形，在深入一线部队掌握对面敌情后，向总前委建议将原定第一天先攻打江心据点，第二天再正式渡江的计划改为同时进行，以达成战役的突然性。

经批准后，宋时轮于4月20日晚8时指挥第一梯队首先发起渡江作战。由于准备充分，情况明确，部署正确，行动突然，部队乘夜色像天兵一样，突然出现在敌人防线的前方。

敌军发现后，使用密集火力进行拦阻。但第九兵团第二十七军第二三五团的指战员们，硬是冒着枪林弹雨往前划、往上冲。前面的船被打翻了，后面的船再冲过去。到达岸边后，登岸的梯子被打飞了，就搭人梯往上冲，终于最先突破长江天险，夺取了“渡江战役第一船”的桂冠。

渡江战役进入第二阶段。第三野战军第九兵团司令员宋时轮向所属部队发出指示，目前任务是断敌退路，配合兄弟兵团歼灭逃敌。就在部队勇猛追歼逃敌之时，覃健接到第三野战军副司令员粟裕、参谋长张震的命令，要他与郭化若政委立即率第二十五、第二十七两个军，以急行军经青犬江、宣城，向郎溪、溧阳之线挺进，与东集团第二十八军打通联系，断敌南逃之路。

依此命令，覃健立即调整部署，指示第二十七军当晚攻占南陵，24日占宣城，26日占广德，27日占界牌镇。中午，宋时轮又指示第二十七军主动与向长兴合击的第二十、第二十五、第三十三、第二十四军联系，达成对敌合围态势。命令第二十五军于23日在湾址歼敌第二十军主力之后，与其他常备军一道向东急进。仗打到这个时候，部队进展都较顺利。东、中两突击集团主力会师于吴兴，把南逃之敌第四、第二十八、第四十五、第五十一、第六十六等5个军包围在郎滨、广德山地区。

为了迅速、全部消灭被我军包围的国民党军，27日，第三野战军首长决定临时调整指挥关系，由宋时轮、郭化若、覃健统一指挥第九、第十两个兵团共7个军，歼灭被围之敌。宋时轮立即命令各军要全力以赴，密切配合，协同动作，全歼逃敌。经两天激战，至29日，南逃之敌5个军全部被歼，俘虏6万余人。渡江战役第二阶段郎（溪）、广（德）围歼战，是整个渡江战役的重要组成部分，为渡江战役的全胜奠定了基础。

（九）

1949年4月下旬，国民党军长江防线被突破后，其京沪杭警备总部所属部队5个军在郎（溪）广（德）山区被歼灭，其余大部退据上海，连同原淞沪警备司令部所辖部队，共8个军25个师20余万人。在国民党总裁蒋介石的直接部署下，企图依靠上海的丰富资财和长期筑成的预备工事顽抗，争取时间，抢运物资，掩护战略撤退；并准备大肆破坏城市，阴谋挑起国际事端，促使帝国主义进行武装干涉。

渡江战役胜利后，覃健顾不及庆祝，为早日实现人民解放，把上海人民从水深火热之中解脱出来，又奉命准备攻打上海。第三野战军司令员兼政治委员陈毅、副司令员粟裕依据中共中央军委和总前委指示，决心首先兵分两路，采取钳形攻势，从浦东、浦西两翼迂回吴淞口，断敌海上退路，尔后再围攻市区，分割歼灭守军。根据守敌的防御部署，覃健与宋时轮、郭化若一起研究制定作战计划，全面安排第三野战军第九兵团的各部队就位待命。

1949 年 5 月 12 日，上海战役的枪声打响。第三野战军各部队分别向上海外围守敌发起攻击。至 14 日，第九兵团攻占平湖、金山卫、奉贤、南汇及松江、青浦等地，进逼川沙，威胁守军侧背。司令员汤恩伯被迫从市区抽调第五十一军至白龙港、林家码头地区加强防御。三野第十兵团攻占昆山、太仓、嘉定、浏河等地，继续向月浦、杨行、刘行守军发动猛攻。国民党军依托钢骨水泥碉堡群，在舰炮和飞机的支援下，实施连续反击。15 日，又将第二十一军及第九十九师自市区调至月浦、杨行、刘行加强防御，使进攻部队受阻。据此，总前委指出：不要性急，应立于主动地位，做充分准备，以克服钢骨水泥工事。第三野战军指挥部即下达战术指示，总结攻击钢骨水泥地堡群的经验，并调整了部署，改以小分队行动为主，实施火力、爆破、突击紧密结合的攻坚战术，逐个夺取碉堡，加速了战斗进程。

5 月 17 日，覃健指挥第三十军在川沙东北的白龙港地区作战，歼灭了国民党军第五十一军和整编第八师全部、第三十七军一部，敌军第五十一军军长王秉钺以下的 8000 余人被俘虏。这是上海战役外围战的一个胜利之战。奉命回归第九兵团指挥的第三十一军人马，遵照覃健参谋长的命令，早就在 5 月 14 日进入奉贤、南汇地区，并在 16 日在周浦镇歼国民党军官兵 2280 名。将敌人第十二军压缩于高桥地区，并割断了其与浦东市区第三十七军的联系，与华野第十兵团形成了夹击吴淞口之势。汤恩伯为保持吴淞口出海通路，将第七十五军东调，增防高桥，依托该地区濒江依海、三面环水、地形狭窄的有利条件，在海空军配合下频繁反击。华野进攻部队与其展开激烈争夺战。23 日夜，覃健遵照上级指示，令第二十七军等部向上海市区守敌发起总攻。同时，外围的特种兵纵队用远射程火炮对高桥东北海面的国民党军舰艇进行炮击，击中 7 艘，其余逃走。至此封锁了高桥以东海面，将守军主力压缩于吴淞口两侧地区，为攻取市区、全歼守军创造了有利条件。

5 月 24 日，第二十军攻占浦东市区，第二十七军占领虹桥、徐家汇车站。此时，已于 18 日登舰准备逃跑的汤恩伯及其总部见大势已去，一面将国民党军第七十五军第六师从高桥调回月浦方面增强防御，以保障吴淞的安全；一面指挥苏州河以北主力向吴淞收缩，准备从海上撤逃。第三野战军指挥部即令各部队发起追击，大胆楔入守军纵深，分别截歼溃逃之敌。是日夜，第二十三、第二十七军分别从徐家汇、龙华进入市区，第二十军主力从高昌庙西渡黄浦江进入市区。各部队多路快速跃进、勇猛穿插、迂回包围，直插每条街道，抢占街垒和楼房火力点，至 25 日拂晓，全部控制苏州河以南市区。

随后，全线继续猛攻，第十兵团第二十六军攻占大场、江湾；第二十五、第二十九军攻占吴淞、宝山；第二十八、第三十三军攻占杨行等地；第九兵团第二十七、第二十三军和第二十军一部，利用夜暗强渡苏州河，迅速占领河北市区。国民党守军纷纷被歼。

5 月 26 日，新上任的国民党淞沪警备司令部副司令兼第五十一军军长（该军在浦东被歼后，以残军重建）刘昌义站在人民的角度，率部起义投诚。27 日下午，据守在杨树浦发电厂和上海自来水厂的敌第二十一军 8000 余人投降。

上海宣告全部解放

上海战役历时 16 天，共歼国民党军 15.3 万余人，缴获各种火炮 1370 门，各种枪支 8 万余支，坦克、装甲车 119 辆，汽车 1161 辆，舰艇 11 艘，以及大量各种物资。上海地区守敌，除汤恩伯及从海上逃脱的 5 万人外，全部被歼。

1949 年九兵团在上海解除淞沪警备任务，覃健着手进行参加解放定海和准备进军台湾的工作

上海战役日日夜夜，覃健始终在第一线指挥，马不停蹄，昼夜辛劳。他把各项命令落到实处，确保各部队得以贯彻好、操作好；当部队进攻受阻，他总能化险为夷；当接管部队进入上海，他严格要求将士守纪律，不住民房等，树立良好的军队形象；面对侨民和爱国民主人士，以实际行动扩大了中国共产党和人民解放军的政治影响，赢得了他们的爱戴。同时，覃健除了抓好兵团军事训练、管理教育、机关建设外，还负责上海军管会没收委员会的工作，正确执行了我党我军有关政策，为稳定上海局势做出了重要贡献。随后，覃健想到军事院校去深造学习，提高政治、军事理论水平，以适应未来工作的需要。

异国征战为大义

（一）

新中国成立后，美国继续在军事上援助蒋介石，扶持朝鲜、越南等国的反动势力，建立针对中国的包围圈。

1950年6月25日，朝鲜内战爆发。美国即采取武装干涉政策。6月27日，美国总统杜鲁门单方面发表声明，宣布出兵朝鲜，命令美国海军第七舰队侵入台湾海峡。同日，联合国安理会在美、英等国的操纵下通过决议，联合国会员国要派兵随从美国军队入朝。

为了新中国的安全，6月28日，毛泽东发表讲话，号召“全国和全世界的人民团结起来，进行充分的准备，打败美帝国主义的任何挑衅。”同日，周恩来代表中国政府发表声明，强烈遣责美国侵略朝鲜、台湾及干涉亚洲事务的罪行，号召“全世界一切爱好和平正义和自由的人类，尤其是东方各被压迫民族和人民，一致奋起，制止美国帝国主义在东方的新侵略。”7月10日，中国人民反对美国侵略台湾朝鲜运动委员会在北京成立，在14日发出《关于举行“反对美国侵略台湾朝鲜运动周”的通知》。抗美援朝运动开始播及全国，形成第一个高潮。

9月15日，以美国为首的“联合国军”75000人在朝鲜西海岸的仁川港登陆。此后，朝鲜人民军腹背受敌，损失严重，转入战略退却。10月1日，美伪军越过三八线，随后侵占平壤，并继续向中朝边境的鸭绿江进犯。面对这种形势，中共中央根据朝鲜党和政府的请求，做出了抗美援朝、保家卫国的决策。

1950年10月8日，毛泽东代表中央军委命令中国人民志愿军赴朝参战。10月19日，以彭德怀为司令员兼政治委员的中国人民志愿军开始分别从安东（今丹东）、长甸河口、辑安等渡过鸭绿江，进入朝鲜参战。

覃健被任命为中国人民志愿军第九兵团参谋长，协助宋时轮司令员指挥第九兵团入朝作战。入朝作战之前，覃健与宋时轮司令员先到北京听取总部的指示，接受入朝作战任务。在北京，他们受到了朱德总司令的亲切接见。朱总司令勉励第九兵团的指战员要敢于在战场上和帝国主义侵略者比高低，为祖国争光，为朝鲜人民、中国人民立功。总司令的教诲，给第九兵团的广大指战员以极大的鼓舞。

11 月初，朝鲜战场形势急剧变化，美国侵略者企图在圣诞节前结束朝鲜战争，准备在朝鲜东、西线发起总攻。中央军委命令覃健率领第九兵团第一梯队第二十、第二十七军跨过鸭绿江，向东线长津湖地区开进；第二梯队第二十六军在吉林的临江地区待命，担任预备队。兵团指挥部设在当时朝鲜人民政府所在地江界附近的胜芳洞。

第九兵团入朝作战之际，正是美军向东西战场发动猛烈进攻之时。覃健参与指挥了长津湖战役。这次战役规模大，时间长，气候环境恶劣，作战异常艰苦。由于兵团指挥所离第一线较远，加上通讯条件差，很难掌握第一线的作战情况，覃健当即组织司令部参谋人员到各军、师、团了解情况，使司令部及时掌握了前线情况，为战略决策提供了准确的依据。这时，美军已被中国人民志愿军诱至预定战区。司令员彭德怀决定集中 9 个军、30 个师的兵力，针对麦克阿瑟设置的“东西虎头钳”，在东西两个战场上发起第二次战役。以西线为主，集中 6 个军、18 个师作战；东线则以第九兵团的 3 个军为主，投入战斗。11 月 27 日夜，覃健协助兵团首长指挥第二十、第二十七军部队，向被围于长津湖地区之敌开展全面攻击。虽然天气恶劣，作战异常艰苦，但指战员们士气高涨，大家一鼓作气，与敌军拼杀。在我第九兵团的英勇反击下，12 月 1 日，美军第七师、陆一师伤亡惨重，纷纷南逃。第九兵团发扬英勇顽强，不怕牺牲，连续作战的作风，乘胜追击，于17日占领了东海岸咸兴港口，第二次战役胜利结束。

中央军委毛泽东主席发去贺电：“九兵团此次在东线作战在极困难条件下，完成了巨大任务。由于天气寒冷，给养缺乏及战斗激烈，减员达4万人之多，中央对此极为怀念……”

第二次战役后，第九兵团奉命撤退休整。兵团在休整中认真总结作战经验，分析战场地形，熟悉美军的作战特点，探讨对敌作战规律，形成了清醒地认识，为日后的战斗夯实了基础。

（二）

1951年4月，志愿者司令员集中15个军的兵力，发起第五次战役。

第九兵团奉命与第十九兵团从两翼攻击，并实施战役迂回，形成一把张开的巨钳，先集中兵力歼灭伪军第一师、第六师、英军第二十九旅、美军第三师、土耳其旅，再集中力量合围美军第二十四、第二十五师。4月22日黄昏，覃健下达了作战命令。接着，他协助兵团首长指挥所属各军及其他各部队作为攻击集团，向西线发起强大攻势。次日，敌人放弃防线，后退了30公里。时至24日，美军等部队损失惨重，互相支援不了，只能后撤休整。第五次战役随即开打，第九兵团和朝鲜人民军第五军团在东线歼灭县里地区伪军第三、第五、第七、第九师，尔后歼灭首都师。

5月16日晚，第五次战役第二阶段打响。覃健协助宋时轮司令员和陶勇副司令员，指挥第九兵团各部对敌发起攻击，势如破竹突破邵阳江南岸敌人防御阵地，并向纵深发展，掏敌心窝，17日，志愿军击溃了伪军5个营；并与朝鲜人民军协同作战，歼灭伪军第三、第九师部队，缴获了全部的装备。经过五个日夜激战，战役第二阶段作战圆满结束。

第五次战役，历时50天，第九兵团配合兄弟部队和朝鲜人民军，共歼灭美军、伪军8.2万余人。这次胜利，粉碎了敌人妄图在我侧后登陆、配合正面进攻、建立新防御体系的计划，迫使“联合国军”转入战略防御。

1951 年 7 月 10 日，联合国军方面和中朝方面在朝鲜开城首次举行谈判。美国在谈判桌上进行政治讹诈，要求将军事分界线划在中朝军队控制的三八线以北地区。以后朝鲜战场出现了谈谈打打的复杂局面。8 月 18 日，美军集中 8 个师的兵力，发动了“夏季攻势”，接着又于 9 月 29 日发动了秋季攻势。与此同时，美国空军实行所谓“绞杀战”，对中朝人民军队后方和后方运输线实行大规模的日夜轮番狂轰滥炸，企图切断中朝人民军队前线粮食弹药的供给，迫使中朝方面接受其谈判条件。经过中朝人民军队的英勇战斗，到 10 月下旬便粉碎了敌人的攻势，敌人伤亡 25 万余人。

1952 年，覃健在朝鲜战场东海岸检查工事

此后，美国在形势更加不利的情况下，于 1953 年 7 月 27 日在板门店同中朝代表签订了《关于朝鲜军事停战的协定》。历时 3 年零 32 天的朝鲜战争结束。中朝军队共歼敌百余万人，其中美军 39 万人，击落击伤敌机 12200 余架，击沉击伤敌舰艇 257 艘，击毁和缴获敌军各种作战物资无数。至此，中国人民抗美援朝运动也胜利结束。

在朝鲜战场，第九兵团作为参战主力部队，担负第一线攻防任务，在艰苦的战争环境中，覃健与战士蹲坑道，啃馒头，同甘共苦，深受广大官兵的爱戴。覃健高度的国际主义精神，受到了朝鲜人民和政府的极大尊敬，朝鲜人民民主共和国政府特授予他一级国旗勋章、二级解放章。

积劳成疾赢荣誉

（一）

1953年5月，中央军委一纸调令发到朝鲜，宣布覃健调任中国人民解放军华东军区司令部（后改为南京军区）第二副参谋长。覃健随即携夫人从朝鲜战场凯旋归国。6月份，覃健抵达部队机关，便开展紧张的工作，他一面熟悉情况，一面协助司令部参谋长处理日常事务。9月初，另一副参谋长周骏鸣入朝参观见学，覃健又接过这份工作，他听取各部门的汇报，详细了解情况，及时处理有关事宜，很快就和同事们建立了良好的工作关系。

1954年2月，中国人民解放军慰问代表团第4分团（华东分团）到南京慰问华东军区机关及部队。军区首长分工由覃健负责接待慰问团。为了回报部队首长们及亲人们的厚爱，覃健把接待工作想得很细，除了去火车站参加迎送，每天的活动他都亲自安排，遇到难办的事，他及时协调处理，保证了华东分团慰问活动顺利进行。这体现出了他办事细致的品质。

当年3月，作为军区领导班子之一的覃健参加了华东军区高级干部会议。他在会上听取了陈毅司令员传达全军高干会议精神，了解到国家建设的总方针、总任务和建设现代化军队的道路。还听取了军区有关负责同志就军区部队的组织编制、政治工作、干部工作以及实行义务兵役制、军衔制、薪金制、颁发勋章奖章和后勤工作等问题的报告，使他对军区部队建设的方向更加明确。覃健把这些一一记录在案。

4月19日至5月6日，覃健参加了华东军区第一次党代表大会。会上，覃健被选为中共华东军区第一届委员会委员。

当时的军区部队，各项基础建设还是一张白纸。6月，覃健率军区作战、营房等部门的干部，到各地对部队营建位置进行实地勘察。他们先到浙江留下镇，勘察第五十九师的营建位置；随后去上饶、江山、金华等地，勘察第十二军各师的营建位置；最后到苏州、无锡等地，勘察第二十七军的营建位置。回到军区后，他们将勘察情况向军区领导做了汇报，同时拿出建设的初步方案。他们的情况汇报和方案符合部队实际，很快得到军区领导的肯定。在此基础上，在军区部队展开了大规模的营建工作。这让军区基础设施建设、军事训练、现代化建设等都取得了巨大的变化。

（二）

覃健回国后，与一家人团聚，享受了天伦之乐，但内心依然没有忘记远在千里之外家乡的亲人们。他常常寂然不语，记忆深处割舍不了的故乡翩然如梦来，“举头望明月，低头思故乡”，是对他在他乡最好的注解。

1954年10月，秋高气爽，正是家人团圆时节。覃健利用休假机会，同妻子陈朴及带着3个孩子回广西东兰县探亲，探望离别了20余年的亲人和与敌人浴血奋战的家乡父老。10月15日，覃健抵达东兰县城的当天，便不顾几天长途乘车的疲劳，在县领导陪同下，先赶到烈士陵园悼念韦拔群烈士。他难忘这位在农讲所给他们上过课的韦主任，更难忘这位引导他由赤卫军战士锻炼成长为人民军队高级指挥员的师长。翌日，覃健一行又从县城启程，向老家大同乡板坡村进发。经过车行步行和骑马等波折，覃健终于回到了阔别已久的老家。

他看到家乡的山山水水有变化，但又觉得变化不大。于是，他向东兰县委、县政府的领导提出建议：要发动和扶持东兰的群众，在荒坡上造林种果，多搞些经济作物，以增加群众的收入，改善人民的生活。他还提出，县里的烈士陵园设在东兰中学的体育场内，地方太小，应迁到适当的

地方重建，作为革命传统教育的基地。县委领导认为覃健的意见非常正确，遂向上级打报告。1956 年在县城西侧的更闹坡上，重建了韦拔群烈士陵园。

（三）

短暂的探亲后，覃健又返回到部队，率领将士们开展部队建设。1955 年 4 月 1 日，华东军区奉命改为南京军区。覃健仍任军区副参谋长。原中南军区所属的江西军区，划归南京军区建制领导；原属华东军区建制的山东军区，自 5 月 1 日起改编为济南军区，直属军委领导。随着新编制的执行，部队隶属关系也发生了不少变化。在这期间，覃健在军区许世友司令员、唐亮政治委员等首长领导下，积极协助张才干参谋长，抓好军区部队的整编与调整，做了许多具体的协调工作，保证了各部队的顺利交接。

5、6 月间，覃健去北京参加军委总参谋部举办的集团军进攻战役集训。在京集训期间，他聆听了周恩来总理所做的国际形势报告，彭德怀元帅的专题报告，还听了叶剑英副主席和粟裕总参谋长的报告。覃健感到这次集训收获很大，对打开眼界，提高组织集团军进攻战役的指挥能力很有帮助。

1955 年授予覃健中将军衔

为了推广军委总部这次战役集训的成果，覃健于 8 月份参与组织了军区在南京举办的《在使用原子、化学武器条件下集团军进攻战役》集训。军区首长向参训人员讲解了战役组织指挥的理论原则与基本精神，覃健也在集训班上了辅导课。这次集训把总部的集训精神具体化，使军区领导机关和集团军首长机关，在使用原子、化学武器条件下的组织指挥能力得到明显提高。到了 9、10 月间，覃健又去苏联远东地区，参观了苏军的《步兵军海岸防御》演习。从苏军军长下达作战决心，到部队海岸防御的实际演练，覃健非常认真地边看边记。演习结束时，苏军马林诺夫斯基元帅做了讲评。还组织到海参崴参观了苏联海军的护卫舰和巡洋舰。覃健觉得此行颇有收获，学到了苏军不少先进经验。

那段时间，覃健接连参加集训或演习。10 月下旬至 11 月中旬覃健到大连参观了全军组织的《辽东半岛集团军抗登陆战役演习》。覃健看了抗登陆战役演习的全过程，听了叶剑英副主席对演习的总结讲评，还听了总政甘泗淇副主任关于辽东半岛周围外军情况的报告。那次参观演习，覃健既学到了兄弟军区的好经验，又在心头增添了一种责任感。

11 月 27 日，覃健代表军区首长，在南京接待了朝鲜人民军友好代表团，参观了雨花台、中山陵、玄武湖，在西村靶场观看射击表演。

11 月 29 日，这是一个难忘的日子，上午八时，覃健身着佩有中将军衔的新军服，到南京人民大会堂参加授勋授衔典礼大会。在这之前的 9 月 27 日，国务院总理周恩来发布命令，授予覃健中将军衔。刘伯承元帅代表国防部，在南京主持了授勋授衔典礼。从 1955 年至 1957 年，覃健先后荣获二级八一勋章、二级独立自由勋章、一级解放勋章各 1 枚。

从 1953 年至 1957 年，覃健在南京军区工作了四年多，身为军区副参谋长，虽然由于分工的缘故，不可能干惊天动地的大事，却像管家婆一样，做着细致而辛苦的工作。但他无论干什么，都认认真真，踏踏实实，这样的品行让他得到机关干部和部队同志的尊敬。

（四）

1957年9月，覃健终于实现其多年来梦寐以求的夙愿——进入北京高等军事学院学习。这位从小就渴望学习的壮乡将军，在成年后才实现愿望，自然激动万分，更懂得珍惜这来之不易的机会。

在学习期间，覃健刻苦钻研、努力学习，在遇到难题，总是采取“笨鸟先飞”的办法，多学、多问、多练，加班加点，减少一切不必须要的休闲时间。功夫不负有心人。覃健苦学苦钻，各科成绩有了明显进步。覃健还抓住一切机会，到天津、河南和湖北等地参观学习，开阔了视野，也增加了建设社会主义国家的信心。就这样学习了一年多时间，覃健感到自己的文化基础有了很大进步，思想理论水平也提高了。

但不幸的是，覃健在长期革命斗争中，过度消耗了自己的身体，在学习活动中，渐渐感觉到自己有些力不从心，后来经过医生检查，才查出是患上了肝癌，而且已经到了晚期，部队指示医院全力抢救和治疗。

1959年7月15日9时，病魔还是夺走了年仅48岁的覃健宝贵而年轻的生命。

他临终前，中国人民解放军总参谋长黄克诚大将曾到医院看望。

他逝世后，总政治部副主任刘志坚中将等，前往医院吊唁并筹办后事。陈毅、叶剑英等24名军队高级将帅组成治丧委员会，陈毅元帅为主任委员。

7月18日，覃健同志追悼会在八宝山举行。肖华、洪学智、刘震、陈伯钧上将等高级将领和驻京部队代表、家乡代表200多人，参加了追悼会。他的墓前摆放了彭德怀、陈毅、叶剑英等元帅敬献的花圈。

覃健同志从1929年参军后，在中国共产党的领导下，为民族解放，为无产阶级革命事业，矢诚矢忠，英勇果敢，三十年如一日。覃健同志历经第二次国内革命战争和二万五千里长征，以及抗日战争、第三次国内革命战争。当美帝国主义在朝鲜发动侵略战争的时候，他响应祖国的号召，参加了中国人民志愿军，与朝鲜军民一起，转战朝鲜前线，表现了高度的爱国主义和国际主义精神。覃健同志的一生，是战斗的一生，是光辉灿烂的一生。他的高尚品质，是全军同志学习的榜样。

7 月 27 日，南京军区机关也举行追悼大会。许世友司令员、唐亮政委等军区首长和军区机关、驻宁部队代表一起，沉痛悼念覃健同志。唐亮政委在致悼词时说："覃健同志的逝世，是我党我军的损失，是我们南京军区的损失。"

覃健同志的遗体，安葬在北京八宝山革命烈士公墓。覃健去世后，中华人民共和国民政部追认他为革命烈士。

后记

覃健离世虽有 57 年了。他戎马一生，身经百战，英勇善战，功勋卓著。他为了中国人民的解放事业，南征北战，出生入死，顺境也好，逆境也罢，始终把自己的命运融入革命事业中。他胸怀崇高理想，先天下之忧而忧，后天下之乐而乐，全心全意为人民造福，鞠躬尽瘁奉献了自己的青春和生命。

覃健同志高贵品质和光辉形象，永远活在人民心中。他对共产主义事业的坚定信念和公而忘私的精神，永远值得我们学习。

如今，覃健的故乡——铜鼓之乡的红色东兰，在覃健等将军的精神鼓舞下，大步前进，建设和谐美好的新家园。回报革命前辈们的不朽之功。

热血肝胆韦祖珍

●韩忠善

元年乱世

1912年是新纪元年，华夏大地本应在新思潮的散播洋溢下生机勃勃。然而，大清爱新觉罗皇帝别离紫禁城、千年“家天下”的封建制度的结束，却并没有让百姓们见识到传闻中的“德先生”和“赛先生”。一个大清皇帝下台了，若干个“军阀皇帝”起来了；原先只缴纳一份大清国的税，如今却要缴纳几份，税金翻了几番；神州上下，水深火热。

大清国的气数随着辛亥革命的枪声响起殆尽。全国各省相继通电宣布革命、独立。华夏西南的广西亦不例外，时任广西总督的陆荣廷在获悉已有数省总督选择“革命”后，便叫侍从取来一根丈余长的竹竿。陆总督率众人来到总督府院内说道：“革命是要有旧事物被破坏掉的。”话音刚落，手持竹竿轻轻一捅，总督府的一片房瓦“哐当”一声落地破碎。广西“革命”了。

“成双齐美”

东兰县位于广西省西北部山区，地偏道阻，是广西最为贫穷落后的地方。珠江干流西江的上游流经于此，别称：红水河。东兰隘洞那坤村的板仆屯是一个只有十几户人家的壮乡小寨，面朝红水河，后傍青枝山。静谧的村屯依山傍水，十分青秀朴实。闭塞的交通使得世居于此的百姓生活十分贫苦，终年日出而作，日落而息；十几间壮式土房依偎在半山腰，从红水河上眺望隐约可见，乱世之下的生活让这里的老百姓苦不堪言。生活不如意十之八九。上天对于朴实无华的农民多少还保留了些许的怜悯，一辈子的勤恳朴实中偶尔也会夹杂着一些惊喜。

1912 年 8 月，板仆屯农民韦代仁迎来了一件如意喜事，他妻子给他生了一个男孩。夫妇俩之前已育有一男两女，这第四个孩子刚好又是男孩，“两男两女”满足了夫妻“有男有女”的想法；并且当时亦为乱世之秋、多事之年，人苟活于世就如同蝼蚁一样卑贱；医疗卫生条件几乎空白，新生婴儿夭折的概率相当高。所以两个男孩两个女孩对韦代仁夫妇来说，无疑是“好事成双”加“两全齐美”，毕竟那个年月，兵荒马乱，谁不巴望自家人丁兴旺，多子多福呢！当然，多一口人就意味着多了一张吃饭的嘴巴，也就意味着作为一家之主的韦代仁负担加重了，但终究还是多一口饭一瓢水的事。

辍学撑船

生活，意味着“生下来，活下去”。

韦代仁给刚出生的“老四”取名“珍”，表达对孩子的珍爱之情，也寄寓让老天爷对他多一份珍爱，让孩子能在乱世之中顺利存活；同时也盼孩子自己此生无论处境多艰难，都应珍爱自己的生命。按宗氏族谱排列，韦代仁孩子这一辈为“祖”字辈，故而取全名“韦祖珍”。

韦祖珍少将

取名字容易，可吃饭活命就不轻松喽！韦代仁自家没有半亩田地，常年靠租种地主的几亩薄田糊口。在那个军阀混战、苛捐杂税多如牛毛的年代，韦代仁一家的日子愈发过得紧巴。作为家中主要劳动力的韦代仁，终日愁苦于全家生计。

伴随着父亲日益渐弯的腰，韦祖珍6岁了。韦代仁看到韦祖珍两三个同龄好伙伴都进了私塾念书，想到了韦祖珍念书的问题。虽然眼下全家过日子已经百般艰难，可全家人都是白丁文盲，连生辰八字都要请人代笔，难免让同村人瞧不起。韦代仁一咬牙，便决定送韦祖珍到隔壁村的私塾念书。虽然日子过得如此艰难，再艰难一点恐怕也死不了人！

1918年9月，6岁的韦祖珍每天要步行到10华里之外的私塾上学。韦祖珍知道自己上学的机会来之不易，所以入学后相当勤奋好学，给老师、同学留下了深刻印象。即便如此，韦祖珍也仅仅在学习了《三字经》《百家姓》《千字文》等一些识文断字的基础知识后，便因为负担不起学费而辍学回家。此时距其入学仅 3 个月。

虽然心中十分不舍，但懂事的韦祖珍从没抱怨过任何一句话，对于父母的辛苦他感同身受。在韦祖珍 8 岁那年，父亲韦代仁迫于生计，便四处筹借了一些钱，与他人合资置办了一条木船，撑船渡客为生。为了分担父亲肩上沉重的担子，年幼的韦祖珍也跟随父亲上了船。一开始打打下手，熟悉船渡路线的水文特性。后来，韦祖珍便独自撑船渡客，虽然稍欠气力，但好在韦祖珍悟性较高，对于暗礁漩涡的位置记得相当清楚，因此渡客们十分认可这位“小艄公”。日复一日，当韦祖珍能独自撑船摆渡时，其父韦代仁却大病一场，不久便撒手西去。

拔哥革命

独自撑船营生的韦祖珍年日复一日、年复一年地风里来雨里去，不曾落下一天；勤劳热情的韦祖珍给来往的客商行人留下了深刻的印象。人们在乘船时经常谈论一些时下新鲜稀奇有趣的事物，韦祖珍就是乘船渡客时第一次听闻了“拔哥革命”。那一年是 1926 年，他 14 岁。

1926 年，国共第一次合作已经第二年了。当时，红水河两岸在韦拔群等同志的努力下，纷纷成立了农民协会，农民运动开展得如火如荼。韦祖珍当时不仅在撑船渡江的人们口中听闻了“打土豪分田地”之类的事；晚上回家后，也听闻板仆屯中一些年轻人常常三五成群地聚集在一起交谈，其中就有他的大哥韦祖安。

但他的大哥韦祖安显得相当神秘。白天一有空便提着两把柴刀到江边大青石上研磨，晚上吃过晚饭将两把柴刀往腰上一挎就出门了，一直到三更半夜才回家。有一天，吃过晚饭，韦祖安准备出门时，韦祖珍问：“大哥，你去哪里啊?”韦祖安看了他一眼，不答。韦祖珍再问，韦祖安便说了一句：“大人的事，小孩莫问那么多，你早点休息，明天还要撑船呢!”说完就消失在乌黑的夜色里。虽然大哥刚才的回答十分严厉，但早料到如此的韦祖珍，整了整衣服，也追出了门。

跟着大哥若隐若现的身影，韦祖珍来到了村外一间废弃的茅屋外。他悄悄趴在房屋外面，只听屋内传来几个人的声音，像是在议论什么事情；仔细一听，原来他们是商议着去纳盘村报名参加革命一事。在听了个大概后，韦祖珍便悄悄离开了。

回到家后，韦祖珍坐在火堆边思考着如何让大哥带上自己去纳盘村的问题。不知不觉时间已经到了后半夜，大哥韦祖安回家了，当看到韦祖珍还坐着没有休息，便以严厉的口气问：“你小子怎么还不睡？明天不用撑船了是吗?”韦祖珍十分淡然地走到大哥的身边，悄悄说：“你都准备去参加革命了，我替你高兴所以睡不着啊!”韦祖安听后，十分惊讶，转身看了看屋外，顺手把门关紧顶牢，转过头低声问道：“你小子是从哪里知道消息的？除了你还有谁知道了？你有没有跟别人说了什么?”一连三问，显得相当紧张。韦祖珍心中早已有数，便跳过第一个问题回答：“我也想去纳盘，也想参加革命，不然我就告诉妈妈；而且到时候去江上撑船，我还要告诉那些渡江乘船的人!”“你小子胆子越来越大了是不是?”“这有什么的？你去参加革命，斗地主，分土田，大家支持都来不及……”

经过几番口舌，韦祖珍终于说服了大哥韦祖安，带他参加革命。几天后的一个清晨，板仆屯的几个年轻人来到纳盘村农民协会所在的农户家，负责接待报名的同志在一一询问了几个问题后，便派人对韦祖珍一行几个人做了安排，顺利完成了报名。

报名参加农民协会之后，平日里韦祖珍除了依然撑船渡客外，还积极参加对土豪劣绅的斗争。

低潮外逃

1927年，以蒋介石为首的国民党反动派公开叛变，疯狂镇压工农革命，第一次国共合作宣告结束。全国的工农组织遭到了严重破坏，形势十分严峻，迫于实际情况，工农组织只能转入地下，继续开展斗争活动。

韦祖珍所在的纳盘村农会当时主要与大恶霸韦海登作斗争，影响力不断扩大。蒋介石公开叛变后，大恶霸韦海登勾结东兰县民团的武装力量，对纳盘村农民协会进行了围剿。由于力量悬殊，农民协会被迫化整为零，避开敌人锋芒。韦祖珍与同村韦老四等四人走了一天一夜后，藏到了大厂新洲矿区。

当矿工的那段日子是十分黑暗的，韦祖珍每天要下到矿洞挑矿，一天要挑百余担，每担锡矿100余斤，导致瘦小的他把左肩骨压坏了，落下两个肩膀一大一小的畸形状。

1928年8月，右江工农革命领导人韦拔群同志组织召开东兰、凤山两县工农武装大会，黑暗中的韦祖珍迎来了黎明的光亮。

回归组织后，韦祖珍第一次见到了“拔哥”。那是在一次大会上，整个会场都在一片红色映衬之下，红旗上是斧头镰刀的图案，而红色标语则题字“打倒土豪劣绅”“打倒土官皇帝”等。韦拔群同志走进会场，学员们热情鼓掌欢迎，韦拔群同志的声音十分洪亮，他走到学员中间，亲切且富有激情的向广大农军战士们宣讲当下的革命形势，并进行了大会动员讲话，把气氛推上了高潮。

在响彻云霄的口号声中，韦祖珍的心情沸腾翻滚着，久久不能平静，同时他下决心这辈子一定要扛枪为穷困百姓干革命。

脱产农军

韦拔群同志连同农民运动领导人总结了1927年蒋介石反动派疯狂镇压工农革命教训后，决定成立一支工农常备武装队伍。东兰农民自卫军的前身可以追溯到1921年秋韦拔群组建的“东兰国民自卫团”，随着农民运动如火如荼的开展，1923年在“东兰国民自卫团”的基础上建立“农民自卫军”。这支队伍不再务工务农，而是完全“脱产”进行军事化管理训练的队伍。韦祖珍也被编入“常备军”。为了不连累家人，不暴露身份，韦祖珍给自己改名“韦仕”。

在接下来的1个月里，韦祖珍用鸟枪进行瞄准，利用掩体进行掩护保护自己等简单的军事训练。在大会后，农民自卫军在韦拔群同志的带领下，参加了攻打太平、武篆民团的战斗。不仅如此，在总结前两次攻打东兰县城失败的经验后，在韦拔群的带领与凤山农军的协助下，韦祖珍和农军战士们经过英勇奋战，终于赶跑了东兰县长邬尘曼，解放了东兰县城。

短短几个月，韦祖珍渐渐在农军中崭露头角。

整编北上

1929年下半年，广西农民运动迎来了新的高潮。12月11日，在邓小平、张云逸、李明瑞、韦拔群等一番周密精心的准备后，威震南疆的百色起义打响了。建立了中国工农红军第七军和右江苏维埃政府，革命迎来新的大好形势。

韦祖珍所在的农军编入红七军第三纵队，成为一名光荣的红军战士，开启了他在中国共产党领导下的戎马生涯。

百色起义成功后，在分析红色苏维埃政权以及红七军当下自身力量、革命队伍发展、革命形势实际需要等一系列问题后，决定把红七军依照队伍建制，依托左江、右江群众基础较为成熟牢固的地区开展游击战，巩固、发展、扩大革命影响力。韦祖珍所在的第三纵队，是继续由韦拔群同志领导指挥，在东凤一带进行游击战斗。在经过几番斗争后条件成熟，韦拔群指挥的第三纵队取得十分良好的效果。得益于此，韦拔群的家乡东里村在当时成立了右江地区第一个共耕社——东里共耕社。通过试点建设，逐步摸索经验后普及推广。

1930 年 6 月，由于受到“左”倾冒险主义的干扰影响后，中共中央在新召开的会议上通过了关于《新的革命高潮与一省或几省的首先胜利》决议，并传达下发。

在收到中共中央的指示后，红七军于 1930 年 11 月重新集结于广西河池，队伍重新整编为：第十九师、第二十师、第二十一师，采用师团制。红七军总指挥：李明瑞，军长：张云逸，前线对敌作战委员会（简称前委）书记：邓小平，兼红七军政委。第十九师由原第一纵队与第三纵队合并组建，第二十师由第二纵队、第四纵队、红八军余部合编，第二十一师待组建，全军 7000 余人。

11 月 9 日，整编后的红七军在河池三里亭举行阅兵式和出征誓师大会。

在红七军本次河池整编过程中，韦拔群同志用实际行动展现了作为一名共产主义战士高尚的革命素养，践行了一位早期无产阶级运动领袖投身革命事业的诺言。当时中共中央出于长远规划，决定让韦拔群同志留在右江地区，继续领导左、右江农民运动，发挥他作为本地同志的语言特长和在左、右江地区的群众中拥有极高个人威望的优势，继续开展斗争，巩固已取得的革命成果。同时，进一步发动广大群众投身革命工作，争取更大成绩，夺取更大胜利！韦拔群同志不仅拥护中央的决定，并且主动提出红七军“北上”之路必将存在太多艰难困苦和不确定的未知因素，所以应该最大限度地集中兵力、武器。他选择同他一起留下来“看家”的是红七军中八十余名老弱病残的战士以及少量陈旧的武器弹药，其余人员马匹武器弹药全部划入“北伐大部队”。

开步“小长征”

告别了“拔哥”，告别了父老乡亲，告别了右江革命根据地，经河池整编后的红七军于1930年11月9日清晨，依照动员口号：“汇合北方红军，争取一省或数省的首先胜利！打下长沙过新年！”部队出征了！韦祖珍跟随红七军7000余名官兵一起踏上了一段悲壮的新征程。

前锋部队第十九师于第二天就进入宜山县，迅速占领该县德胜镇，又于11月11日接连攻下怀远镇，把守该镇的几百敌人赶到龙江河对岸，与红七军隔河对峙。而接下红七军“前委”在部队下一步行动上产生了分歧：部分同志主张部队应该趁着士气正旺，继续攻打敌重兵把守的庆远镇；而以张云逸、邓小平为主的另一部分同志则主张绕过庆远镇寻找机会渡融江。经分析讨论，红七军“前委”决定执行张云逸、邓小平等提出的“绕庆远、抢时间、渡融江”这一主张，改二十师为前锋，十九师转为后卫，转道罗城，拟经融县攻桂林。11月15日，经一轮猛烈炮击，红七军将天河县城守敌击溃，遂占领。11月19日，韦祖珍所在的红七军第二十师五十八团一连在前往罗城县途中，路过四把村隘口时遭到了敌人的猛烈炮火的截击。当时韦祖珍所在一连是先锋连，与敌人遭遇后，五十八团一连接到第二十师李谦师长发出的“消灭拦路敌人”战斗号令，先锋连迅速与敌展开激战。这时韦祖珍和大多数战士一样，此前均没有在“白区”战斗过，所以战斗经验不足的问题暴露了出来；加之敌军长官白崇禧在得知红七军攻占怀远镇后，极为恐慌，为阻止红七军的扩展之势，白崇禧亲率两个嫡系精锐师堵截红七军，此时敌已安排重兵把守四把村隘口。红七军第二十师在四把村战斗中，杀伤敌500多人，自身伤亡300多人。后为了避免被敌人增援的部队包围，第二十师选择撤回天河，绕道与十九师汇合。

这一场恶仗打了四个昼夜，红七军指战员体会到离开根据地在“白区”作战的艰苦困难：战斗情报不灵通，后勤保障跟不上，因为没有群众基础，战斗中负伤的指战员无法妥善安置，只能随军转移等问题突如其来。但四把村一战使红七军战士们还是得到了充分锻炼。

打长安，爬苗山

在四把村一战后，红七军移师三防镇休整。在休整期间，红七军军部领导对四把村战斗进行了总结；并且根据掌握的情报，军部决定放弃攻打柳州，移师东进，进发长安镇（今融安县）。12月5日，全军抵达长安镇外，经侦察得知，城边守敌有4000多人，并且有着“小诸葛”之称的白崇禧据说还亲自坐镇指挥。军部和“前委”经商量讨论，为解决红军补给问题以及扩大政治影响，决定攻打长安镇。

5日下午3时，红七军攻打长安镇的战斗首先在镇西北角的圣山庙打响。霎时间，硝烟弥漫，火光冲天，爆炸声、枪炮声、杀喊声响彻城郊。红七军第十九师、第二十师分别从长安镇南、西、北三个方向进攻，成合围长安镇态势；其中以西面为主攻方向。战斗入夜，红七军终于攻破敌人的第一道防线，敌守军被迫龟缩至城内。因长安镇地处桂北地区水陆交通枢纽，是通往湖南、贵州地区的要道，所以战略意义十分重要。面对红七军的猛烈进攻，敌军自然是拼死防守抵抗。双方交战十分激烈，阵地多次易手，战至7日下午，双方已经形成“拉锯”战态势。而此时，敌增援部队韩彩凤部2000余人从东面赶到，分兵阻敌导致攻城力量被削弱。面对久攻不下的严峻形势，红七军“前委”决定部队立即放弃攻城，连夜撤出战斗，向北转移。

红七军从长安镇战斗中撤退后，部队向三江县福禄镇方向转移。行进中，韦祖珍随部队翻越当地的大苗山。经过十余个小时的行军，他们才碰见一个只有七间茅草屋的小村寨。因为长期受到压迫剥削，所以村里的男人都躲了起来，只有几名老人和小孩。当时红七军粮食供应十分紧张，但红七军战士们严格遵守纪律，以市价购买了苗族同胞们的部分粮食，解决了燃眉之急。部队驻扎在苗寨当晚，韦祖珍和几个战友一起，帮苗胞搓了一些粗草绳，方便往后日常使用。

在翻越大苗山后，红七军于12月12日顺利抵达三江福禄镇。

攻武冈，回全州

红七军在三江福禄镇稍作休整后，于1930年12月24日，进入湖南西南部绥宁县，因反动宣传，城里的老百姓已经全部提前撤走，并且粮食和各式用具也一并搬走。12月25日，军部决定攻打五十多公里外的武冈城，解决部队给养和扩大政治影响。

因战前侦察不足，情报出现严重错误。红七军以为防守武冈城的只有敌人一个保安团六七百人的兵力；而实际上武冈城当时驻守的部队是湘军两个正规团。并且武冈城自古以来都是湘西的军事重镇，城防建设周全，城墙三丈高，且全部由上吨重的青石方条砌筑，城外环绕一条不能徒涉的护城河——资水，故而素有“铁打武冈城”之称。12月26日，红七军攻打武冈城的战斗匆匆打响。攻城部队连续多次进攻均因守敌凭借险要地势抵抗而毫无进展，并且部队损失很大，第十九师五十五团何莽团长在战斗中壮烈牺牲。随着敌增援部队三个团赶到，红七军面临着内外夹击之势。军部首长决定迅速撤出战斗，部队以全州一带为目标转移。

红七军主力于1931年元旦转移撤退至全州县。因为部队从武冈转移撤退时间十分窘迫，许多被派往乡下开展革命宣传和征粮工作的战士都没有能及时归队，部队损失很大。

1931年元月2日夜，趁守城敌人麻痹松懈，红七军经一番进攻，打得敌人措手不及，占领了全州。在对敌我力量态势等进行一系列分析判断之后，决定放弃攻打柳州、桂林的预定目标任务，改变一直以来打攻坚硬战的战略，从单纯军事行动改为部队沿途发动群众，补充人员给养，扩充队伍。

在全州会议上还决定：恢复邓小平红七军“前委”书记职务；撤销“红七军兵委”等受“立三路线”影响的错误决定。

血战广东梅花村，乐昌河畔分别离

1月19日，韦祖珍随红七军经湖南江华县，转移到粤北连县（今连州市）东陂镇。在连县东陂镇一番休整补充后，1月28日，红七军撤离连县，转移至广东乳源县梅花村（今属乐昌县）。在此次转移过程中，为了充实军队基层和便于战斗指挥，红七军“前委”决定整编部队：撤销师的番号，将原本第十九师缩编为第五十五团，第二十师缩编为第五十八团。韦祖珍仍编在第五十八团。

在梅花村，红七军与中共广东省乐昌县委取得了联系，地下党组织委派同志带来了中共六届三中全会紧急通告等文件，原来早在去年9月份红七军在河池进行整编的时候，党中央已经批判了李立三“左”倾冒险主义路线，“停止了组织全国总起义和集中全国红军进攻中心城市的计划”。一切都了然，一切均令人叹息。

梅花村地处湘粤小北江一带，红七军“前委”召开会议决定部队在梅花村一带发动群众，扩充队伍，创建根据地和建立苏维埃政权。但梅花村历来都是兵家必争之地，并且三年前朱德、陈毅曾率领南昌起义的余部在此举行过湘南暴动。所以，这片地域历来都是敌军警惕监视的重点。

果不其然！2 月 3 日凌晨，红七军得到情报：粤军一个团正在向梅花村地区进犯。红七军“前委”讨论认为当下正是歼灭来犯立敌的有利时机，所以决定在梅花村与敌决战。2 月 3 日中午，红七军与进犯之敌交上火，但交战后才知道，先前侦察情报出现严重失误。此次来犯之敌不止有一个团，而是四个正规团的兵力加上地方民团！至此，“前委”原先计划的歼灭战变成了一场防御战。

战斗从一开始便进入白热化，面对数倍于己的来犯之敌，红七军全体指挥战员十分英勇顽强，多次冲出阵地与敌短兵相接展开白刃战，打退敌人一波又一波的进攻。韦祖珍所在的五十八团当时防守东北面的背夫岭阵地，敌人久攻不下，便调整了兵力部署，每次进攻都把兵力翻了一番。但五十八团硬是打退了一次又一次进攻，并且发起数次反冲锋。战斗一直进行到天黑，此时敌人已经将四个团的兵力投入战斗，并且援兵不断向梅花村一带驰援。面对愈加严峻的形势，红七军前委决定于 2 月 5 日凌晨，部队以夜幕为掩饰，撤出战斗，退往乐昌河一带，伺机抢渡过江，直奔江西汇合中央红军。

梅花村血战，红七军歼敌一千余人，自身伤亡七百余人，堪称自组建以来最为悲壮的一战。在经此役后，红七军兵力只剩两千余人，军中干部折伤过半，其中红七军副军长兼第二十师师长李谦、第五十五团团长章健等英勇牺牲，军参谋长龚鹤村、第五十九团团长袁振武、五十八团营长李显等身负重伤。

韦祖珍就是在这样的血与火、生与死的考验中，逐渐成熟并成长起来。

经连夜转移，红七军跳出了敌人的包围。于2月5日上午10时便撤至乐昌河。当时渡船破旧且只有两条，每趟只能渡乘20余人，一趟往返就需要几十分钟；当邓小平和李明瑞率领五十五团及五十八团两个营渡河后，敌人追兵赶到了，抢占了渡口。韦祖珍所在的第五十八团一个营、军直属特务连当时作为后卫部队，连同军后勤部队总共600余人被截断不能渡河。当时负责断后指挥的张云逸军长迅速安定稍显慌乱的队伍，带领队伍快速后撤。韦祖珍所在一营在营长黄子荣的带领下，作为先锋，在敌军的包围中杀开了一条血路，方便军后勤直属队跳出了包围圈。

2月7日上午，经一夜急行军后，韦祖珍所在的五十八团一营以及后勤直属部队在张云逸军长的带领下，来到坪石渡口，并且顺利渡江。但是，红七军此时已经被敌人拦腰分割成两部，彼此失去了联络。

汇合赣苏区，结束“小长征”

2月7日，在乐昌河被敌军截成两部分后，红七军第五十五团和第五十八团历尽艰险，与敌无数次战斗后，于4月上旬，终于在江西永新县天河镇重逢会合。4月中旬，韦祖珍所在的红七军与红二十军、湘东南独立师等兄弟部队并肩作战，攻占了安福县城，歼敌1个团，俘获700余人，缴枪千余条，炮数门。在攻占安福后，红七军又联同友军攻克茶陵、安仁、攸县等五个县镇，为巩固和扩大湘赣根据地做出了极大贡献。

7月上旬，红七军奉命离开了湘赣根据地，渡过赣江，直奔赣南中央苏区根据地，与中央红军会师。7 月 22 日，双方在桥头镇胜利会师，红七军编入红三军团第五师，归入中央红军战斗序列。

韦祖珍随红七军广大指战员一起，从 1930 年 11 月上旬开拔北上，转战桂、黔、湘、粤、赣五省，历时 9 个月，行程 7000 里，经历四把、长安、梅花村、乐昌河等多次激烈战斗，打破敌人的无数次的围追堵截，顽强的战胜了难以想象的艰难险阻，成功会师中央红军，完成“小长征”。

反“围剿”中渐成长，宜黄一战显身手

1932 年 8 月，中央军委下达乐安、宜黄战役军事训令，韦祖珍随部队开赴宜黄地区参战，一番激战，全歼敌人二十七师 1 个旅。

宜黄战斗中，韦祖珍已经担任副排长。宜黄战役大规模战斗结束后，他奉命率领两个班掩护主力部队后撤，完成掩护任务后，韦祖珍率领阻击掩护部队被敌人包围，与主力部队失去联系。当时处境十分危急，韦祖珍率领的两个班十几名战士随时有被敌军俘虏，甚至牺牲的可能，作为当时小分队指挥负责人的韦祖珍坚定着“一定要返回部队”的信念，率领小分队与敌周旋整整七昼夜；他们昼伏夜出，寻找敌军部队联结防守薄弱处突围，硬是在敌人数层铁桶式重兵包围中，钻跳出来，并且全员归队无一阵亡，得到了师部嘉奖。多年后，每每回忆起宜黄战斗的经历，韦祖珍仍然觉得相当自豪。

宜黄战斗后，韦祖珍经人介绍，光荣的加入中国共产党。

1933 年 6 月，韦祖珍因表现优秀，被选调到红三军团保卫局受训，后分配到红三军团保卫局任侦察科员。1934 年秋，韦祖珍再次选送前往瑞金中央苏区国家保卫局接受保卫工作专业培训。结业后，任红一军团独立团特派员（正团级），并多次出色完成任务，获得表扬。

万里长征路，艰难考验多

1934年10月初，第五次反“围剿”失败。中央苏区根据地由鼎盛时期的几十个县锐减到只剩瑞金等三四个县，并且被蒋介石十万重兵团团围住。万不得已，10月7日，中共中央和中央军委决定突围转移，下令主力部队往瑞金、于都地域集结；10月8日，正式决定参与突围转移的部队；10月9日，红军总政治部下发《关于长途行军和战斗的政治指令》；10月12日至16日，突围转移部队进行休整工作，准备后勤保障；10月17日，红军各兵团按计划出发了。伟大而艰苦的长征开始了。

那一年，韦祖珍22岁。

10月25日，红军突破敌人第一道封锁线；11月8日，突破第二道封锁线；11月15日，又突破第三道封锁线。不到一个月，红军打破国民党重兵三道封锁线，令蒋介石大为光火，气急败坏的他急调40万大军，布置于湖南永州至广西兴安的湘江两岸，企图构建第四道封锁线，阻击、歼灭红军主力部队。

中共中央和中央军委识破了“决战湘江”的意图，决定避实就虚，将队伍分四个纵队从敌兵力把守较弱的兴安、全州之间，抢渡湘江。红军长征史中最为悲壮的“湘江战役”于11月26日打响了。韦祖珍随红一军团作为湘江战役中掩护中央机关渡江的阻击部队进入广西全州以南地区。战斗一打响便进入白热化。韦祖珍和战友们接到的是“死守”的命令，此次阻击战关系到中央首长的安危和红军部队的生死存亡。战斗一直打到天黑，敌人因摸不清方向而停止进攻；天刚蒙蒙亮，敌人的大炮和飞机又轮番对红军阻击阵地狂轰乱炸，敌人步兵都是整建制的投入，一轮又一轮的进攻，红军防御阵地数次被攻破，但红军又迅速组织兵力夺了回来；双方多次发生白刃格斗，战况十分惨烈！

12月1日12时，党中央、军委等全部顺利渡过湘江，越过了黄柏公路。至此，湘江战役结束。在红军全体指战员顽强英勇全力奋战下，打破了蒋介石妄图消灭红军于湘江边的幻想，但红军付出的代价却十分沉重的。渡过湘江后，中央红军从长征开始的86000余人，锐减为3万余人。

后来，韦祖珍随部队参与了四渡赤水、抢占娄山关等一系列战斗，打破一道又一道封锁线，摆脱了敌人的追兵；紧接着来到了白雪皑皑的夹金山脚下，翻越了夹金山后，韦祖珍随部队来到百里沼泽地，挖野菜吃草根啃树皮煮皮条，克服了无数艰难险阻，历时整整1年，行程两万五千余里，中央红军终于在1935年10月胜利到达陕甘苏区。

改编八路军，晋西南抗日

1935年10月19日，中央红军与陕北红军成功在陕甘苏区吴起镇胜利会师。1936年11月，红二、红四方面军也顺利抵达陕甘苏区，成功同中央红军会师。此时，日军在占据东北三省后，正在加紧谋划发动全面侵华战争。

红军三大主力的顺利会师，令蒋介石感到十分不安与愤怒。他亲临西安，命令胡宗南等部，企图趁红军立足未稳时，迅速歼灭。11月12日，为了实现诱敌深入，寻机歼灭胡宗南主力，红一军团继续向东转移。韦祖珍当时所在的教导营奉命向豫旺堡进发。11月17日，韦祖珍突患重病，在被送往后方医院的途中，遭遇东北军第六十七军骑兵师的包围，一行人全部被俘。1937年1月，韦祖珍和其他战友被释放。原来，1936年12月12日，为逼蒋介石抗日，东北军司令张学良和十七路军总指挥杨虎臣发动兵谏，扣留蒋介石在西安。史称“西安事变”。得到消息后，中共方面十分迅速地做出了反应，立即派遣人员出面斡旋调停。“西安事变”使得国内政治格局发生重大转变，国共双方建立统一战线、共同抗日；韦祖珍和其他被俘战士故而被释放。被释放后，韦祖珍经过一个月的治疗、休养，身体恢复了健康，奉命担任红一军团政治部保卫二科副科长；1937年3月，升任科长。

1937年7月7日，日本帝国主义制造了蓄谋已久的卢沟桥事变。中华民族抵抗日寇侵略的悲壮战斗揭开序幕。

抗日战争爆发后，为了整个国家和中华民族的利益，中国共产党和国民党达成协议，将红一、红二、红四方面军改编为“国民革命军第八路军”，战斗序列为第十八集团军。八路军下辖第115师、120师、129师共三个师。韦祖珍编入第115师，下辖第343旅、344旅和独立团、教导队、骑兵营、炮兵营、工兵营、辎重营，林彪任师长，聂荣臻任副师长，罗荣桓任政训处主任，全师约1.55万人。10月22日，中共中央决定在八路军团以上部队恢复政治委员制度和政治部（处）名称，聂荣臻任第115师政委（后罗荣桓），罗荣桓任师政治部主任。韦祖珍任第115师政治部保卫科副科长。

红军改编为八路军后，以师为单位分头开赴抗日前线。1937年8月30日，韦祖珍跟随115师大部队从陕西韩城县芝川镇东渡黄河，进入山西。9月中旬，沿平绥路西进的侵华日军在占领山西大同后，分兵两路向雁门关、平型关一带进犯，目标是进攻山西省会太原。为了阻挡日军攻势，配合国民党友军打击进犯日寇，第115师奉命开抵平型关地区集结。当时韦祖珍随师首长进驻平型关大营镇，师部驻扎后，他立即率领保卫科的战士开展驻地周边的敌情侦探、锄奸保卫等工作。

9月23日，一一五师部命令师独立团和骑兵营作先锋侦察部队，穿插到灵丘—涞源—广灵一带，钳制和打击日军。24日夜，第一一五师三个团冒大雨机动至平型关东北公路两侧山地，准备伏击来犯的日军。9 月 25 日 7 时，日军板垣第 5 师团第 21 旅团辎重部队进入伏击圈，一一五师三个团趁敌不备，迅速发起猛烈攻击。日军自进攻山西以来，国民党军队从来没有主动伏击，而是摆开呆板的“一字长蛇阵”被动防守，往往进攻日军对防御薄弱处猛攻后，国民党军队便全线溃败撤退。钻入一一五师埋伏圈的日寇做梦都没有想到会被中国军队伏击，所以日军的指挥系统顿时被打乱，辎重车辆相互碰撞，人仰马翻，乱成了一锅粥。在一阵猛烈枪炮后，冲锋号响起，八路军战士勇猛地冲下公路，对日军实行分割围歼，双方展开白刃格斗战。经过一天激战，八路军击毙日军 1000 余人，击毁汽车 100 余辆，缴获步枪 1000 余支，机枪 20 余挺，火炮 1 门，以及大批军用物资。

脚穿缴获日军皮靴的韦祖珍

“平型关大捷”是全国抗战爆发后，中国军队主动寻敌歼灭日军的第一次大胜利，打破了侵华日军不可战胜的神话，消除了国民党军队呆板防守、屡战屡败带来的消极影响；八路军的首战告捷，有效地打击了日军的嚣张气焰，打出了八路军的威望，鼓舞了全国军民抗战到底的信心和决心。

时任第一一五师政治保卫科副科长的韦祖珍，在平型关战斗中，一直跟随师部首长行动，负责战时师指挥部的敌情侦探、日伪特务、汉奸叛徒对我们指挥系统的袭扰，十分出色地完成安全保卫工作。

平型关战斗胜利后，八路军第一一五师全面开辟山西抗日战场。

1937年10月，为配合国民党友邻部队进行的“忻口会战”，抵抗日军南侵，八路军一一五师独立团在战场侧后翼的广灵、涞源地区开展的伏击战，破坏张家口至忻口的交通补给线。10月10日，独立团收复涞源县城；10月11日，独立团在冯家沟一带设伏；10月12日，在冯家沟设伏的独立团一营、三营经过3小时的战斗，全歼日军运输队，毙敌60余人，击毁汽车5辆，缴获满载物资军用卡车120辆，摩托车3辆，骡马500余匹。

11月2日，“太原会战”打响，为支援配合国民党友军部队作战，八路军第一一五师三四三旅的六八五、六八六两个团在广阳地区设伏。11月4日，日军第20师团第40旅团79联队1个大队及后勤辎重队进入伏击区域，伏击的八路军第三四三旅立即开火，以猛烈的火力打乱了敌人的队型，并乘势发起冲锋，与敌人展开白刃格斗。此役共歼敌近1000人，缴获步枪300余支，骡马700余匹以及大批军用物资。这是继“平型关大捷”后八路军取得的又一次重大胜利。

11月8日，“太原会战”以国民党军队全线失利溃退而宣告结束。国民党将领卫立煌率领国民党中央军撤进中条山，山西省会太原宣告失守。八路军第一一五师遵照中共中央关于“以山西为主要阵地支持华北抗战，独立自主地开展游击战争”的决定，分兵打击日寇，创建抗日根据地。第一一五师主力部队由晋东北南下的同时，聂荣臻率领一一五师独立团、骑兵营、总部特务团等3000余人留守山西五台地区，创建晋察冀抗日根据地，聂荣臻任晋察冀军区司令员兼政委。

韦祖珍当时随一一五师部行动南下来到山西襄垣地区，创建以吕梁山脉为依托的晋西南抗日根据地。1938年2月中旬，为保卫黄河河防，第一一五师三四三旅开进主灵石一带；3月2日，行至隰县，第一一五师师长林彪因身穿日军大衣骑东洋大马，被晋绥军哨兵误以为是日本军官，遂开枪，林彪中弹受伤。韦祖珍当时任一一五师保卫科副科长，参与处置该突发事件。

1938年12月，第一一五师师部和第三四三旅主力奉命开进山东，第三四三旅补充团和晋西南独立支队（晋西南游击第一、第二、第三大队）则奉命留下，坚持在吕梁山区开展游击战。韦祖珍被时任晋西南独立支队司令员陈士渠点名留下任支队保卫科科长。吕梁地区的情况十分复杂，共产党、国民党、日军的势力呈现出犬牙交错的态势。而在国民党里又分以山西军阀阎锡山为首的顽固派、国民党中央军以及由共产党任主要领导的武装团体；在这种敌我顽势力十分复杂的形势下，任晋西南独立支队保卫科科长的韦祖珍工作自然十分繁重。1939年4月至7月，韦祖珍随独立支队先后袭击了上栅、兑九峪、孝义的日军，攻占了罗曲、磊上村、郊古村等，收复了双池镇，歼灭日军400余人。韦祖珍还组织带领保卫科的战士开展支队驻地的治安整治工作，对面投敌的汉奸，采取有力措施坚决镇压，破获了几起大案，有力地维护了支队驻地的治安。1939年秋，因工作过于疲劳，韦祖珍病倒了。经八路军总政治部同意，韦祖珍回到延安进行治疗。

延安深造，“缘”于学习

1939年秋，韦祖珍奉命进入延安马列学院学习。同年冬，因政治思想可靠，学习认真刻苦，韦祖珍又被选送到西北公学保卫干部训练班封闭受训。在学习期间，韦祖珍重新系统的学习马列主义基础知识，对当下中国社会情况有了较为深入全面的了解；对我党在抗战时期的路线、方针和政策有了比较清醒的认识，对我党的新民主主义理论和政策也有了比较全面的认识。通过此次系统的培训学习，韦祖珍的思想理论水平得到了提高，党性修养得到了锻炼。

1940 年 11 月，韦祖珍以优秀的成绩从保卫干部训练班顺利结业。随即分配到八路军总政治部保卫部一科任副科长。同时，韦祖珍还与保卫干部训练班同班学员单而人喜结良缘，结为夫妻。

1940 年，全国抗战进入相持阶段，在任八路军总政治部保卫科副科长期间，韦祖珍与保卫科战士一起，机智地侦破处置奸细、特务密谋对八路军总部发动的袭击和在总部机关内部策反等一系列活动，确保了总部的安全。同时还多次带领保卫科战士在危急关头掩护总部机关转移，出色地完成锄奸保卫任务。

1942 年 2 月，因工作出色，韦祖珍又被选送到中共中央党校一班进行系统的学习深造，光荣的成为中共“七大”候补代表班的学员。在中共中央党校学习期间，韦祖珍亲身参加了延安整风活动。通过参与整风活动，他提高了对共产党的认识，坚定了抗战到底意志，获得了抗日战争中敌我斗争的知识理论；领悟了建立中华民族抗日战争统一战线的重要性，掌握了巩固统一战线的政策和方法；培养了民主精神和习惯，牢固了吃苦耐劳、艰苦奋斗的作风。经过三年在中共中央党校的学习教育和实际锻炼，韦祖珍迅速成长为八路军一名政治素质过硬、军事素养成熟的优秀指挥员。1945 年 4 月，韦祖珍当选中共第七次全国代表大会的候补代表，参加了中共“七大”。

1945 年 5 月，韦祖珍结束了中共中央党校的学习，随后被任命为八路军南下第三支队警备一旅二团副政委。1945 年 7 月，韦祖珍奉命率部随文年生、雷经天、陶铸等南下开辟敌后游击根据地。

1945 年 8 月 15 日，日军宣布无条件投降。至此，长达 8 年的抗日战争以中华民族悲壮胜利而告终。

辽沈战役善谋断，平津战役立新功

抗日战争胜利后，为了抢夺抗战胜利果实，蒋介石积极谋划发动全面内战。为了粉碎蒋介石企图破坏和平、制造国共摩擦的的阴谋，1945 年 9 月 19 日，中共中央做出了关于目前任务和向北发展、向南防御的重要军事战略部署，并且提出了“争取东北，巩固华北，坚持华中”的正确战略方针，领导全国人民开始了伟大的解放战争。

1945 年 11 月，韦祖珍调任冀察热辽纵队二十七旅政委，奉命率部前往冀、察、热、辽开辟和巩固革命根据地，他们依靠群众站稳脚跟，培养、锻炼部队干部和战士，锻炼部队能征善战，敢打善拼的战斗作风。

1946 年 6 月 26 日，国民党以 30 万重兵围攻中原解放区，悍然发动内战。强加在中国人民头上的内战爆发了，全国解放战争由此正式开始。

1946 年 10 月，热东军分区部队发起第三次解放建昌的战斗，分区独立团和辽西支队担任此次战斗的主攻，十三旅作为战斗预备队。韦祖珍和军分区首长参加并指挥了此次战斗。此役，我军全歼东北保安第四支队两个团共 1500 余人，击毙敌县长丁瑞忱等 400 余人，俘获敌军副司令罗兴光及兵员 717 人，缴获轻重机枪 7 挺，炮 9 门，步枪 1300 多支。这次战斗解放了建昌县城，将热东、热西根据地连成了一片，对于巩固热东、辽西根据地起到了重要作用，同时粉碎了东北国民党军队的扫荡。

1947 年 8 月，韦祖珍任东北第八纵队二十四师（后改编为中国人民解放军一三五师）政委。1947 年 9 月，东北民主联军发起了秋季攻势，刚刚走马上任的韦祖珍奉命立即率部投入秋季攻势的战斗。依照战斗部署，9 月 13 日黄昏韦祖珍率领二十四师和二十二师六十六团，在中共地方武装兴城县大队以及民兵的有力配合下，对集结于梨树沟门一带的国民党暂编五十师进行分割包围。9 月 14 日 5 时，韦祖珍率二十四师指挥部进至梨树沟门时，突然与敌五十二师二团遭遇，双方随即爆发激烈战斗。时任师政委的韦祖珍临危不惧，率领师直属部队奋力迎战。我军第七十二团在向三道沟以南地域运动过程中，获悉我军在梨树沟门与敌发生遭遇战，随即迅速前往梨树沟门支援。七十二团投入战斗后，韦祖珍率领部队配合七十二团一举攻占梨树沟门制高点南大山。而七十一团在得之梨树沟门发生战斗后，随即奉命从三道沟回援，并于白土岭附近遇敌，随即发生战斗。9 月 14 日中午，韦祖珍和师长丁盛命令六十六团一部钳制敌暂编五十二师一团，集中六十六团主力、七十一团、七十二团歼敌暂编五十二师二团，最后围歼被六十六团钳制的敌暂编五十二师一团。为达成预定的战斗计划，韦祖珍命令部队行动要迅速，让敌军来不及做出反应，更不能让敌军跑掉。

9 月 14 日下午 1 时，部队按照预定计划向敌人发起猛烈进攻，敌暂编五十二师二团被歼大部，残余敌人向一团靠拢，此时急行军增援的我军第七十团已经赶到，随即投入围歼敌一团的战斗。梨树沟门战斗于 14 日下午 5 时结束。共俘敌 628 人，毙敌 400 余人。这次梨树沟门战斗是 1947 年秋季攻势中我军在辽西的第一次胜利，为此后一系列战斗胜利奠定了坚实基础。

在两个多月的作战中，韦祖珍率领二十四师在友邻兄弟部队的配合下，歼灭了大量敌人，取得了梨树沟门、两战杨杖子、九门台战斗“四战四捷”的重大胜利。秋季攻势刚结束，韦祖珍随即率部参加 1947 年 12 月至 1948 年 3 月的冬季攻势。在围歼新立屯守敌的战斗中，他率部与兄弟部队密切配合，取得了全歼国民党第四十九军第二十六师的辉煌战果。

1948 年秋，东北战场再起硝烟，中国人民解放军东北野战军发动了著名的辽沈战役。韦祖珍率部参加辽沈战役，先歼敌一个营，接着率部摧毁国民党敌军北大营，一举拿下敌军主要阵地东大梁。随后他率部参加锦州攻坚战，俘敌3000余人。在辽西会战中，韦祖珍率部参与围歼廖耀湘兵团的战斗，韦祖珍部会同东北野战军第八纵队其余所部，先是在大虎山南部地区阻击了国民党“王牌”新六军，粉碎了廖耀湘兵团企图迂回至大虎山南部逃跑的念头；随后韦祖珍奉命率部穿插至六间房一带，死死堵住廖耀湘兵团主力南逃营口的去路；廖耀湘兵团妄图转逃沈阳时，韦祖珍又奉命率部迂回穿插，堵截了廖耀湘兵团东逃之路；为我东北野战军全歼廖耀湘兵团、夺取辽西会战胜利创造了有利条件。

率部“杀开民权门”，平津战役立大功

时任一三五师政委的韦祖珍

1948年末，毛泽东为中共中央军事委员会起草了《关于平津战役的作战方针》的电报。同时，按照中央军委规定的统一战斗序列，东北野战军第八纵第二十四师改称中国人民解放军第四十五军第一三五师，韦祖珍任一三五师政委，丁盛任一三五师师长。11月18日，第一三五师接到上级入关参加平津战役的命令，韦祖珍随即抓紧时间对一三五师全体指战员进行入关战斗动员教育，极大地提升了部队的士气。

1948年11月29日，解放战争中三个决定意义重大的战役（辽沈战役、平津战役、淮海战役）平津战役打响了。1949年元月，天津城被漫天飞舞的雪花覆盖得一片白茫茫。此时，我人民解放军两个兵团已经把天津城围得水

泄不通，而城内十三万守敌部队全部龟缩于堡垒工事里，决定死守城池。人民解放军指战员在交通沟里冒着漫天飞舞的雪花小跑前进，面对敌人的顽固死守，他们心里十分清楚此次战斗任务的艰巨。攻取天津城的最后决战在即。

1月14日，攻城总攻战斗打响。第四十五军一三五师在韦祖珍的带领下，迅速清除了敌军的外围据点，并向天津城民权门突击。民权门是一扇开在一丈四尺高城墙上的城门，民权门前布满了火力交错的地堡群，而地堡群前面是一片三十来米的开阔地，布满了地雷、鹿砦、铁丝网、电网，地形易守难攻。敌军守城司令陈长捷曾十分骄横的说道："增修隐蔽错综的碉堡、地堡，工事的设计运用和兵力排列部署，掌握得十分机密。"

按照攻城战斗指挥部的作战布署，第四十五军一三五师负责向民权门方向突进天津城内，夺取金汤桥。攻城战斗打响前，韦祖珍亲自到部队前沿阵地观察地形，分析敌情并作出具体战斗部署。以第四〇李英敏三团一营一连作为全师的开路先锋，战斗打响后迅速攻破民权门，直抵并攻取天津市中心的金汤桥。

在发起攻击前夕，韦祖珍来到战斗先锋一连，向全连100多名战士下达战斗任务，并将一面3尺多长2尺多宽题着"杀开民权门"五个大字的锦旗授给尖刀先锋一连。

次日凌晨，总攻开始。韦祖珍在前线指挥所里，用望远镜观察着攻打民权门的战斗情况。英勇的战士把敌人的地堡一座座炸开，并且冒着敌人的猛烈炮火，在弥漫的硝烟中架起了两座浮桥，突击部队迅速冲过了架好浮桥。经一翻激烈战斗，攻破了民权门防线。在总攻发起前3分钟，占领了民权门。

第一三五师在听到总攻号令后，涌入城内，与敌人展开了激烈的巷战、街垒战，顺利占领了金汤桥，成功与第三十八军会师金汤桥，为夺取天津城做出了重大贡献。天津警备司令陈长捷在被俘后感叹道："民权门主阵地，经解放军一阵猛攻之下就被突破，刘军（国民党刘云翰第八十五军）再无力堵击，听任解放军直插金汤桥，与小西门西头方向形成夹击之势，截断天津城内交通，瓦解全城整个阵地防御体系。"

战后，韦祖珍受到上级通令表彰。新中国成立后，北京军事博物馆曾展出当时一三五师授予尖刀一连"杀开民权门"的锦旗，锦旗上的累累弹痕是韦祖珍和第一三五 师全体指战员浴血奋战的见证。

衡宝战役建大功，献礼致敬新中国

1949 年夏，中国解放战争很快就要取得全国胜利。毛泽东同志当时曾说："夺取这个胜利已经是不要很久的时间和花费很大的气力了。"我百万雄师渡过长江，以排山倒海之势，向南挺进。韦祖珍率领一三五师挥戈南下、直指南疆。长沙和平解放后，国民党华中军政公署长官"小诸葛"白崇禧调集了 11 个军 26 个师共 5 个兵团约 20 万人马，部署于衡阳、宝庆（邵阳）地，妄图依托山地，摆开架势与我军决战，负隅顽抗到底。

9 月下旬，韦祖珍接到四十五军部命令："第一三五师务必于 10 月 1 日到达衡宝战役地区，并向衡宝中间地区前进。"9 月末，军部又下达命令："第一三五师以一个独立支队经杏子铺穿插至杨柳井，切断敌人退路，尔后向小岭口发起攻击前进。"接到军部作战命令后，韦祖珍率部从江西萍乡出发，转战湖南株洲、湘潭、湘乡。一路上他很少坐车骑马，而是背着干粮，手柱木棍，与广大官兵一起徒步行军，官兵关系十分融洽。

1949 年 10 月 1 日，中华人民共和国成立。

韦祖珍当时在湖南前线，当他从广播里听到毛主席宣布新中国成立的消息，激动得与身边的战友紧紧拥抱，他迅速将这份喜讯转告部队，并指示部队广大官兵，要下决心打好这一仗，向党中央和毛主席报喜，向刚诞生的新中国献一份厚礼！

穿插至敌后，讲的是快和猛！狭路相逢勇者胜。韦祖珍遵照军部战斗命令，率领一三五师像一把利剑向敌军背后狠狠插去。在水东江，一三五师迅速歼灭了阻挡敌军部队，并随即向纵深的衡宝公路突击。四天时间，一三五师前进了300余里，抵达灵宫殿。一三五师孤军穿插至敌后，引起了野总、兵团、军部的极大关注。为了便于指挥，野总决定：一三五师立即归野总直接指挥。

此时第一三五师位于敌后处境十分危急。经过数天强行军，第一三五师全体指战员均已十分疲惫，并且敌军飞机一直在一三五师上空不停盘旋、投弹轰炸。一三五师突至敌军腹地深处，让敌军感到十分困惑，同时又十分恐慌，敌军纠集四个师的兵力对一三五师进行包围。根据野总命令，韦祖珍向部队下达命令："全师各部立即占领有利地形，进行环形防御，最大限度吸引和牵制敌人，为我军各路主力部队围歼全部敌人创造有利条件。"他随即做全师团级以上干部作战斗动员："这次上级对我一三五师寄予很大的期望，我们全师上下一定要团结一致，打好这一仗，光荣完成上级布置的任务，全力拖住敌人，绝不放跑敌人！"韦祖珍铿锵有力的战斗动员讲话，霎间就把指挥所里的战斗气氛提升了，各团指挥员纷纷摩拳擦掌，准备同敌人决一死战。

随后，韦祖珍率领随师直机关、火炮营到木瓜冲指挥战斗，战斗进行得十分激烈。在韦祖珍和师长丁盛正确灵活的指挥下，第一三五师全体指战员经过几天几夜的奋力厮杀、突围，粉碎了敌军四个师企图合围歼灭一三五师的计划。一三五师第四〇李英敏五团二营攻打到敌第七军军部，二营一连迅速将敌人军部团团包围起来，经过一番激烈战斗，俘获了敌参谋长。第一三五师在兄弟部队的全力配合和支援之下，在祁阳以北的五峰山黄土铺一带，全歼国民党桂系李宗仁、白崇禧的起家部队、桂系主力第七军、第四十八军四个师共4.7万人，俘第七军参谋长，敌第七军军长李本一只身逃跑，取得了衡宝战役中最大的一次战斗胜利。白崇禧闻讯后大惊失色，慌忙率部逃往广西老巢，惶惶不可终日。

衡宝战役后，第一三五师受到了解放军野总和第十二兵团的通令嘉奖，并授予一三五师“祁北战役歼敌模式”的锦旗一面。韦祖珍因在战役中表现突出，受到通令表彰。衡宝战役失利后，白崇禧集团溃逃广西，依靠盘踞广西20余年的统治基础，纠集了残余的12个军、30个师共5个兵团约15万的兵力，在广西推行所谓的“反共总体战”，企图负隅顽抗到底。

1949年11月6日，韦祖珍又率部参加解放广西的战斗。中国人民解放军遵照中央军委关于对白崇禧部作战应采取远距离包围迂回的方法，不理会白崇禧作出的临时部署，远程奔袭，占领白崇禧部的后方，逼迫其不得不和我军作战。解放军兵分三路进入广西，实行“大迂回、大包围、大歼灭”的作战方针，于11月7日发起广西战役，解放军各路大军以所向披靡之势，接连克敌。西路大军是第十三兵团2个军约10万人，经湘西南下进入广西，经思恩、河池、百色，切断敌人向云南、贵州溃逃的去路；东路大军的第四兵团、第十五兵团自江西进入广东，后以4个军18万人从粤西向玉林、博白、钦州一带推进，防止白崇禧集团向海南岛或者越南逃窜。中路大军是第十二兵团3个军14万人，自湘南沿着湘桂铁路、湘桂公路向南挺进。在广西地下党领导的游击队配合下，解放军在11月22日解放广西省会桂林，11月25日解放柳州、梧州，12月4日解放南宁。

韦祖珍率部于12月6日，与兄弟部队密切配合，在钦州北面的小董圩第二次围歼战中，围歼了国民党华中军政长官公署直属队及国民党第

十、第十一兵团共4万余人。随后，又率部队向中越边境的宁明、上思一带挺进，与兄弟部队一道全歼桂系所属5个兵团、12个军共计17.3万余人。12月11日，中华人民共和国的五星红旗插上了中越边境重镇镇南关（今友谊关）上。至此，广西全境获得解放。

陆军转空军，致力空建甘载

1951年3月，韦祖珍奉命调任第五十三军副政委、军党委书记；同年11月，任二十一兵团政治部主任。他率部参加了广西剿匪反霸和镇反工作，历时四个多月，一共歼灭桂西残匪五万余人，缴获各类枪支三十七万七千余支，胜利的完成桂西会剿任务。翌年秋，中央军委命令第二十一兵团司令部队改组为水利工程部队司令部；韦祖珍先调任公安部中央武装保卫局局长。但随着革命胜利，韦祖珍愈发觉得应该回到家乡，把被战火破坏的满目疮痍的家乡建设好；因此到了北京没几天，他便向中央提出申请，要求调回广西工作。中央一开始没有同意，后来韦祖珍亲自找到毛主席，经过向毛主席请示后，才被批准回广西工作。

韦祖珍刚回广西没多久，1952年7月，中央军委决定，为加强与统一上海地区空军部队的领导和指挥，以空军上海作训基地为基础，对华东军区空军司令部、防空司令部等单位进行整合，整编组建中国人民解放军空军第四军。中央一纸命令，调韦祖珍任中国人民解放军空军第四军（部队番号：七三四一部队）副政治委员；同年9月，韦祖珍升任为政委。从此，韦祖珍走进空军大门，开始了人生新的戎马生涯。

空四军当时的防务区域为上海地区，韦祖珍上任后，非常重视上海的防空事务，他经常率领工作组深入到基层作战部队，摸索总结新中国成立初期空军作战值班部队政治思想教育的特点和经验，发现解决了当时部队中出现的各式各样问题，深得一线指战员的称赞和信赖。特别是在各级政工干部参加本级指挥所作战值班问题上，韦祖珍身先士卒，为下属各级军官做出了榜样。

1955 年，中国人民解放军实行军衔制，经过对战功进行统计，时任空四军政委的韦祖珍被授予中国人民解放军少将军衔，荣获中华人民共和国二级“八一”勋章、二级“独立自由”勋章和一级“解放”勋章。

新中国成立初期，防空力量较为薄弱，退守台湾的蒋空军仗着有西方帝国主义为其撑腰，时常派飞机侵入大陆空域进行各种破坏、侦察活动。上海作为我沿海重镇，蒋军飞机和外国军机更是频繁入侵袭扰。空四军的战备任务十分重，在毛主席和中央军委的正确带领下，韦祖珍同空四军全体指战员齐心协力，发扬我军英勇的战斗精神，用丰硕的战果，向毛主席、党中央、中央军委以及全国人民交了一份优秀的成绩单：

1952 年 9 月 20 日，空四军在敌军机先开火的情况下，英勇奋起自卫，在上海市东南陈家镇上空击落 B—29 型轰炸机一架。

1953 年 7 月 25 日，退守台湾的国民党空军 3 批次 6 架 F—51、F—47 战斗进犯上海领空，空四军航空兵部队奉命起飞拦截，击落敌机 1 架，击伤 1 架，此次胜利极大地鼓舞了全军和全国人民的士气。

1956 年 8 月 22 日夜，驻日本厚木基地的美国海军航空兵第一电子战中队下属的一架 P4M—1Q 麦卡托型电子巡逻侦察机，从台湾新竹机场起飞，以 S 形路线由南向北飞行，多次侵入我领海空域范围，用机上的电子侦察设备侦听我国沿海地区军事设施信息机密。当晚正值韦祖珍战备值班，获悉敌情后，在他从容不迫地正确指挥下，我空四军第 2 航空兵师战机起飞拦截。在拦截追击敌入侵飞机的过程中，我军飞机员审时度势开火将敌机击落。因为指挥有方，处置得当，这架外国军机被击落于我国领土范围内，使得在后续外交斗争工作中，我国始终处于有理有据的有利位置。韦祖珍本人也因此受到中央军委和国防部的嘉奖。

韦祖珍（左二）在解放军政治学院学习时与十三陵水库工地民工在一起

1957 年 11 月，韦祖珍被选送到解放军政治学院速成系第三期一班学习。学习期间，韦祖珍努力克服自身文化水平低等种种困难，挤时间刻苦钻研政治理论学习教材。通过一年半在学院系统的学习政治理论，特别是完整地学习了毛泽东思想，韦祖珍掌握了丰富的政治理论知识，加强了对毛泽东思想的运用，有机地把多年部队政治工作经验在理论上加以总结和重新思考。这为他在新的历史条件下有效地开展政治工作打下了坚实基础。

韦祖珍（中）与临潼群众同吃同住

1956 年 6 月，韦祖珍顺利从解放军政治学院结业，随即被任命为中国人民解放军空军第五军政治委员。根据当年在韦祖珍周边工作人员的回忆等资料记载，韦祖珍在担任空五军政委后，生活十分简朴。按规定，军政委作为军队领导，部队应安排落实其住房，为其配备专门的秘书人员和专车。但韦祖珍上任空五军政委后，考虑当时部队的实际困难，所以他住在条件简陋的招待所，一住就是半年多；外出时韦祖珍自己搭便车；参加会议，下基层连队了解情况都是自己做记录，文件也是自己起草，深得广大官兵的敬佩。在担任空五军政委期间，韦祖珍在一年的时间当中，都会用一半的时间下到基层连队，他的足迹遍及了浙、赣、闽等省的航空兵、高炮、通信、场站、后勤单位等，及时发现并解决了很多问题，为我国空军的早期建设做出了很大贡献，受到了上级的好评和广大指战员的赞扬。

1964 年 8 月，韦祖珍调任空军工程学院政治委员。11 月 6 日，空军工程学院第一届党委成立，韦祖珍任学院党委副书记，负责学院日常主要工作事务。韦祖珍经常深入学员中间，与学院广大师生密切沟通交流。但空军工程学院刚办学不久，各种政治运动接踵而至，学院日常教学活动受到了极大冲击。1965 年 9 月，韦祖珍受命带领空军工程学院 37 名干部前往陕西省临潼县参加“社会主义教育”运动（简称社教运动）。

当时所谓的社教运动，就是“整党内那些走资本主义道路的当权派，进一步巩固和发展城乡社会主义的阵地。”认为“目前由于‘右倾’思想的影响，相当一部分干部出身于新生的资产阶级，思想没有改造好，对待问题缺乏阶级分析观点，处理问题只看表面不看本质等。所以，要教育干部以阶级斗争观点看待问题、认识问题、处理问题。”参加社教的干部要在农村与人民群众同吃、同住、同劳动，发动人民群众检举揭发基层干部的“阶级成份”问题、“走资派”问题、“政治”问题、“四不清”问题等，社教运动使很多基层干部遭受打击，蒙冤受屈。在社教运动中，韦祖珍竭尽全力地尽可能把握政策，尽最大努力地保护了一大批干部。

1966 年 6 月，解放军空军工程学院按照上级文件指示开展“文化大革命”运动，学院的日常教学停顿，秩序遭到严重破坏，整个学院陷入一片混乱。紧接着，空军工程学院党政系统完全瘫痪，学院领导被批斗，教职工和学员产生严重对立，各自分成一派，双方不断发生冲突。在自身受到冲击的情况下，韦祖珍尽力做好学院两派的群众工作，竭力维持秩序，避免武斗的发生，努力减少损失。1968 年 2 月，空军工程学院成立革命委员会筹备小组，韦祖珍任组长；5 月 16 日，空军工程学院革命委员会成立，韦祖珍任委员会主任。他审时度势，日夜操劳，致力逐步恢复学院的日常教学事务和工作秩序，为国家培养出一批真才实学的空军工程人才。

1970 年韦祖珍（二排右六）与空军部队飞行员合影留念

1968 年 11 月，韦祖珍调任福州军区空军部队政治委员。福州军区空军部队长期担任东南沿海地区的防空作战任务。因福州军区毗邻金马台，地理位置十分特殊，韦祖珍赴任后身感责任重大，到任后便全身心投入工作之中。他十分重视部队的军事和政治思想教育，要求空军部队日常训练要坚决从实际出发，以实战为目的，不搞花架子，严格训练，部队要锻炼真本领、真功夫。他组织指挥航空兵和高射炮兵部队，牢牢地将福建地区的制空权掌握在手中，多次指挥部队击落、击伤入侵我领空进行侦察活动的敌机。此外，他还组织部队参加护渔护航、抢险救灾等地方事务，为保护人民生命财产和支援国家，地方经济建设做出了突出贡献。

1969 年 4 月，中国共产党第九次全国代表大会（以下简称中共九大）召开，韦祖珍当选为中央候补委员。当时，他的夫人单而人听到广播在宣读中央委员、候补委员名单中有“韦祖珍”的名字，就问他：“是不是你啊?”韦祖珍回答：“别胡说，同名同姓的人多着呢!”后来，中央通知韦祖珍出席九届一中全会，方才知道彼韦祖珍即此韦祖珍。4 月 28 日，韦祖珍以“中央候补委员”的身份参加了中共九届一中全会。

晚年操劳广西建设，蒙冤五载不忘初心

1971 年 2 月，韦祖珍调回广西担任广西壮族自治区委员会书记。至此，他离开了奋斗 20 多年的空军建设事业。3 月，中央任命他为广州军区政委兼广西军区第二政委、广西壮族自治区革命委员会副主任。

韦祖珍（左二）参加投票选举新一届广西区党委班子

回家乡广西工作、建设家乡，一直是韦祖珍在新中国成立后的愿望。赴任前，周恩来总理亲自在北京接见了韦祖珍，叮嘱他说：“空军的同志很想留你，舍不得你

到地方工作。但中央反复考虑，广西壮族人口比较多，民族团结很重要，广西发展任务也很重，还是要你回广西工作。回去后，你要尽快熟悉情况，争取早日建设好家乡。”总理的嘱托一直盘绕在他的脑海中，花甲之年转任地方父母官，他深感使命神圣而崇高，责任重大且艰巨，他暗下决心，一定要努力认真工作，尽快熟悉家乡广西的情况，以最快速度进入角色，不辜负党中央和中央领导的期望，不愧对广西父老乡亲的期许。

3 月 5 日，韦祖珍回到广西南宁履职上任。3 月 6 日，他听取了广西军政相关部门的工作汇报，熟悉了解情况。3 月 15 日，韦祖珍带着秘书，警卫员轻车从简前往百色、河池地区进行调研。虽然此时他年近花甲，又身患低血糖、肠胃病等多种疾病，但仍坚持跑遍了平果、田东、田阳、罗城、天等、巴马、凤山、东兰、南丹、宜山、都安等 10 多个山区县、数十个公社和上百个大队。1971 年是中国政局的一个多事之秋：极左路线依然盛行，个人崇拜有增无减，突出政治每天每时每刻都讲阶级斗争，农业学大寨“窝”集体工，工业学大庆不见工业，全国如此，广西也不例外。韦祖珍每到一处，都耐心听取群众和基层干部的意见及工作汇报，了解掌握真实的生产生活情况，同时他大力呼吁各级领导干部和广大人民群众要重视生产，恢复生产，大力狠抓生产。

1971 年 7 月 21 日，韦祖珍来到巴马瑶族自治县西山公社调研。当他同随从人员来到一个大队准备查看附近田地情况时，走过一户农家的门口前，韦祖珍停下了脚步，看着门口挂着“四类分子”的牌子，立即转身向随行的地方工作人员道：“你们这么做，还让不让人家活下去了？地主也罢，富农也罢，反革命也罢，坏分子也罢，有问题的只是一个人，而不是全家，不能因为家中有一个人犯错误，而连累全家人啊！”语罢，韦祖珍叫同行的干部立马将牌子取下。他在巴马那桃公社检查工作时，发现公社书记对政治、对重大事件不关心，一问三不知，就批评那位支书“迷迷糊糊干革命!”使这些干部受到很大的教育和启发。

7月24日，韦祖珍马不停蹄地赶到凤山县视察，他来到凤山县乔音公社，召开大队干部会议。在会上，韦祖珍要求生产队要重视基层党建工作，成立党小组，发展年轻党员。他认真地说：“革命的根本问题是政权问题，政权问题又是干部问题、带头人问题。”离开乔音公社之后，韦祖珍又参观了凤山县农机厂、酒厂、养猪场等企业，他语重心长地对随行的地方领导干部说：“玉米是广西的主要产业，今后要大力生产，大力推广玉米粉碎机，切实解决农民猪饲料的问题，为加大养殖业提供便利。”7月28日，韦祖珍在凤山县召开了一次规模较大的座谈会。他在会上要求各级领导干部要狠抓政策落实，着力研究社会主义新农村建设问题；大力加强农村基础设施建设，多想、多做对老百姓有利的事情，地方要依据实际情况开展阶级斗争，对四类分子的家属、子女要区别对待，避免以偏概全，妥善处理好矛盾。韦祖珍在本次会上要求对四类分子、家属、子女要区别对待的讲话传开后，在凤山县引起很大反响。在当时抓阶级斗争十分浓烈的政治背景下，说出这样的话，不仅需要有足够的政治胆量，需要有强烈的社会责任感，同时还要冒着很大的政治风险。凤山县当地在韦祖珍的这次讲话后，全县上下极“左”的做法得到调整，纠正对待“四类分子”部分家属的不公正，使得他们的政治生活获得了新生。

离开凤山，韦祖珍回到了阔别已久的家乡——东兰县。当吉普车驶进东兰县境内，沿着弯曲的公路驶向生养他的大石山区时，韦祖珍心里十分高兴和激动。看着车窗外掠过的一树、一石、一山，韦祖珍不禁陷入思绪，回想当年，就是从这里开始追随拔哥干革命，而后逐渐成为一名红军战士，再一步步成长为中国人民解放军的少数民族将领。

刚落脚东兰县城，韦祖珍便顾不上舟车劳顿，前往韦拔群烈士陵园凭吊。在悼念活动中，韦祖珍触景生情，向随行工作人员回忆诉说道，当年他自己是如何在拔哥的领导下，开展革命斗争，以及听授拔哥的谆谆教诲后，决心投身轰轰烈烈的革命运动中。

走在东兰县城的街上，韦祖珍心里久久不能平静。虽然新中国成立已有20余载了，但东兰县还是破烂不堪，县城街道是几条鹅卵石铺成的坑洼小道，两边依旧是破旧的民房，这里几乎与他当年离开时没什么两样，这样的场景让韦祖珍感到十分的痛心。在东兰的短短几天，韦祖珍深入隘洞、武篆、三石、五联等乡镇进行考察。他所到之处，均亲自前往农户家中详细了解情况，与老百姓亲切交谈，了解情况。在三石公社新烟大队弄英生产队指导员韦帮定的家，韦祖珍一进屋就和韦帮定促膝坐下，拉起了家常。韦帮定是韦国清同志的胞弟，曾参军服役并且参加过抗美援朝的战斗，复员后在家务农并且担任生产队的指导员。韦祖珍亲切地说："国清同志写信了吗？你要懂得他的心情，希望你们搞得更好，各方面做好样子。我们东兰是革命老根据地，是自治区负责同志的家乡，责任重大，所以各方面要做好。当然，也要一分为二，'老'是可贵的一面，弄不好更成了包袱。我担心你们背包袱，跑不动，搞不好会落后。40年前搞革命，我们东兰走在前面；现在社会主义建设时期，更要走在前面。希望你们搞得更加好，鼓足干劲，力争上游。"

8月3日，韦祖珍在东兰县城给当地领导干部们做了一个报告。报告中，他认真分析了当前国内外的形势，并对他本次调研一路上的所见所闻作了总结，着重指出东兰县当下所存在的思想和工作上的问题。在会上，韦祖珍要求广大干部改变作风，大胆工作，早日改变东兰贫穷落后的面貌，争取让老区人民过上好日子。

8月4日，韦祖珍一行驱车离开东兰，驶向南丹。至8月29日，他先后到达南丹、河池、宜山、罗城、都安等县开展调研工作。所到之处，他不摆官架子，不搞花架子，积极与基层干部群众沟通交流，了解情况，他十分仔细地听取每次汇报，认真思考，与工作人员召开座谈会，共同分析，研究思路，共商对策。他坦诚地提出自己的看法和建议，千方百计解决群众生产生活中所遇到和反映的突出问题。韦祖珍在广西的一年多时间里，跑遍6个地区，积累了极为丰富的革命斗争经验和农村社会生产生活的第一手资料。在结束调研后，韦祖珍动手撰写了《突出问题十八例》的调查材料，印发给当时广西全区各级领导干部参阅：

例一：韦定金的“难过”。宜山县三岔公社果立大队党支部书记韦定金，在“四类分子”听训会上说：“你们被划成四类（地主、富农、反革命、坏分子)，我心里也难过，这是社会造成的，我也没办法……”

例二：凤山县平乐公社凤老大队党支书，讨了地主的女儿做老婆，被地主分子拉了过去……

例三：凤山县金牙公社凤介大队党支书，62岁，蒋匪叫嚣反攻大陆的时候，他和原来的爱人离了婚，并和地主女儿结了婚，还把他的两个妹妹也嫁给地主仔。群众说他搞“两面政权”“双保险”……

例四：河池县百旺大队邑别生产队队长敌我不分，和四类分子亲亲热热，吃吃喝喝……

例五：罗城县三莵树生产队，在1966年前，政权掌握在一个老贫农手里，粮食亩产平均达到1040斤。在“文革”中，一个地主仔起来造反，煽动群众夺了队长的权。他上台后提出“打倒矮秆”“绿肥是刘少奇的余毒”“牛毛渠占用土地要平整掉”。从此，产量就大幅度下降，去年亩产平均只有400多斤……

例六：南丹县六寨公社邦里大队1968年成立革委会时，四个大队干部都不是党员。革委会主任乱搞男女关系，群众叫他“玩婊主任”。有个干部是做鬼师的，群众叫他“魔公委员”……

例七：罗成县四把公社石门大队有个谢正楼，1956年参军，在部队入了党，任过指导员。1969 年复员回乡后任良谢生产队队长，但他从不出集体工，专搞私捞。一是在家收破烂衣服缝补，群众给他编了打油诗："正楼学习不积极，晚上埋头搞车衣；车衣一响钱到手，哪有心思搞集体"。二是大养"三母"，即母猪、母牛、母狗……

例八：宜山县祥贝公社更生大队党支书，不抓阶级斗争，不参加集体生产，经常上山打鸟，下河捞虾……

例九：罗城县古耀大队党支部副书记黄宝贵用这样一首打油诗表达他的世界观：不愿承担一把手，文书会计我接受；如果上级定要我，第二把手勉强做；第二把手虽然做，平平稳稳不出头；一般小事我查收，大事推去找头头……

例十：宜山县矮山公社矮山大队北江生产队一队干带头外出搞私捞，耕牛无人护理，二十四头牛死了十四头，耕牛饿死在牛栏里……

例十一：罗城县小长安公社"四旧"盛行。今年过六月节，不分地、富、反、坏、右，成群结队，大摆筵席。今天吃我的，明天吃你的，从六月初吃到二十六。有的社队干部也参加。许多户门口写着"鼓足干劲""抓革命促生产"的革命标语，而房里贴的是"客满堂""猪满圈""四季发财"等封资修的黑货……

例十二：宜山县怀远公社楞达大队新塘生产队，过去由于受刘少奇"三自一包、四大自由"的毒害深，干部带头搞私捞，资本主义大泛滥。副队长刘启元放弃集体生产，热衷于钓蚂拐，每次可钓到十几斤，卖上四五元。在他的影响下，全队 36 个男劳动力，就有 20 多个钓蚂拐不出集体工。有的社员为了掌握钓蚂拐的本领，跟着刘启元学蚂拐叫。半夜三更，睡在床上还在苦练这项技能。有的社员学不会，钓不多，就给刘启元当炊事员，合伙搞私捞。群众把他叫"蚂拐队长"。在县、社党委的帮助下，刘启元提高了路线觉悟，他带头斗私批修，沉痛地说："我过去的思想是：

管你出工不出工，得钱肚里就不空；你们做的是欠钱工，我做的是现钱工；你们劳动回来一身痛，我钓蚂拐回来一身松。结果是捞了钱，变了线，丢了权；钓了蚂拐，落进泥潭。要不是毛主席的革命路线挽救了我，不知道变成什么人！”

……

在当时政治狂热的大背景下，韦祖珍撰写的《突出问题十八例》里，体现了他对发展经济的忧虑和想法，对社会现象的深入探讨和思考，是相当有见地的，见解是十分独到的，也是相当的难能可贵的。1971 年 9 月 9 日，韦祖珍又撰写了题为《抓好基础，打好基础，把毛泽东思想伟大红旗牢牢插进农村前沿阵地》的报告，呈报给自治区党委。在报告中，韦祖珍系统地提出了抓好基层工作的九条意见：

一、提高认识，增强自觉性；

二、调查研究，做到情况明；

三、狠抓根本，变队先变人；

四、抓活思想，才有针对性；

五、不破不立，不斗不进；

六、提高标准，激发干劲；

七、在紧跟中落实，在落实中紧跟；

八、抓两头带中间；

九、基层进步快，全靠班子带。

从此篇报告可以看出，韦祖珍在广西的一年多时间里，除了梧州、桂林以外，他跑遍了其余的六个地区，通过开展充分的、深入细致的调研才从中总结出来的经验，也是他长期从事政治工作的结晶，报告内提出的九条意见十分有指导性和针对性。

1971 年 9 月 13 日凌晨，林彪企图发动反革命政变，事情败露后连夜乘飞机外逃，后坠机摔死于蒙古温都尔汗，史称“九·一三”事件。中央在“九·一三”事件后，成立专案组负责调查工作。当时中央调查参与林彪反革命集团可能存在联系的同志，韦祖珍受到事件的牵连，被中央责令必须做出相关检讨。1971 年 9 月 13 日下午，韦祖珍在柳州开会时向中央做出第一次检讨：“我在二中全会上犯了错误，自己认为在大是大非面前态度鲜明，结果说了些错话。”1972 年 3 月 4 日至 18 日，周恩来总理在北京主持召开广州地区负责同志座谈会，韦祖珍先后在会上做了 4 次检查；3 月 24 日，韦祖珍正式向中央递交书面检查；4 月 1 日，韦祖珍被逼迫在广西壮族自治区党委常委会扩大会议上第一次做公开检查；4 月 9 日，韦祖珍在区党委常委扩大会议上第二次做检查交代，由于第二次检查交代态度主动诚恳严肃，得到了自治区主要负责同志的认可。7 月 30 日，韦祖珍在自治区党委第四次全委（扩大）会议上做第三次检查，交代了本人在九届二中全会期间犯了严重方向路线错误。

虽然在广西任职期间蒙受了冤屈，但韦祖珍不计个人得失，在受到牵连尚未被免职之前，得益于他的主持，从 1971 年下半年开始，自治区革委会对全区工农业生产做出全面部署。韦祖珍不摆官架子，不搞花架子，一门心思地解决广西发展中遇到的实际困难和问题。1971 年 11 月初至 12 月底，他与时任区党委副书记安平生同志、党委常委覃应机同志等一起马不停蹄地到自治区直属的冶金、轻工、水电、交通、农林、财政、外贸等 13 个厅局去调查研究，看望了广大干部职工。韦祖珍亲自组织召开各种座谈会，认真听取汇报，掌握真实情况，和区直单位的负责同志共同分析原因，研究工作思路，共商广西发展良策。在区燃化局了解情况时，韦祖珍指出：“燃料工业关系到工农业发展的问题，任务很重，生产安全要抓好，出了问题要找教训，把坏事变好事。”在区机械工业局调研时，韦祖珍提出了深刻的意见：“以前广西生产的水轮泵很有成绩，其他省还来参观学习过。现在居然要从外省调来部分水轮泵，原本榨油机是柳州制造厂的老产品，过去还出口到国外，但现在这些支援农业的老产品一转眼就被挤掉了。这样搞是瞎指挥！必须安排生产支援农业的产品。”韦祖珍十分重视发展交通；11 月 8 日在自治区交通部门听取汇报后，韦祖珍当即指示：

一、堵塞的河道要恢复，要充分利用河流资源，造船比造汽车容易。

二、养路费收入问题，光收不养不行，以路养路嘛！不修路的不给养路费。

三、总的要求是大力发展交通运输业，赶上经济建设的需要，交通上不去，就影响工农业建设。关于运输工具的问题，公路、航运的基本建设问题，要加强组织领导，加强管理，健全制度，发挥人的主观能动性，发挥人的积极性，挖掘潜力，发动群众，要精神变物质。

四、要充分利用水路。广西的河流很多，要抓紧疏通巷道。

韦祖珍对广西商业工作也十分关心，他指出：发展生产，国家、集体、个人三者都要兼顾。现在有些片面性，是政策问题。比如对正当的家庭副业和不正当不合理的家庭副业没有区分清楚。有些地方的同志思想简单，不熟悉路线、政策，搞“土政策”，甚至出坏点子。例如，规定只准养两只鸡，多养了就变成地主、富农了。搞得广西的鸡蛋要从外面调进，有人说“广西的母鸡不生蛋”，这样很丢人。韦祖珍在调研过程中说的话都是真话，实话。句句说到人们的心坎上。在区直单位调研视察后，他向自治区党委写了 13 个厅局的调查报告。与此同时，韦祖珍也积极主动向中央和国务院有关部门汇报广西的困难，为广西争取得到国家更多的扶持。他说，毛主席和中央领导都认为，过去因为毗邻广西的越南在打仗，国家在广西安排的项目很少，现在战争结束了，国家应该多帮助广西搞建设。经多番汇报争取，中央对地方建设的帮扶开始倾斜向广西。然而，尽管韦祖珍拼命工做为广西的建设做出了重大的贡献，并且两袖清风，一尘不染，但他刚描绘出的美好建设蓝图，刚打开的工作思路，随着1973年2月，他被中央林彪专案组监禁隔离审查而顷刻间烟消云散，所有计划都半途而废。1973年8月，韦祖珍被中央免去党内外一切职务，关押在北京亚非学生疗养院北楼7号隔离审查。

“四人帮”垮台后，党中央于1978年10月解除包括韦祖珍在内的对老干部的监禁。这时，距离他被关押已有5年零8个月。在恢复自由后，韦祖珍不断向组织反映情况。在党的十一届三中全会胜利召开后，经中央有关部门反复核查后，推翻了之前韦祖珍所背负的罪名。

1981年4月4日，解放军总政治部呈文向中共中央和中央军委请示，建议撤销中央专案组于1978年7月28日对韦祖珍所做的审查结论。

1981年5月4日，解放军总政治部就《韦祖珍同志结论的复查意见》，向广州军区发出通知，决定撤销中央专案组所作出的结论，最后以“与‘林彪事件’无涉，无错误”为盖棺定论，推倒一切诬蔑不实之词。

1981年5月14日，中共广西壮族自治区委员会对韦祖珍在广西工作期间的问题作出结论，承认过去诬陷韦祖珍的各种不实之词都是错误的，指出应予以平反，恢复名誉。

1981年7月，中共广西区党委下发通知，恢复韦祖珍的政治名誉。

1981年10月，中国人民解放军总政治部发出通知恢复韦祖珍大军区副职待遇。

1982年10月11日，韦祖珍将军因病在广西南宁逝世，享年70岁。

10月27日，广西党政军和社会各界为其举行了隆重的追悼会。广州军区副司令员黄荣海主持追悼会，广州军区副政委邓逸凡代表广州军区致悼词。

《人民日报》于1982年11月18日发出消息：

新华社南宁11月17日电　广州部队原政治委员兼广西军区第二政治委员、中共广西壮族自治区党委书记韦祖珍因患癌症，经医治无效，于今年10月11日逝世，终年70岁。韦祖珍同志追悼会10月27日在南宁举行。中央军委主席邓小平等领导专程敬献了花圈。

韦祖珍同志是广西东兰县人，1929年参加中国工农红军，1932年入党，历任战士、班长、政治指导员、团政治委员、旅政治委员、师政治委员、军政治委员、空军工程学院政治委员、福州部队空军政治委员等职。他忠于党，忠于人民，在革命战争时期，不怕艰难困苦，不怕流血牺牲，坚决执行命令，英勇作战；在社会主义革命和建设时期，努力学习马列主义、毛泽东思想，认真执行党的路线方针政策，拥护党的十一届三中全会以来的路线方针政策和党的十二大所作的各项决定，坚定四项基本原则。他积极工作，艰苦奋斗，谦虚谨慎，密切联系群众，为我军建设贡献了力量。

文韬武略覃士冕

●汪宏华

覃士冕是壮族人民的优秀儿子，中国共产党的优秀党员，我军优秀的高级指挥员。他一生仅仅度过66个春秋寒暑，戎马倥偬却52载，历经大小战斗不下百次。他不仅曾失学、失自由，而且要求上学受处分，当了旅长率部打仗差点被枪毙，虽说没有多少传奇故事，可他确确实实是一位文韬武略的壮族硬骨头将军。

烽火少年

1915年12月，覃士冕出生在广西东兰县坡豪区（今长乐镇）纳标村纳串屯一个贫苦壮族农民家庭。他生不逢时，那时的中国是一个半殖民地半封建社会，外有帝国主义侵略，内有袁世凯的反动统治，没有民主自由；加之他又出生在偏僻落后的东兰县，而且还是一个贫苦的壮家，能填饱肚子就不错了，读书识字就别想了。

然而，覃士冕却犟得很，他一到上学年龄，就嚷嚷要读书，嚷得父母心似刀绞。一天，父亲踏着晚霞回到家放下肩头沉甸甸的柴捆，指着远处直抹云端的“桥顶山”对母亲说：“地理先生十分看好这桥顶山，说它是天桥，这一带要出将相之才。我们家 3 个小孩，老大士才忠厚老实，地里山上是把好手，做官怕是做不来；老二士珍刚猛，行武倒合适；老三士冕个子不足奇，秉性不足威，但相貌这么文雅，使枪不如拿笔。他闹着要读书，我看就送他去读，说不定将来能闹出一点名堂来哩！”

覃士冕少将

于是，父母想方设法把覃士冕送入村里的私立小学读书。可是，教书的老先生走村串寨办学几十年，从来是教书不教人，教字不教义。覃士冕却又是一个不读死书的人。一次，先生教读“老吾老，以及人之老。幼吾幼，以及人之幼”这段书的时候，这位爱打破砂锅问到底的学子不举手就站起来发问：“先生，什么叫老吾老？什么叫人之老？什么叫幼吾幼和人之幼?”老先生不知是不耐烦学子发问还是自己也不知其所以然。将戒尺一拍，威严说道：“我教你们认得几个字已足，还指望你们这些山娃崽在此出状元乎！问那么多做什么?”覃士冕受了抢白，心想：“哼！你老先生又不是神仙，怎么知道山娃崽不能出状元呢！”隔年，覃士冕竟去了隔着几座大山的县城县立完小读插班。

抗日战争时期的覃士冕

山高路远，世道不平。覃士冕到县立完小读书，一去三四个月没回一趟家。父母兄姐正想念他，他却突然回来了。这天不是礼拜六，也不是节假日，谁也料不到他会在掌灯时候回到家，当他一跨入门槛，一家人都愣在饭桌边。他那模样狼狈得吓人：断了带的书包用野藤捆在腰间，衣服破烂得像叫化子，一截树枝挑着满是泥浆的破烂被子，脸上青一块紫一块，鼻下抹着血迹。不问则罢，一问，覃士冕忍不住泪水直流，扑通一声跪在父亲面前，泣不成声地说：“阿布（爸爸），这书我是读不下去了，先生教的不对我口味，成天死背书，顺背了还要倒背，错一字打一下手板，错一句罚跪半天。打个盹给画红眼圈示众。这些我都能忍，最气人的是学校里有钱有势人家的狗崽太多，学校是他们的天下，财主老爷比学校还大，他们的狗崽太欺负人，读不得书专斗架，专想法子整我们穷孩子，他们整人的法子又多又恶毒，先生也奈何不得他们。”这时，后门“吱呀”一声响，二哥覃士珍闪进门来。他在外头搞地下斗争，地主豪绅要捉他，被逼着躲到山里。这天偷着回来拿粮食，站在门外听了多时。他说：“阿布，学校是豪绅的，我们穷人读不起，穷人不反抗就活不下去。小弟既然回来啦，书读不成就放牛吧，有个什么事也好给我报个信。”

二哥说话阿爸信，就这样，覃士冕失学了。此后，覃士冕每天放养自家的一头牛，闲时也悄悄去看二哥，听二哥讲穷人造反的故事。

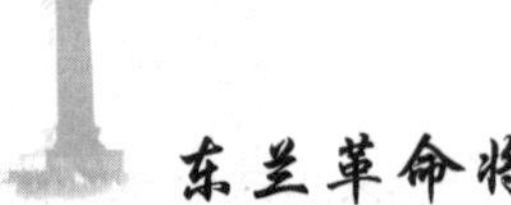

1925 年 5 月，韦拔群从广州农民运动讲习所回到东兰，从事革命宣传，各区乡就有了农民协会，二哥当上了会员。农民协会可厉害啦！这年 12 月，广西省长蒙仁潜带兵到东兰，拔哥领导农协会员巧设埋伏，把省长及卫队全部缴了械，可惜又让龚寿仪这个反动团长给劫走了。农民运动的蓬勃发展，特别是农民协会和农民武装在斗争中不断巩固发展，引起了国民党右派势力和东兰的贪官污吏及土豪劣绅的恐惧。他们感到末日来临，对农民运动非常仇恨，于是多方进行破坏和镇压。1926 年龚寿仪这个反动家伙率兵镇压东兰农民运动，杀害了农运骨干和群众 700 多人，制造了震惊省内外的“东兰惨案”。

1946 年 3 月，时任滨海军分区司令员覃士冕（左二）与谷牧政委（左四）等军区领导合影

覃士冕二哥是坡豪区农民协会领导人之一，反动派对他恨之入骨，想尽办法来抓他二哥，全家人被迫在外躲躲藏藏。民团由于抓不到覃士冕二哥，也找不到他家人，变得更加疯狂，今天扑这个屯，明天抄那个村，见人就抓。

1927 年 12 月的一天清晨，覃士冕的父亲从山里往家走，到离村约半里路的地方，被埋伏的民团用排枪扫射身亡。

凄风苦雨，天寒心冷。一家人刚埋下父亲，区民团团丁就逼上了家门。原来，反动派抓不到士冕的二哥覃士珍，竟不顾一切向他家人下毒手，把覃士冕和二嫂抓去，投入县监狱，然后到处张贴布告，要二哥士珍自首换释其妻和弟弟士冕。

覃士冕代兄坐牢，他不为自己失去自由而忧心，只想着如何让二嫂逃出囹圄。监狱看守并不把他这12岁的毛孩儿放在心上，他要见二嫂看守并不阻拦。他对二嫂悄悄说："二哥不会上坏人的当自投罗网的。在这里，你就装傻，哭闹着说要去找二哥，我会找时机分散看守的注意力，一有机会，你就偷偷溜出去，到了西山就不怕坏人。"二嫂不忍心让小叔子一人受折磨，不愿离去。覃士冕年小心却很明亮。他诡秘地一笑说："你不懂法令，不到16岁的人是不够犯法条件的，不杀头。有人保，可以保出去。没人保，坐够一年牢也就放了。"

几次商量后，二嫂同意了小叔子的计谋。一天，看守送饭来，覃士冕扬手就把饭盒丢出牢门，接着放声大哭，边哭边说："你们这帮坏蛋呀，想抓我二哥抓不到抓我来受罪哇，明天我撞死在牢房里，有人告你们逼死小娃崽，你们的上司饶不了你们的。"他哭腔哭调又要死又骂人，慌得看守的六神无主，放松了对他二嫂的监视，趁这机会，他二嫂偷偷地逃跑了。

1950年10月，覃士冕担任广西公安总队司令员

此后，覃士冕老实了，不再与看守闹别扭，话也不多讲两句。每次被审问，他只摇头说："不知道!"堂官审不出名堂来，跟他讲东他讲西，跟他讲牛他讲猪，只好关着。就这样整整关了他一年，按照

当时条规关满一年不能判罪只得将他释放。

转眼到了1929年夏，旧桂系、新桂系相继倒台，广西由国民党左派军人俞作柏、李明瑞掌握大权。他们主张革命，反对蒋介石，并且和中国共产党合作。中共中央派了好多很有本事的人物到南宁，广西要大闹一场啦！覃士冕坐了一年牢，外面的事什么也不知道。他一出狱就找到了二哥，这时二哥已是区农会主任、赤卫队长，他对覃士冕说："阿弟，广西就要大闹一场，我们东兰县也在大闹，其他区都成立了儿童团，我们坡豪也成立，就由你组织扯起旗号吧！"覃士冕一听高兴得不得了，马上四处联络，拉来了一帮小兄弟，不几天就正式成立了坡豪区儿童团，覃士冕被正式任命为区儿童团团长。儿童团随赤卫队活动，设卡放哨，传送情报，还搞军事训练。这年12月11日，邓小平、张云逸、韦拔群一起领导发动了百色起义，成立了中国工农红军第七军，韦拔群当了第三纵队队长，广西各地的农运闹得红红火火。

有一天，二哥突然问覃士冕："你还想不想读书？"

怎么不想？送信要认字，查路条要认字，革命工作哪样都离不了认字。这个道理，覃士冕在牢里就认清了。他禁不住急冲冲问道："上哪读书？"

"县城。"

"县立完小？"

"对。"

"不读。那个地方太受气，我不读。"想起上次失学，覃士冕好不伤心。

二哥莞尔一笑，说："我把事情讲清楚，读不读由你。革命政权要改造旧学校，县城的县立完小已改名为东兰县高级革命劳动小学，是共产党领导的，学校招收的学生是各区乡儿童团骨干和革命烈士子弟，学的是革命道理、军事、文化知识……"

"读！读！读！"覃士冕一听，一蹦三跳喊起来。二哥捋着胡子笑了，

“急什么！你要想好，不能半路打退堂鼓。告诉你，让你读书是区里定的。”

“真的？”覃士冕突然变得严肃起来。

二哥嗔道：“那还有假的，过两天在区农会集中。”

区农会真舍得培养后备力量，全区18名学员，每人发了一件粗布唐装，一个红袖章，还给10个银毫。覃士冕和17位伙伴成了县革命劳动小学第一批学员。

校园依旧，而气象焕然一新，墙上贴着红绿标语，课堂洋溢着欢声笑语，而且大名鼎鼎的韦拔群就在这个学校里办公，还亲自任军事知识课的老师。

1951年，广西公安总队司令员覃士冕（前排 左二）与总队干部合影留念。

县革命劳动小学是非常活跃有趣，政治课讲的是学生们心中最想弄清楚的问题，为什么要打倒土豪劣绅？为什么要开展土地革命？为什么要建立苏维埃政权？什么叫军阀？蒋介石是怎么样的一个人？李明瑞为什么不当国民党的大官？有了红军赤卫军为什么还要组织儿童团？教员们真有学问，把学员带到一个又一个新奇而令人神往的世界，文化课把认字和用词连起来，一课一篇作文，全部使用毛笔，又写作文又练写字，还有高小算术课。晚上时间教唱革命歌曲，排演革命戏，学写标语、传单。每周搞两天生产劳动，种的菜全部归学生伙食。最有趣的是军事课，每个学生发一根木棍当枪，每班有两枚木制手榴弹，练队列、射击要领、投弹要领、刺杀要领，还常把学生分成红军白军进行演习，搜索、侦察、潜伏、抓舌头、攻碉堡、抢山头、对刺等，比起儿童团自己组织的军事游戏来大不一样。所有的孩子们来到县劳小才几个月，却像鲜嫩的黄瓜进了催熟缸，突然成熟了许多。

正学在劲头上。一天夜里，突然传来消息：红军要扩大，赤卫军要扩大，要来学校招兵，这期学生不得不提前毕业。

第二天，红七军第三纵队派了个大个子来到学校招兵，他叫报名参军的同学到操场上集合站队编班。覃士冕年纪小个子矮，踮起脚跟直往队伍中间站。大个子眼灵把他拉出队列，问道："你叫什么名？多少岁了？"

覃士冕把胸膛一挺："覃士冕，14岁。"

大个子说："你的年纪太小，个子也太矮。参军要行军打仗，不能要你。"

覃士冕听罢，当场就嚷起来："人家国民党县民团都不嫌我年纪小个子矮，前年就把我当赤匪抓去坐班房。如今又长了一年多两年了，你们倒嫌我年纪小个子矮。"说得大家轰地一声大笑起来，大个子也禁不住笑了。其实，他早就喜欢上这个人小志大的山娃崽。可覃士冕还一个劲在嘟哝道："我在儿童团时，就说我们儿童团是红军赤卫军的后备军。到劳小来，又说我们是预备队，是接班人。报名参军没按高矮次序，我是头一个报名的，排队了又不认帐。我不干，大家比赛定。你负责招兵，你说比什么就比什么。不比我也不服，我要告到拔哥那里去。"被刷掉的那些人也跟着闹起来。正在这时，县委书记黄举平来了，听了事情原因后，他把大个子拉到一边去说了一会儿。大个子重新站到队列前面后，大声说道："我们接受县委领导的建议，接受大家的要求；凡报名参军的，都同意你们参军。"操场上顿时爆发出了一阵欢呼声。

编队后，大个子告诉大家，过几天才集中到部队去，这几天大家可以回家与亲人话别。覃士冕生怕这是"调虎离山"计，没有回家，天天盯着大个子。

覃士珍知道弟弟参了军，见他没有回家，便特地到县劳小来送别。有意问他："这回又失学了，可惜不可惜?"他毫不犹豫地回答说："要是以后军队里也有学校，我还要读书。"

几天后，覃士冕高高兴兴而又恋恋不舍地离开了县劳动小学参了军。

铁心革命

十四五岁的战士毕竟还是个孩子，部队怎能忍心让这些未成年人的兵去和敌人真刀真枪拼命？覃士冕高高兴兴参加了红军，想不到到了部队上却成了一个不小的包袱，他被分到红七军第三纵队后，纵队领导感到不好安排他的位置，研究来研究去，才决定把他分配到纵队直属迫击炮连。因为打起仗来，炮兵总是和敌人隔着一定的距离，只要不挨敌炮轰击，不挨敌人步兵突然袭击或伏击，炮兵就没有危险，只是进入阵地和长途行军是很辛苦。但连队已给他找了一份适合他干的工作，在连队当宣传员，战斗的武器主要是嘴巴、装灰浆的大铁桶和笔，写标语用的大笔要自己找嫩的刺竹制作，另配一支小马枪自卫。

1974年9月，覃士冕（前左一）与红七军老战友合影。前右起：陆秀轩、姜茂生（少将）；后排右起：谭庆荣、覃恩忠、黄超、覃国翰（少将）

1930年10月，红七军奉命向河池集结。覃士冕到了河池才知道部队要离开右江根据地，去攻打柳州、桂林，到广东北江建立根据地，配合中央红军进攻大城市，以求“会师武汉，饮马长江”。

1975年覃士冕全家照

听说部队要远征，远离故乡和亲人，心里总不是滋味，这是人之常情。因而出现了四纵队营长罗明山半夜率部逃回老家的严重事件。还有出发当晚有位连长半夜查岗，听到一个“小鬼”低声哭喊爹娘，部队搞得闹哄哄，出现了几起不安定的糟糕情况。后不知军部哪位头头的意见，拂晓时分在大部队出发前，他们十几个“小鬼”被集中在一个老百姓的牛圈里，没有领导来讲话，大家不知道来干什么，有的人困倦又睡着了。这时外面已开始有喧闹声，部队在集合待命出发，覃士冕急忙把好友覃应机拉到一边咕叨，他们二人都是闹着参加红军的，最怕给退回去。覃士冕估计军部要处理他们这些“掉队危险分子”，等到天亮可能就有人遣送他们回乡。覃应机估计得更坏一些，也许不用部队遣送，而去找几位老乡送他们回东兰凤山。俩人合计后认为不能这样被甩开，他们想出去找军部首长说说，不料门口的柄木已被粗壮的山藤捆得结结实实。看到没有办法出去，二人急得大喊起来，其他小伙伴们也急了，大家一起哭闹起来，造成不小的声势，引来一些部队和群众的围观。正当孩子们悲观失望时，远处突然飞来几匹战马，为首的一位年轻人命令身边的随员开栅放人。事后“小鬼”们才知道开栅放人的就是红七军、红八军总指挥李明瑞。李总指挥对他们说：“你们要随部队走好，不能掉队，掉队了就地安置，给敌人抓走了不能当叛徒，不要做人民的罪人，要革命到底，能保证吗?”“小鬼”们大声喊道：“我们能保证。”这样，覃士冕被调到新组编的军部特务连，连长是李天佑。

一路上，敌人前堵后追，战斗一直没有间歇过，仗打得很辛苦。部队从桂北打到湘南，又从湘南转回桂北，再从桂北转往粤西北，部队伤亡巨大，近万人的队伍已不足一半。1930 年 2 月初，红七军被缩编为两个团，向北挺进。在粤北乐昌强渡乐昌河（武水）时，张云逸经过观察，决定由他率红五十八团和军直属队担任后卫，阻击尾追的粤北敌人，邓小平、李明瑞率红五十五团先行。由于只有两条船，因此，过河行动十分缓慢，结果被追敌截为两段，已经过河的红五十五团和红五十八团两个营在邓小平、李明瑞、俞作豫的率领下，直向赣南进军，覃士冕随未过河的红五十八团一个营和直属队以及部分后勤人员在张云逸率领下，改道坪石、宜章向湘东北前进。

前途不可预测。当天夜里，特务连连长李天佑对全连战士说：“情况万分紧急，部队要轻装突围，要急行军，要准备和十倍百倍于我们的敌人作战。为此，军部决定所有的伤员全部就地分散医治，所有的‘小鬼’全部就地遣散，各自谋生。”“小鬼”们都哭闹着不愿离队，覃士冕的心情格外忧伤。他代表小鬼们向连长、指导员恳求，表决心，保证不找连队的麻烦。连长、指导员向上级请示后仍然不允许他们随队行动，怎么办?还是覃士冕精灵，他把几个小鬼叫到一片树林里去商量办法。经过一番“密谋”他们一致表示，偷偷跟部队走，死也不让部队甩掉，宁做冤死鬼、红军鬼，不做怕死鬼、逃跑鬼。

于是，覃士冕和十几个“小鬼”互相搀扶着尾随着部队走，部队停，他们停，跟近了挨赶，跟远了怕受敌人袭击，睡觉又怕听不到部队出发的信号，不睡又熬不住劳累困顿。他们无依无靠、心惊胆颤、哀伤凄凉地过了半个多月的日子，每天行军100余里，饥寒交加，一个个消瘦得不像人样，可他们一颗忠于红军的红心并没有变样。精诚所至，金石为开。部队经湖南宜章、汝城、桂东三县进入炎陵县境内，即将与湘赣革命根据地红军独立师王震团会合，"小鬼"们终于被允许重归连队。全连指战员被他们这种死不离队的精神所深深感动。连长李天佑为自己未能以革命人道主义对待"小鬼"们而深感愧疚，涕泪纵横，泣不成声。而覃士冕等"小鬼"们一个个感激、兴奋不已，泪眼模糊，铁了心跟着红军干革命。

经受考验

艰苦岁月催人成熟。经过几年的行军作战，覃士冕已是一位沙场好汉，不再担忧部队把他作为"小鬼"甩掉。1931年4月，红七军被打散的两支队伍亦在永新县会合。至此时，红七军打破敌人围追堵截，浴血征战桂湘粤赣边，转战7000里，胜利进入湘赣苏区。覃士冕"铁心跟随大部队走到底"的誓言变成现实。是月，覃士冕因在北上征战中不怕苦、不怕死，立场坚定，表现出色而光荣地加入中国共产党。同年7月，红七军与彭德怀同志率领的红三方面军会师后被编入红3军团，成为中央红军的一部分。在第三次反围剿作战中，覃士冕随中央红军参加了莲塘、黄陂、方石岭等著名战斗，立下了赫赫战功。

恰恰在这充满着胜利喜悦的一年，覃士冕反而陷入了迷惘。这年秋，红七军总指挥李明瑞在肃反运动中被枪杀。没几天，整个部队都传开了：李明瑞是AB团，是混进共产党的国民党奸细。救命恩人就这么给枪决了，他想不通。他哭了，哭不出声，哭不出泪，他是在内心中哭喊着。

经历了这件非属寻常的事变后，覃士冕也说不清自己是突然成熟了还是怕事了，凡事乐不起来，只知道闷着头干。1932年覃士冕调任红七军军部青年干事，不久又调红三军团保卫局学习。正学在兴头上，一连串意想不到的事情又一次使他惊讶不已。这一年，中央苏区进行了第四次反“围剿”，打得相当艰苦。毛泽东却被撤销了红军总政委职务。覃士冕没见过毛泽东，但还在东兰老家的时候，他就听说过“朱毛红军”，知道毛泽东是比拔哥（韦拔群）和李明瑞等大得多的人物，连这位轰动天下的人物也被罢官，李明瑞总指挥被枪决似乎是不难理解了，他所不明白的只是“为什么”？跨入1933年后，又听说福建那边搞了个反对“罗明路线”斗争，原红七军政委邓小平也在这次斗争中被点名批判。

这回覃士冕实在憋不住了，一天夜里，他去见政委苏振华，说：“政委，‘围剿’我不会皱眉头，敌人再多再凶我不怕。就是心里闷得慌，你能不能告诉我，我们总指挥李明瑞为什么是AB团？邓小平政委为什么挨批判？毛泽东主席为什么不当红军总政委？是打反动派要紧还是搞运动要紧？我们中央苏区红军部队里真有那么多比敌人还要可恶的人吗？”苏政委倒挺坦率，回答道：“你问的这些问题，我确实不很清楚，但是我相信我们以后会懂的。现在不是弄清内部事情的时候，反‘围剿’已是紧要关头，边打仗边想吧，打垮反动派我们再研究这些问题，好不好？”

在苏政委那里覃士冕没有得到满意的回答，但他明白，现在最重要的是坚持革命，打垮反动派。不久，红军在周恩来、朱德的指挥下，利用敌军阵形的弱点，采用了分割围歼的方法，粉碎了蒋介石对中央苏区的第四次“围剿”。覃士冕在这次反“围剿”斗争中负了重伤，一颗子弹打穿了左肩部，被迫入院治疗。

1933年9月至10月间，蒋介石调集约100万兵力，采取“堡垒主义”新战略，对中央革命根据地进行第五次“围剿”。这时，王明“左”倾机会主义在红军中占据了统治地位，拒不接受毛泽东的正确建议，用阵地战代替游击战和运动战，用所谓“正规”战争代替人民战争，使红军

完全陷于被动地位。红13团奉命坚守万年亭，部队日夜不停地修工事筑堡垒，足足熬了两个月。敌人的堡垒红军近不得，炸不掉，红军的堡垒不比敌人的差，可是敌人的炮火猛烈，不到半个钟头就被打得七零八落。覃士冕在红13团任特派员，伤口刚愈合就投入战斗，在指挥部队撤退时一发炮弹呼啸而来，在他身边不远炸开，一块弹片当即将他脚部的肉和筋削去，他当场倒在血泊之中，要不是战友舍命背他出来，他就粉身碎骨在万年亭了。于是，覃士冕再次住进了医院。

经过一年苦战，中央红军不能打破敌人的第五次“围剿”，为了保存力量，建立新的根据地，以开创发展的新局面，被迫于1934年10月实行战略转移。正在住院的覃士冕一听就哭了。脚部的伤已化脓，无法走动，不留又走不了，不走就等于与大部队失散了，这一离就是生死离别呀！

然而，保卫局总算没有忘记这位团特派员，派人到医院抬着覃士冕踏上了远征之路。

部队从江西出湖南到广西，在桂北打了一场大恶仗，损失巨大。进入桂黔边时，覃士冕见到了桂黔边区游击队的负责人，不想竟是以前的老相识。这位负责人拿出一套便衣，劝覃士冕留在桂黔边。这里离东兰老家不远，覃士冕多想留下来啊，故乡的山水，故乡的人民，故乡的战友，故乡的情谊，故乡的山歌，样样都有情，样样都勾魂。可是覃士冕没有留下，他谢绝了战友的挽留，继续随部队漫漫远征。

坚持求学

人，天生不能闲着，一闲下来就想入非非。1936年冬，覃士冕在红军团教导营任特派员，暂时没什么战事，相对较为清闲。看到红军大学正在招收第二批学员，觉得正是去学校学习的大好时机，等战事一来，就没有这个机会了，过了这个村就没有那个店，自己文化水平低，还不能适应战争发展的需要，必须竭尽一切努力，争取在这个战争的间隙中读书，想到这里，他给师长和政委写了一份报告：

师长、政委：

本人文化和理论太差火，年年打仗忙，没得上学补课，很多事情干不了。现红军大学在调二期学员，本人要求调学。

覃士冕

1936年初冬

不久，送上去的报告被退了回来。黄克诚政委在上边批示道："工作需要，不同意入学，以后视适当时机再考虑。"

第二天，覃士冕又将同样的报告送到黄政委手上。黄政委顺手将报告塞进衣袋里，不想接连几天都收到覃士冕的入学报告，黄政委不耐烦了：这个覃士冕也太"犟"了，便一个电话就将覃士冕召到跟前，狠狠地训了一顿，还把一摞他写的报告退还给他。覃士冕回去后，一把将所有退回的报告撕得粉碎，火气十足地嚷嚷起来："老子不干了，不干了！"覃士冕又一次被黄政委召到办公室。然而，这次覃士冕没等黄政委开口，就先递上一份报告，上面短秃秃的就一句话："政委，请批准我入学。"

黄政委气得要命，把桌子一拍："覃士冕，你嚷嚷些什么？乱弹琴！"黄政委剋人可是出了名的，敢剋下级，也敢骂上级，多大的官他也不忌讳。覃士冕心里虽然有点发毛，但他却端着报告书说：政委，人家都说你骂的是脓包，不喜欢不求进步的人。听了这比较中听又不无道理的话，黄政委的火气大大降温，但还是够厉害的："要求归要求，纪律归纪律，你是军人，军人就不允许说不干了的话。好吧，我骂了不算，明天还要当众宣布，给你警告处分。你有意见没有?”

覃士冕参加红军以来受过多次奖励，还没有挨过处分，为了读书，这回要挨处分了，心里很不好受，他把牙一咬说：“政委批评处分，我都接受，保证改正。但我要求读书，就是为了少挨骂，请政委批准我的要求。”经覃士冕的软磨硬缠，终于有了结果。黄政委收下了他的报告，还冷中有热地迸出一句话：“回去，明天开教导营干部大会，一起宣布。”

覃士冕终于如愿进入了红军大学学习。红军大学气氛异常活跃，学习空气很浓。覃士冕高小未毕业就上大学，比谁都吃力。他忘命地补习，一连 7 个月不做游戏不参加一切课外活动，在全校出了名。消息传到校长林彪那里，林彪把他叫去，问道：“你是覃士冕？是 7 个月两耳不闻窗外事，一心只读圣贤书的小鬼头?”覃士冕点点头。林彪两道浓眉一竖，说：“像你这样读书不要命，要不得。青山毁了，就没得柴烧了。抗大培养的是文武双全的军事指挥员，不是弱不经风的白面书生。”覃士冕拍着胸膛回答说：“我们广西壮佬骨头硬，不怕，我六次负重伤还这么结实。我们广西壮佬吃亏就吃在没有文化，所以，红七军和中央红军会合后，壮佬都当不了主官，都当副官。”这一下林彪给逗乐了，覃士冕自己也乐了。

覃士冕没有想到，他用处分换来的学习机会没有多久又失去了。1937 年 7 月，卢沟桥事变爆发，红军改编为八路军，下辖三个师。覃士冕奉命提前结业，被分配到了林彪当师长的一一五师三四三旅六八六团第三营任组织干事。9 月 25 日，八路军发动了平型关战役，与日军精锐板垣师团展开正面作战，首战告捷，歼敌 1000 余人，击毁军车 100 多辆，缴获其他武器无数，震威全国。此战役后，三四三旅决定组织两个工作队，分别到山西同蒲路沿线宣传胜利，动员抗战，扩充部队。覃士冕被任命为六八六团工作队副队长。到 1938 年 2 月，他们就扩充了不少新兵，六八六团又调了 3 个连作骨干，组成了补充团，覃士冕被任命为该团第二营教导员，这年夏天，又调他回六八六团任组织股副股长。

文韬武略

覃士冕孩提时代，父亲判他："个子不足奇，秉性不足威，相貌太文雅，拿枪不如拿笔。"然而，战争的磨练，使覃士冕不仅成长为出色的文官，也成为一名优秀的武将。

1939年，覃士冕被任命为鲁南支队第七团政委，继而又奉调到教导5旅第十三团任政委。1942年12月，教导第5旅奉命归还第一一五师建制，从苏北回到山东。1943年冬，覃士冕奉调到滨海军区第二十三团任团长，由文官改为武官。他不懂军事指挥，对上级的这个决定感到有点迷惑不解。其实，这是上级对他的器重和信任。

第一一五师政委兼山东军区政委罗荣桓在覃士冕任团长命令公布的第三天，就找他去谈话。一进门，罗政委开门见山地说："要你来是要把这个二十三团的底子给你亮亮，再交代你的任务。"

覃士冕是个急性子，他也早想知道二十三团的情况，也想了解组织上决定他文改武的目的和初衷。他即向政委敬了一个标准的军礼，直截了当地说："这样最好，请首长指示。"

罗政委对二十三团的情况了如指掌，谈话很有逻辑性。他说道："二十三团在干于县扎下来都快一年了，打的都是不够本的仗，仍然是游击，游而不击没消灭过20人以上的伪军，鬼子也没打过照面，这样的战斗作风不改变怎么赶跑日寇打江山？二十三团的干部搞山头拉宗派，一篓子螃蟹你咬我我拖你，窝里斗得火热，怎么团结全团官兵？怎么起模范先锋作用？不形成拳头怎么打败敌人？二十三团和县委关系太差，不尊重地方党委，枪杆子主义，老大作风。没有县委支持，没有群众作靠山，就没有力量，没有补充，没有耳目，怎么打仗？让你当这个团的团长，就是要你军事政治一把抓，但不是不要政委，首先你要和政委搞好关系，你做过政委工作，容易理解当政委的难处。”最后，罗政委语重心长拍着覃士冕的肩膀说：“抗战已到最后关头，以后的形势会更严峻，国民党要摘桃子，主力很快要上东北了，你们的任务更重了。知道吗？”覃士冕猛觉肩头沉沉的似压了千斤重担，他望着罗政委充满期待的双眼简单而有分量地回答说：“知道了。”

第二十三团的情况完全和罗政委讲的一模一样。覃士冕一上任就和政委吵了一架，两人“不打不相识”，吵来吵去“吵”到了一块。他们以快刀斩乱麻的手段，狠狠整顿各级干部的作风。不到半年时间，就改变了这个团的形象，使部队很快成为主力团。

1945 年 8 月 15 日，日本鬼子投降了，解放战争也拉开了序幕。山东的部队开始进行新的编组，同年 9 月，覃士冕调到滨海第二军分区任司令员。11 月，又调任警备第十一旅任政委，不久，主力部队开赴东北，滨海地区的警备第十、第十一两个旅便合并组成滨海区警备旅，他出任旅长，几个月后又兼任军分区司令员，成了滨海区的最高军事指挥官。

1946 年 12 月，当山东野战军、华中野战军两大主力南下宿北征战之时，国民党第二十六师及第一快速纵队开始向赵镈县大举进攻，企图夺取山东省府驻地临沂。担任赵镈县西部临枣公路阻击任务的是滨海警备旅。旅长覃士冕，副旅长郭廷万，政委刘伟，下辖两个团，总兵力 5000 人。山东野战军司令员陈毅口头命令：“警备旅务必在七天至十天内固守临沂，如临沂失守，旅长和政委一块枪毙。”面对三倍以上的强敌，血战不可避免。

军中无戏言，这可不是闹着玩的。覃士冕及全旅将士，都感到了巨大的压力，敌人这两支队伍兵多得吓人，又全是现代化的美式装备，坦克是什么样子，连旅长覃士冕都没见过，怎么打？可是，这7天至10天，关系着华东战局和全解放区战局的变化，染满共产党人鲜血的山东、苏北可不能让给国民党，所有的解放区不能再遭受黑暗统治；况且，覃士冕和政委也绝不愿这么轻易被枪毙。于是，覃士冕喊出了“拼死一命，誓与敌人拼到最后一人一弹”的口号，全旅将士同仇敌忾，喊出了同一心声。

山东军民保卫临沂，临枣公路一线的防御作战尤为重要。在主力南下宿北后，担任防御任务的是滨海警备旅，战斗首先在临沂枣庄两地交界的传山口、平山阵地打响。

12月11日夜，西线阵地，山东野战军滨海警备旅在覃士冕旅长指挥下，两个团进入防御阻击阵地。三团进入传山口东的东新兴、青山套；一团进入向城西南的陈桥、杨桥。覃士冕要求部队指战员，初战的关键，不在于歼敌多少，而在于熟悉了解对方，通过阻击反击，迅速摸透国民党机械化部队联合作战的规律和特点，为阵地防御奠定良好基础。

12月12日中午，覃士冕、郭廷万、刘伟等指挥员刚刚察看完阵地回到指挥所，国民党炮兵即向三团防御阵地发起疯狂炮击，十几里的防御阵地在鸣，笼罩在一片硝烟之中。国民党军的六七架飞机、十几辆坦克，掩护约两个团的步兵向警备旅的第一道防线传山口冲来。“坦克!”“坦克!”战士们惊呼着。覃士冕指挥战士们开枪打，甩手榴弹，向它滚大石头，种种办法都拿它没法子。坦克如入无人之境，窜沟越坡，推屋倒树，枪打不透，手榴弹也炸不动。坦克的出现给阻击部队增加了巨大变数。覃士冕旅长立即下达命令，各部注意对坦克体态性能进行全面观察，以灵活机动的战略战术消灭敌军，并由一团一营派出侦察小分队对坦克的活动规律和性能进行实地观察。

战斗中，覃士冕率部进行几次小规模出击，但都遭到了国民党军强大火力的压制。敌人的步兵凭着坦克这个能走动的“铁碉堡”，凭着优势的武器，疯狂地突入阵地，警备旅的第一道防线传山口很快被突破。覃士冕被迫率警备旅遂收缩至卞庄一线，巧设防御阵地，进行阵地作战。

覃士冕见部队不熟悉这种战法，吃了大亏，硬拼只有白白送死。撤到卞庄后，他和政委来不及想陈毅司令员那“一块枪毙”的话，当务之急，必须找到对付敌坦克的办法，打下敌人的嚣张气焰。卞庄可是生死之地，要不在此把敌人阻住，就要一败涂地。紧急关头，派出的侦察小分队正好返回。根据他们的汇报，覃士冕、郭廷万、刘伟等指挥员研究制定了几套对付坦克的战法，主要有断路、埋设真假地雷、埋设小包炸药、集束手榴弹、引信汽油瓶等办法。

1946 年 12 月 13 日，整编第二十六师所属之四十四旅、一六九旅的两个精锐团，在野炮、山炮和 24 辆坦克、7 架飞机的配合下，从临枣公路南北两侧，分路向卞庄进攻。霎时，飞机俯冲扫射，排炮和坦克猛烈轰击，村镇、林舍瞬间变成一片火海。敌人的坦克横冲直闯，没有遇到抵抗，以为传山口一仗已“吓破共匪的胆”，连步兵也耀武扬威起来。覃士冕率指战员们沉着应战，待十几辆坦克进入警备旅前沿阵地后，隐蔽在阵地上的两门三七战防炮突然射击，击中坦克两辆，一辆起火，一辆炸坏履带被拉走。

首战的胜利戳穿了坦克不可战胜的神话，滚滚浓烟冲上天际，胜利捷报传遍战场。国民党军受挫后，集中兵力向卞庄南翼 1 公里处的代村进攻。12 月 17 日，敌重兵拥向侧翼薄弱环节，但战士们情绪高昂，守卫措施严密，为制止国民党军从这个环节上突破，覃士冕一面抽调后备力量紧急赴援，一面组织向前沿阵地运送了一大批手榴弹作为近战之用。

代村阻击阵地，国民党军队由装甲车直接护送，从南面围上来的一个步兵团，进攻到阻击部队前沿阵地。覃士冕指挥部队在树林里设两个火力点，一个在树林上边视野不开阔，致使国民党军在隐蔽中接近树林后突然发起攻击，扑到我阵地上。另一个火力点在阵地前沿，正面阻击敌军。战斗中，阵地前沿的10多位战士被冲锋在前的3辆坦克射击牺牲，有9人被坦克轧在工事里，他们从压塌的工事里钻出来，一面拉响炸药导火线，一面甩出几束手榴弹和汽油瓶，接连击中两辆坦克。顿时浓烟滚滚，烈火腾腾，阻击阵地上一片欢呼："坦克被打中了，起火了。"冲锋的坦克被打击后，敌步兵却在密集炮火和飞机的配合下，连续向代村阵地猛攻，妄图从侧翼突破我卞庄防线。在覃士冕的指挥下，指战员们灵活勇猛左右出击，连续打退了敌军的9次进攻，代村前500米开阔地上，躺着300多具敌尸体。两辆冒着黑烟的坦克，翻倒在阻击部队前沿阵地上。此后，敌人猖狂的气焰大消，虽然在兵力上仍占优势，武器装备也好，但进攻总是丢盔弃甲大败而去，愈打消耗愈多，士气愈低下，始终未能进入卞庄一步。覃士冕率警备旅坚守整整22天，山东的主力部队南下苏北作战，连战皆捷。

卞庄阻击战，不仅保卫了临沂，配合了宿北战役，首创我军一举击毁击伤坦克7辆，几度白刃战，以不及百人伤亡代价歼国民党军1200余人的光辉战绩，而且初步获得了对国民党军机械化部队的作战经验。

1947年1月2日，主力部队回师山东，陈毅司令员也率部北上一口就吃掉了早被拖疲的敌人二十六师和快速纵队。陈毅司令员在师以上干部会上拍着覃士冕的肩膀说："好嘛！文武双全，看来我想枪毙一个手下军官做不到了，给你十天的假期，你守住临沂守了二十多天，这是真正的超额完成任务，我们所有的指挥员都要有这样的硬骨头硬本领，我表扬你，表扬你们警备旅全体官兵。"

1947年2月，山东野战军第八师与滨海警备旅合编为华东野战军第三纵队，何以祥任司令员，丁秋生任政治委员，覃士冕任副司令员。下辖2个师，第八师番号不变，滨海警备旅改称第九师，共2.5万余人。3月，鲁南军区第十师归第三纵队建制，改称第七师。4月，覃士冕率纵队配合兄弟部队发起泰安战役，歼灭国民党军整编第72师，俘师长杨文泉以下官兵1.1万余人。5月，率部于新蒙公路阻援，保障了孟良崮战役顺利进行。6月至7月，向外线出击，连克大汶口、宁阳等地。9月初参加沙土集战役。9月下旬，进军豫皖苏边区作战，攻占睢溪口、灵壁、泗县等地。11月，破击津浦路宿县至固镇段。12月参加平汉路破击战，破击许昌至官亭段铁路，并攻占许昌城，后配合晋冀鲁豫野战军攻克金刚寺，歼灭国民党军整编第3师后，南下围攻确山，迫使国民党军主力从大别山回援。

1978年，红七军老战士覃士冕（前）、韦杰、云广英等在百色视察时和少先队员在一起

1948年3月，覃士冕率部参加洛阳战役，担任对洛阳城东南和北面的主攻，全歼国民党军青年军第206师。6月，参加豫东战役，与兄弟部队一起攻占开封，全歼守军，后在睢杞地区，协同兄弟部队全歼区寿年兵团。9月，参加济南战役，向商埠攻击，突破西门，为解放济南做出了贡献。

1949年2月，根据中央军委关于统一全军编制及部队番号的命令，华东野战军第三纵队改编为中国人民解放军第二十二军，属第三野战军第七兵团建制。1949年5月，覃士冕被任命为渤海军区司令员。

鞠躬尽瘁

1949年12月11日，广西宣布解放。中央任命张云逸为广西省人民政府主席。为加强广西政权建设，张云逸向中央建议，凡在华东、华北老解放区工作的广西籍干部，调回广西工作。覃士冕在名单之列。12月下旬，覃士冕被任命为中共百色地委书记、百色专区专员、百色军分区政委。由于覃士冕在长期而残酷的战争中多次负重伤，失血过多，体质非常虚弱，正在山东省病养，而未能到广西百色走马上任。

1981年初，覃士冕（左）与覃应机在南宁西园饭店留影

然而，广西太需要人了。张云逸电报催他速回广西，莫文骅、李天佑、覃应机等原红七军的战友也期待他回广西工作。1950年10月，覃士冕抱病接受了广西公安总队司令员的任命，以半条命着手总队领导机构的组建工作。他玩命地干，先抓好南宁、桂林、柳州、梧州等市公安支队的建设，加强城市内卫治安敌特的侦破和打击工作；为了尽快组建各县的公安中队，他经常冒着寒风冷雨下乡调研，在各地匪情仍然严重的情况下，不顾病体坐着越野小吉普跑遍广西各县。有时太劳累，他叫司机和警卫员稍作休息后又在山村的公路上奔跑。他不停不断

地找人谈话，组织协调，抓好选址，组织会议做出决策。由于他夜以继日的工作和高效出色的组织统筹才能，仅用3个月的时间就完成了广西公安总队支队和各县中队的建设，迅速担负起领导广西的剿匪、城市机关警卫、维护社会治安等任务。

1951年8月，覃士冕调任广西军区参谋长，担子更重了，一身旧病又发作起来。组织上强令他半日工作半日休息治疗，他硬撑到1952年3月便垮了下去，肠胃大破裂，大吐血，体重骤降至38公斤。这才不得不离职到北京休养，一养就是3年。

病不是一天两天就要命的，覃士冕的病已积了很多年，他不服气的是，以前都扛住了，偏偏回到广西却倒下了，一点伤风感冒就逼出所有的沉疾来，一养就三年，他才40岁呢，怎能让疾病夺去工作的权利？组织上知道他的心思，在他健康稍有好转，又让他回到广西工作。1955年4月，覃士冕由参谋长改任副司令员。同年，他被授予少将军衔。荣获二级八一勋章、二级独立自由勋章、一级解放勋章。

1956年7月，中央军委任命覃士冕为广州军区公安军司令员，下令他组建广州军区公安军。这公安军司令实在是不好当，体制未明确，上面有属而不管，一切都得自己想办法，矛盾太多，任务太重，困难太多。虽然身体状况较差，那少将服穿在身上就像挂在衣架上似，但他深知自己肩负着组织的信任和人民的期盼，就应当不负重托，不辱使命。一上任，他又拼命了。在其位要谋其政啊！他积极努力，不仅迅速组建起广州军区公安军，而且出色地完成了边防和内卫任务。到11月，中央军委又做出了撤销公安军的决定，他没松一口气，精心组织做好档案移交、人员安置等工作，保证撤销工作稳妥、顺利进行。

1957年9月，覃士冕任广西军区第二政治委员，努力做好部队官兵思想政治工作，提高部队官兵思想政治素质和科学文化素质。1963年8

月，他又奉命担任广州军区工程兵政治委员，为加快推进国防和军队现代化建设做出了积极贡献。1965 年 10 月，覃士冕改任海南军区副司令，为保卫祖国的第二大岛尽职尽责。1969 年 11 月，组织上拟调任新的领导岗位时，由于身体原因，覃士冕主动要求离职休养，住进了桂林干部休养所。

1979 年 12 月，覃士冕被推选为政协广西第四届委员会副主席。1981 年 6 月 27 日，他在广州不幸病逝，享年 66 岁。他为人民的利益奋斗到生命的最后一息，真正是鞠躬尽瘁，死而后已。

红七军老战士覃士冕（后排右三）、韦杰（前排右三）、谭庆荣等在百色合影